Beatriz Amann

LA CRÍTICA POÉTICA COMO INSTRUMENTO DEL PROYECTO ARQUITECTÓNICO

Amann, Beatriz

La crítica poética como instrumento del proyecto arquitectónico. - 1a ed. - Ciudad Autónoma de Buenos Aires : Diseño, 2015.
230 p. : il. ; 21x15 cm. - (Textos de arquitectura y diseño / Marcelo Camerlo)

ISBN 978-987-3607-64-6

1. Arquitectura. I. Título

CDD 720

Textos de Arquitectura y Diseño

Director de la Colección:
Marcelo Camerlo, Arquitecto

Diseño de Tapa:
Liliana Foguelman

Diseño gráfico:
Karina Di Pace

Hecho el depósito que marca la ley 11.723

I.S.B.N. 978-987-3607-64-6

Beatriz Amann

LA CRÍTICA POÉTICA COMO INSTRUMENTO
DEL PROYECTO ARQUITECTÓNICO

LA CRÍTICA POÉTICA COMO INSTRUMENTO DEL PROYECTO ARQUITECTÓNICO

ÍNDICE

MÁS LUZ, MÁS CRÍTICA,...
¡MÁS MADERA!

Carmen Espegel[1]

[1] Profesora Titular de Proyectos de la ETSAM.

EVOCANDO A BORGES, EL PRÓLOGO NO ES MÁS QUE UNA FORMA MARGINAL DE CRÍTICA.

Beatriz Amann aborda en este libro la actualización, redefinición y puesta a prueba de una parte esencial del método crítico desarrollado por Antonio Miranda y basado, a su vez, en el establecido por el lingüista Tzvetan Todorov para el mundo literario, que se despliega en cuatro tiempos, cada cual más profundo y amplio que el anterior: descripción, análisis, interpretación y poética. La autora, en una "lectura activa" según sus propias palabras, focaliza la mirada hacia la última etapa del método mirandiano, la crítica poética, que por definición engloba a todos los estadios anteriores. Afronta su exhaustiva revisión, lo clarifica y puntualiza, e incluso lo mejora al simplificarlo, con respeto cortés aunque sin ningún temor o cautela.

En resumen, examina el método vigente de crítica más articulado que se conoce en Proyectos de Arquitectura. A este respecto, me gustaría señalar la acertada sustitución del término "contradicción" utilizado por Miranda por la idea de "puntos de fricción", que se interpreta como una oportunidad creativa y se enfatiza al distinguir el "valor de la controversia" frente al "juicio de valor". Sólo por aventurarse a penetrar en ese difícil territorio, descubriendo nuevos enfoques, angulaciones o planteamientos, el presente escrito resulta de extrema necesidad. Pero, si además consideramos que su objetivo logra que tal método poético actúe de operativo útil para el desarrollo del proyecto arquitectónico, aún es más loable.

LA SOLEDAD DEL CORREDOR DE FONDO, FIEL METÁFORA DEL ACTO REFLEXIVO.

Acometer una tesis doctoral siempre requiere esfuerzo, paciencia e introspección creativa. Si bien, esta obra no es un texto marginal o aislado sino que pertenece a un conjunto de estudios impulsados desde el Grupo de Investigación ARKRIT, de la E.T.S. de Arquitectura de Madrid, que desarrolla esta crítica disciplinar como fundamento metodológico del proyecto. Obstinados en convertir a la crítica en algo más que un trivial panegírico o una pura adulación, sus miembros entienden que es preciso singularizar temas, asuntos y significados, para lograr un eficaz conocimiento kantiano del "hecho en sí mismo" y de su proceso arquitectónico.

La propuesta de Amann sintoniza con un acercamiento a la arquitectura sin pretensiones artísticas, que revele sus leyes internas al indagar la obra desde su peculiar esencia: programa de funciones, cliente y usuario final, geometría de su trazado, plasmación gráfica, escala métrica, forma estructural, materialización técnica, tonalidad de la luz, ubicación geográfica, etc. La acción analítica, en el caso de la autora, implica la evolución y el estímulo de las ideas de sus predecesores, por lo cual es con frecuencia transgresora y sugerente.

SORPRENDE LA NOTABLE AUSENCIA HISTÓRICA DE CRÍTICA ARQUITECTÓNICA.

En la primera parte del libro, Beatriz Amann ha rastreado a fondo la Historia de la cultura para señalar los diversos entendimientos del concepto de poética a lo largo de un nutrido número de disciplinas como la filosofía, la literatura, la música, la lingüística, el arte o la antropología. Con ello, traza una cartografía del pensamiento, focalizado en su itinerario más moderno. De esta manera, es capaz de seleccionar, examinar y presentar someramente y con sutil perspicacia otros métodos de crítica poética aplicados a las ciencias más dispares, aunque resalta la inaudita carencia de cualquier método en Arquitectura hasta finales del siglo XX. Acaso, tal vez la doble virtud edilicia de "arte y técnica", su carácter híbrido, polifacético, la posterga a un "terreno de nadie", en la frontera entre dos ámbitos bifrontes.

PROCESO ABIERTO VERSUS OBRA CONCRETA.

Quizás el mayor logro de esta investigación sea situar en el epicentro de la acción al proceso y no tanto al objeto en sí, algo trascendente en la aplicabilidad del método crítico como gestor de proyecto. Se podría llegar a afirmar que sin crítica no hay proyecto, o sea, construcción de forma, o bien que proyecto creativo y evaluación crítica son dos conceptos inseparables para el arquitecto. Vincular, por contraste, la índole abierta de un Proceso dinámico con la acción Crítica del hecho, genera un avance singular que Beatriz Amann ejecuta con precisión, asistida por la eficaz tutela de sus directores de tesis Nicolás Maruri y Antonio Miranda, y con el inestimable apoyo de Rafael Pina.

Elevarse desde el habitual carácter negativo del análisis del hecho hasta la oportunidad positiva de crecimiento de la crítica del proceso resulta meritorio y revelador. El valor educativo de este método se manifiesta al ofrecer una enseñanza racional de proyectos, alejada de modas subjetivas, intuiciones o conjeturas y, por tanto, de cualquier factor no transmisible. Lo cierto es que Amann propone un método de crítica casi equivalente a un sistema de evaluación. Por esta razón, se genera un fértil desplazamiento desde la crítica histórica de carácter taxonómico y catalogadora de resultados hacia una crítica ponderativa, es decir, evaluadora de objetivos, que interroga y subvierte el proceso de producción.

De todas formas, se debe añadir que si bien este método responde con agilidad a la parte táctica del proyecto, no resulta tan fecundo en el área estratégica que todo diseño posee. La estrategia previa, germen y arranque del proyecto, debiera comprender una mirada más amplia sobre una realidad global y variable que faculte percibir el universo sin prejuicios, sin clichés y con sumo candor. Incertidumbre, subjetividad o aleatoriedad, términos más o menos censurados en este texto, también pertenecen al sustrato cognitivo del estudiante de arquitectura para indagar en la ignota respuesta que incluya la mayor dosis de verdad.

OSCURO EL BORRADOR Y EL VERSO CLARO, AL PENSAR EN LOPE DE VEGA.

Conozco de primera mano el método Mirregan-Todorov, por haberlo practicado en el análisis que realicé hace años de la *Maison en bord*

de mer: E.1027 y observo, al igual que Amann, la limitada operatividad funcional del método por la notable carga de trabajo, esfuerzo y
tiempo que requiere su pormenorizada aplicación. Si bien, en algún
aspecto, puede adolecer de ciertas redundancias puntuales, por
el contrario, es fascinante que faculte al profano a adentrarse en la
crítica del proyecto, capa a capa, en fases sucesivas de estratos cre-
cientes. En este sentido, creo que la autora ha contrastado y puesto
orden al intrincado método de sus maestros al trascribir en palabras
claras el borrador oscuro, al estructurar y simplificar el procedimiento
poético para que resulte ágil, sencillo y válido a la hora de proyectar.
Pues, siguiendo la máxima de Lope: "en la sentencia sólida reparo", la
autora utiliza un lenguaje diligente, resuelto y accesible.

CINCO SISTEMAS ARQUITECTÓNICOS Y SUS INTERACCIONES POÉTICAS.

El proceso de actualización, renovación y afinado del método anterior
implica el sintetizar en cinco amplios sistemas las distintas entradas,
vocablos o conceptos del proyecto arquitectónico. Con ello, cualquier término quedaría englobado dentro de la Topología, el Programa, la Materia, la Morfología o el Campo. Curiosamente, no sería esto
lo más sugestivo sino las interacciones sinérgicas que se producirían
entre los sistemas. En el prolijo capítulo final, se proponen unas com-
binaciones binarias que detectan unos principios híbridos menos
taxativos y más provocadores tales como "sentido ambiental de la
función" o "aspecto funcional del contexto". Su interés cualitativo y
no cuantitativo es revelador, pues su finalidad no es tanto catalogar
sino abrir interrogantes fecundos.

TESIS SEMILLERO DE IDEAS FRENTE A TESIS COLOFÓN.

Entre las conclusiones más valiosas de este ensayo podrían destacar: el proceder a distinguir la poética a modo de orden de la crítica
poética relacionada con la ciencia; subrayar la activa vigencia y eficaz

función social de la crítica; otorgar a la acción crítica una dimensión temporal, ubicándola en simultaneidad con el proceso generador de proyecto frente a la secuencialidad clásica. Por último, haber aglutinado dentro de la función crítica su dimensión ecológica, introduciendo nuevos factores como la sostenibilidad o los ecosistemas. Espero que este trabajo suscrito por Beatriz Amann se convierta en un catalizador de otras líneas de investigación que se sumen al conocimiento de la enseñanza de proyectos desde visiones adicionales, esbozadas o sugeridas en esta oportuna publicación.

En otras palabras, necesitamos "más luz" (últimas palabras de Goethe), más actitud crítica o poética y, ... ¡más madera!, pues es la guerra contra la vacua arbitrariedad, contra la necedad estética imperante.

Madrid, febrero de 2015

UN CAMBIO DE ACTITUD EN LA ACCIÓN CRÍTICA

Este libro es un trabajo de metacrítica, una crítica de la crítica. Una acción de profundización y de revisión sobre un método de crítica de la arquitectura concreto, como es la *crítica poética de arquitectura* (Miranda, 1999).

No obstante, existe una segunda condición que impulsa este trabajo, una inquietud de tinte personal, comprometida con la realidad presente.

Es posible situar el comienzo de una crítica de la arquitectura propiamente dicha –esto es, más allá de la labor historiográfica– alrededor de los años treinta del siglo pasado, cuando aparecen publicaciones como las revistas *Casabella* en Italia (1928), *L'Architecture d'Aujourd'hui* en Francia (1930) o *Architectural Review* en el mundo anglosajón (1937). En aquel momento, la crítica de la arquitectura nace con el objetivo claro de resultar un medio de difusión para transmitir las acciones arquitectónicas y valores del movimiento moderno que en aquellos años se consideran trascendentales.

Pero hoy, que vivimos en una sociedad informacional, que las redes informacionales son globales, abiertas y planas, ¿qué papel ha de jugar la crítica de la arquitectura hoy?

El tiempo cambia el significado de las palabras. Precisamente porque también se transforma la manera de estar el hombre en el mundo. Nuevos términos como el de eco-organización (Morin, 1980) o, ya dentro del campo de la arquitectura, el de ecoLógica (Gausa, 2009) y el de geoLógica (Guallart, 2009) dejan constancia de una realidad que avanza a partir de la interacción, de la actividad de acción y re-acción. En todos los ámbitos y categorías se establecen nuevas estrategias colectivas que crean estados híbridos de encuentro y des-encuentro.

La eco-organización describe un ecosistema de complementariedad, también entre contrarios.

La ecoLógica trabaja sobre una visión condensada y multicapa de la realidad, en busca de operar con una nueva lógica arquitectónica que resulte en transformaciones positivas de dicha realidad.

La geoLógica aúna las categorías de geografía –entendida como los fenómenos físicos, económicos y sociales en un territorio– y de proyecto arquitectónico –como la manipulación de estos parámetros geográficos de un lugar.

El hombre habita así, en el siglo XXI, una realidad compleja, híbrida, que de modo natural ha dado lugar a nuevas estrategias y formulaciones, también en la arquitectura.

Desde finales de los años ochenta del siglo pasado, se produce un cambio detonante alrededor de la noción de información. Los avances tecnológicos y la movilidad han hecho posible el intercambio de información a distancia a través de las redes y esto supone un cambio a todos los niveles. Hoy vivimos en la sociedad red (Castells, 1997), en una sociedad informacional en la que el capital se mide en cantidad de conocimiento transmitido.

En lo que a la arquitectura concierne, cambia la sistemática. La geometría se transforma en topología y los procesos de proyecto se desarrollan de manera cada vez más compleja, manejando gran cantidad de información simultánea con un instrumental distinto. Además, todo ello sucede ligado a una nueva categoría: la de sostenibilidad. Una sostenibilidad entendida como el modo sensible y respetuoso de interactuar con el territorio, a todos los niveles.

Por otro lado, gracias a la Teoría del Desarrollo a Escala Humana (Max Neef, Elizalde, Hopenhayn, 1986), nos hemos dado cuenta de que las necesidades fundamentales de una persona son invariables y finitas, en toda época y en cualquier lugar. Esta teoría enuncia cuatro necesidades de tipo ontológico (ser, estar, tener y hacer) y nueve más de tipo axiológico (protección, afecto, entendimiento, participación, ocio, creación, identidad, libertad y subsistencia) como aquellas necesidades potenciales para mejorar las condiciones de vida de los seres humanos. Lo que varía, a lo largo del tiempo y en los diferentes sistemas culturales, políticos y económicos, es la manera en que éstas se satisfacen: los medios "satisfactores".

Este descubrimiento es una condición que hoy no podemos dejar a un lado, puesto que el hecho arquitectónico participa como medio satisfactor de algunas de estas necesidades. Por ejemplo, en esta teoría se alude a la morada –la vivienda– como satisfactor de la necesidad combinada protección-estar; los espacios de encuentro satisfacen parte de la necesidad combinada afecto-estar; los ámbitos de interacción formativa –colegios, universidades,...– colmatan la necesidad combinada entendimiento-estar; los espacios públicos de esparcimiento, los ambientes y paisajes, son satisfactores de la necesidad combinada ocio-estar. Y se podrían enumerar varios casos más.

Al igual que hace esta teoría sociológica, parece evidente que la arquitectura debería renovar su compromiso con la sociedad y situar las necesidades de las personas frente a las de los objetos.

Con estos condicionantes de partida, ¿cómo no cuestionarse el sentido de la crítica de arquitectura en el presente activo?, ¿cómo no plantear una transformación para la acción crítica?

La palabra "orden", en el mundo clásico, tiene carácter espacial. El orden clásico representa unas proporciones concretas previamente determinadas para un objeto total.

En el siglo XX, el orden moderno añade la noción de tiempo a la de espacio. Es un orden de carácter no solo espacial, sino que además es un orden material, funcional,..., pero estable y concluso.

El orden contemporáneo, nuevamente actualizado, ya no se refiere a algo controlado. Este nuevo orden se entiende como capacidad de relación. Es un orden en evolución permanente, dinámico, que habla de organización, pero de una eco-organización no estable, sino latente, que marca momentos de un proceso. Esta transformación se debe a que al espacio-tiempo se ha sumado la información. El orden de hoy es un orden informacional, no determinado previamente y, por ello, más flexible y abierto.

Es por esto que hoy, en este presente que vivimos, aparece la oportunidad de un nuevo orden crítico contemporáneo, que interacciona con los parámetros del proceso del proyecto arquitectónico. Es decir, que ocupa una posición operativa durante el proceso de creación de una arquitectura. Una acción acorde con la realidad actual, que avanza sobre la acción crítica moderna –que actúa solamente sobre obras de arquitectura ya materializadas, ya construidas.

La crítica poética que se presenta con este trabajo se sitúa como acción crítica que contiene una implicación proactiva. Es decir, vamos a hablar de un cambio de actitud en el acto de crítica. Una actitud que se va a trasladar desde una opción distante hasta una acción reactiva. El salto hacia una re-interpreta-acción, hacia la re-informa-acción (Gausa, 2014).

Esta posibilidad supone la consecución de un nuevo instrumento a la hora de abordar el proceso proyectivo. Se inicia un camino que puede permitir la extensión de la crítica poética de la arquitectura como medio de transmisión de conocimiento –como *crítica del hecho*– hacia una herramienta proactiva de incidencia en el proyecto arquitectónico mismo –como *crítica del proceso*.

LA POÉTICA[1]
Orígenes y posterior desarrollo

[1] La denominación del método de crítica sobre el que se pretende realizar una acción de metacrítica incluye el vocablo "poética" –hablamos de la *crítica poética de arquitectura*, cuarta fase del *Método Mirregan-Todorov para la crítica de arquitectura* (Miranda, 1999). Ésta es una categoría difícil de aprehender. Es una noción de gran complejidad. No obstante, su entendimiento resulta necesario para poder llegar a comprender el vínculo entre poética y arquitectónica, entre poética y crítica de la arquitectura y entre poética y proyecto arquitectónico que dicho método plantea. Por ello, aunque resulte un tanto árido y farragoso, se ha creído conveniente dedicar este primer capítulo a realizar una aproximación a dicha noción.

A lo largo de la historia, la poética se encuentra ligada a la filosofía,
la música, la literatura, la crítica de arte y de literatura. Su idea se
transforma, amplía o reduce de acuerdo con las distintas corrientes
de pensamiento. No obstante, su traslado y aplicación a la arquitectura no sucede, en forma de texto, hasta el último cuarto del siglo XX.[2]
Por eso, el recorrido que se realiza es más amplio. De modo transversal y no exhaustivo, se inicia en sus orígenes clásicos. El punto
de partida se localiza, de esta manera, en otros campos como son la
filosofía, la música y las artes plásticas.

EL ORIGEN DE LA POÉTICA

La primera referencia que se conoce de *poética* es el texto de Aristóteles *Ars poetica* (s. IV a. C.). En él, el filósofo griego dice que la poética
es un arte, puesto que "es una imitación y provoca placer" y, debido a
ello, el texto se ha interpretado como un estudio de estética.[3] En realidad, Aristóteles se está refiriendo a la poesía y afirma que, de esta
imitación, es necesario conocer el qué, el cómo y con qué medios se
realiza. La poética es para Aristóteles producto, pero también producción.[4] Define, así, cuatro condiciones fundamentales de la misma:
los tres fundamentos básicos –la catarsis, el arte como creación y

[2] Se toma como primera publicación de referencia el libro *Poética y arquitectura: Una
lectura de la arquitectura posmoderna* (Muntañola, 1981) porque, a pesar de que *poética* es
una palabra ampliamente utilizada por los historiadores y críticos de arquitectura desde el
comienzo de estas actividades, no se han encontrado textos anteriores que traten del propio concepto de poética como cuerpo esencial de lo expuesto.

[3] La poética clásica, que podríamos denominar *poética antigua*, se inicia con Platón, formado en la poesía de Homero, quien por primera vez, en el diálogo de *La República*, establece
una relación entre poema y pensamiento, entre poesía y verdad. Para el filósofo, la poesía,
como también lo será para Aristóteles, es mímesis y, por lo tanto, es la filosofía la que se
encuentra más cerca de la verdad. Sin embargo, a pesar de que Platón avanza sobre el tema
de la poesía, no se ha considerado como primera referencia de esta investigación debido a
que no contempla el término poética en sí mismo.

[4] *Poiesis* es un término griego que significa "creación" o "producción", derivado de
ποιησις, "hacer", "producir", "fabricar" o "crear". Se entendería, entonces, por *poiesis* todo
proceso creativo.

la mímesis– y un cuarto principio –la verosimilitud o necesidad– que define el *arte poética* dentro de un mundo interno con leyes propias. Este cuarto fundamento se conoce con el nombre de heterocosmia. Para Aristóteles, infringir estas leyes propias supone a la poética "incurrir en pecado". El filósofo reconoce dos posibles maneras de cometer tales infracciones: en la sustancia, al querer imitar lo inimitable, y en lo accidental, fingiendo cosas imposibles o herrando contra cualquier otro arte. Se trata, en definitiva, de incumplir esas leyes propias, de salirse de ese mundo interno que le es propio a la poética, a la poesía. Por último, el filósofo denuncia también cinco objeciones a los autores del arte poética: "cuando dicen cosas imposibles, irracionales, ajenas al asunto, contradictorias o no conformes al arte", volviendo a incidir sobre la especificidad de su medio e incluyendo la figura del autor como sujeto que desarrolla la obra poética.

La siguiente referencia es la "Epístola a los Pisones" o *Ars poetica* del poeta Horacio (s. I a. C.). De nuevo el vocablo *poética*, como en Aristóteles, se relaciona directamente con el arte de la poesía; se trata, así, de un sustantivo. En este texto, el poeta clásico adelanta la idea que se desarrollará durante el romanticismo de que una obra de arte debe formar una unidad de conjunto entre sus partes, de manera que no destaque un elemento sobre el resto, existiendo un equilibrio entre todos ellos. Por otro lado, señala como condición para el arte poética la necesidad de pureza en el género y, por consiguiente, en la métrica –como regularidad interna– con la que habrá de crearse. Estos principios influyen en la literatura del clasicismo hasta el siglo XVIII y son recogidos por el poeta francés Boileau, quien eleva al arte poética hasta "el imperio infinito del espíritu".

No trascienden otros documentos de importancia en torno al concepto de poética hasta el siglo XVIII y, entonces, aparece también identificado con el de poesía. Gottsched expone que la poesía debe ser el resultado de las reglas ineludibles del arte; sin embargo, no distingue entre la poesía y el resto de las artes, sino que reconoce un medio concreto para el arte en general, en el que cabrían, además de la poesía, la pintura, la escultura, la música y la literatura. Tal distinción trascendental no se recupera hasta el año 1766, cuando Lessing apunta la diferencia entre la pintura –las artes plásticas en general,

las que denomina *las artes*– y la poesía –las demás artes, *las poéticas*–
con base en sus estructuras temporales. Continúa, por lo tanto, el
concepto de poética relacionado con el arte; sin embargo, en este
momento, se separa de las artes plásticas –pintura, escultura, etc.[5]
Del mismo modo que apuntó Aristóteles, Lessing establece la existencia de diferentes capacidades expresivas para cada medio –a su
vez específico de cada arte–, y de cómo así cada medio es el óptimo
para representar un objeto o una acción. Compara, por ejemplo, la
pintura con la poesía, relacionando la primera con la sincronía y la
simultaneidad de sus elementos y la segunda con la sucesión temporal o diacronía. Y define la poética de un arte en función de su medio;
específica y existente, por lo tanto, para cada arte.

Se puede resumir, entonces, que desde el momento en el que aparece
en los textos el significante poética, éste se relaciona con el arte. Al
principio, en la época clásica, con un arte: la poesía. Estamos ante un
vocablo que nombra, un significante sustantivo. Después, a partir de
la ilustración, pasa a ser atributo de algunas artes, de las artes poéticas –la música, el teatro y la poesía. Se convierte en una categoría
que caracteriza, en un significante adjetivo.

En cuanto a la característica que marca y distingue a la poética –en
el mundo clásico– o a las artes poéticas –a partir de la ilustración–,
podemos destacar la asunción de una temporalidad diacrónica en su
desarrollo. La poética, tanto como sustantivo como adjetivo, es dinámica, se hace, ocurre. Está en marcha, como construcción.

Por otro lado, se atribuye a la poética un medio específico y propio
desde el principio. Un medio que resulta óptimo para el desarrollo de
ese arte y que no es traducible o trasladable a otros.

Por último, se vislumbra desde el mismo Horacio la existencia de un
sistema interno y propio de cada disciplina que regulariza y sintetiza
los elementos que conforman una *obra de arte poética*.

---

[5] Es posible distinguir, a partir de ese momento, la *poética antigua* de la *poética moderna*.

LA POÉTICA Y EL ROMANTICISMO ALEMÁN

A finales del siglo XVIII, Moritz, uno de los precursores del romanticismo alemán, escribe: "Si un objeto debe producir en mí placer, hay que situar en el objeto mismo la utilidad o el fin externo cuando carece de ellos; o entonces: debo encontrar en las partes aisladas de ese objeto tanta finalidad que olvido preguntarme: Pero ¿para qué sirve entonces su totalidad? Para decirlo en otras palabras: frente a un objeto bello debo sentir placer únicamente por él mismo; con ese motivo, la ausencia de finalidad externa tiene que compensarse mediante una finalidad interna; el objeto tiene que ser algo acabado en sí mismo". Encontramos en este texto otra característica que, a partir de los textos románticos y con origen en el pensamiento kantiano, se atribuye al arte en general: la ausencia de finalidad externa de una obra de arte, que debe equilibrarse con una finalidad interna más intensa. Schelling profundiza en este concepto y lo conceptualiza en relación directa con la obra poética –en este caso, parece referirse a la poesía, pero podría aplicarse también a la música–, en la que la pérdida de función externa tiene como consecuencia la aparición de un sistema interno: "La obra poética [...] solo es posible a través de una separación del discurso con el que se expresa la obra de arte, de la totalidad del lenguaje. Pero esta separación, por una parte, y ese carácter absoluto, por la otra, no son posibles si el discurso no contiene en sí mismo su propio movimiento independiente y, por consiguiente, su tiempo, como los cuerpos del mundo; así se separa de todo lo demás, al obedecer a una regularidad interna. Desde el punto de vista externo, el discurso se mueve libremente y de manera autónoma, solo en sí mismo está ordenado y sometido a la regularidad". Se puede apreciar este *carácter absoluto* al que hace referencia Schelling en los poemas de Mallarmé, cerrados en sí mismos, alejados de cualquier mímesis o realismo, concentrados en el efecto de su propia resonancia; lo que Schlegel llama en su obra sobre el arte y la literatura dramáticas, medida, cadencia y ritmo –todos ellos atributos de la temporalidad.

La esencia de lo que la categoría poética significa en esta época se condensa en recordar que el arte poética se desarrolla en un medio específico, con un lenguaje propio y un tiempo propios –la métrica en el caso de la poesía, el lenguaje musical en el caso de la música–, que hace posible una regularidad interna que da cuerpo a un sistema estructurado de partes que forman una totalidad.

Por otro lado, se defiende una ausencia de finalidad externa y se define la obra de arte poética como una obra con valor autónomo; una obra de naturaleza intransitiva y auto-referente.

LA POÉTICA Y EL FORMALISMO RUSO

El formalismo ruso es un movimiento intelectual que nace en Rusia durante la Primera Guerra Mundial, en los años previos a la revolución. Sus trabajos marcan el comienzo de una teoría y crítica literarias, como disciplinas autónomas, que tienen como objeto de estudio la *literalidad* –la propiedad esencial de una obra literaria. De este modo, en esta época la poética aparece vinculada al lenguaje: el de la poesía o lenguaje poético.

Este lenguaje continúa con la tradición romántica que le precede y, así, no se refiere a nada que le sea externo. Es un lenguaje intransitivo, que rechaza el sentido y se reduce a su propio ser material. Los formalistas rusos distinguen entre el *lenguaje práctico* (del pensamiento verbal), que es solo un medio de comunicación y no tiene valor en sí mismo, y el *lenguaje poético* (de la poesía), en el que la finalidad práctica es secundaria y adquiere un valor autónomo. El lenguaje poético da lugar al desarrollo de actividades humanas que tienen valor en sí mismas: actividades poéticas (Jakubinski, 1916 y 1919). Este discurso de valor autónomo es lo que el poeta futurista Jlébnikov denomina el *samocennoe slovo* y lo que, unos años después, Jakobson define como *poeticidad*: "Pero ¿cómo se manifiesta la poeticidad? En cuanto la palabra es experimentada como palabra y no como simple representante del objeto nombrado ni como explosión de emoción. En cuanto las palabras y su sintaxis, su sentido, su forma externa e interna no son indicios indiferentes de la realidad, sino que poseen su propio peso y su propio valor". El lenguaje poético distante o extraño que introduce Shklovski. Para los formalistas rusos el objeto de estudio son las obras mismas, o mejor dicho, las formas del discurso, el objeto en sí, alejado de cualquier referencia externa –autor o contexto histórico y cultural. Y así, la finalidad del movimiento pasa por producir una ciencia que sea, como tal, independiente y objetiva. Ciencia a la que también denominan poética. Sin embargo, este mismo empeño termina por llevar años después a los formalistas rusos a pensar que no puede existir una especificidad de la literatura en sí misma, sino en relación con su contexto histórico y cultural;[6] en definitiva, a poner en duda una auto-referencia semejante a la proclamada anteriormente por ellos mismos.

Por otro lado, el formalismo ruso hace hincapié en la disposición como sistema de una obra. Así, Shklovski dicta que "la obra está enteramente construida. Toda su materia está organizada", refiriéndose, no a que la obra esté terminada o concluida —al revés, la poética es diacrónica, está ocurriendo—, sino a la regularidad interna de la obra en marcha.

BAJTIN Y LA POÉTICA DIALÓGICA

Bajtin, crítico literario ruso, coincide en el tiempo con el movimiento formalista ruso y, sin embargo, se separa del mismo. Se presenta como un caso singular y complejo que proclama unas características diferentes para la poética —tomada como discurso.

En oposición a las teorías de los formalistas rusos, Bajtin defiende una poética dialógica y social. Dialógica porque es intersubjetiva y necesita del lector —comunicarse con el otro— para construirse. Social porque festeja lo colectivo, lo universal, y se aleja de lo dogmático. Para Bajtin una obra se convierte en un conjunto de prácticas sociales de lectura y está orientada por el mundo social del que procede. Lo que Bourdieu denomina más adelante como *campo intelectual*. En este sentido, se encuentra un discurso de temporalidad múltiple que desintegra la estructura rígida del tiempo impuesta por los formalistas rusos. Bajtin propone una poética que se libera de la

[6] Próximo al relativismo histórico que defiende Wölfflin (1888).

autoridad del pasado, que quiere desprenderse de la carga teórica y normativa para construir un mundo colectivo.[7]

Por otro lado, Bajtin propone la estructura de la obra, su construcción –que califica de arquitectónica–, y no solamente la forma del discurso poético –tal y como hacen los formalistas rusos–, como el objeto de estudio de una obra; ya que es el punto de encuentro e interacción entre material, forma y contenido. Es en este punto donde debe buscarse la interacción interna de una obra, para Bajtin, su estética. Así, Medvedev[8] escribe: "El objeto de la poética debe ser la construcción de la obra literaria". Avanzamos, pues, con rapidez hacia la liberación absoluta de la poética respecto de las artes plásticas.

LA SEGUNDA GUERRA MUNDIAL: VALÉRY, GREENBERG Y STRAVISNKI

Durante los años de la Segunda Guerra Mundial y en lo referente a la idea de poética, destacamos las voces diferentes de tres grandes intelectuales. Cada uno de ellos profundiza en un campo diferente –poesía, pintura y música– y ni sus pensamientos ni sus personalidades buscan un punto de encuentro entre sí. Es un momento de posturas aisladas. Sin embargo, ninguno de ellos se aleja de postulados inmediatamente anteriores.

En Europa, el 10 de diciembre de 1937, dentro de la *Lección inaugural del Curso de Poética en el College de France*, en Paris, Valéry dice así: "El hacer, el poiein del que me quiero ocupar, es aquel que se acaba en alguna obra y que llegaré pronto a limitar a ese género de obras

---

[7] En Zavala (1991, 18): "Las nociones epistemológicas de la poética dialógica social de Bajtin son el carnaval político, la dialogía, lo 'dado' y lo 'creado', la polifonía, la heterogeneidad discursiva, la 'otredad',... para distinguirlas del 'pluralismo' neutralizador contemporáneo, que a menudo lee la dialogía como un diálogo contemporanizador, y no en su dimensión de oposiciones que luchan en la arena social".

[8] Discípulo de Bajtin, aunque es posible que el mismo Bajtin pudiera haberlo utilizado como seudónimo.

que se ha dado en llamar obras del espíritu".[9] El poeta es "el que hace, el hacedor". El poeta francés busca alejar la poética –en su caso, como sistema– de la idea de conjunto de reglas que determinan el cómo debe regirse el arte para presentarla como una acción de construcción, lo que no significa que no admita una forma de interacción interna. De este modo, sentencia que "la obra del espíritu solo existe en acto", ya que el objeto permanece exterior a este "acto", por lo que no puede ofrecer ninguna relación particular con el espíritu.

Por otro lado, al igual que Bajtin, sitúa la "creación", la producción poética, como fruto de la relación entre el autor, la obra y el lector. Sin embargo, el contexto cultural, histórico y social solo interviene, según Valéry, en la valoración que un especialista hace de esa obra. En todo caso, el pensamiento de Valéry imposibilita el aislamiento de la obra poética. El poeta francés sugiere que el sentido de la obra poética puede encontrarse fuera de la obra misma (en la producción del autor, en la reflexión del lector). Se encuentran en estas afirmaciones ideas semejantes a las expuestas por Bajtin. Lo que no quiere decir que la obra tenga una finalidad externa. La obra continúa siendo intransitiva, como se supone a las auténticas obras de arte –de vanguardia. Así, la obra tiene valor autónomo, finalidad interna. Se afirma, de nuevo, que la obra poética es auto-referente.

En 1939, dos años después de que Valéry leyera su lección inaugural sobre la poética, Stravinski toma posesión de la Cátedra de Poética Charles Eliot Norton en Harvard University. Hasta entonces el vocablo poética aparece siempre ligado al discurso poético, a la poesía, vinculada a la teoría y crítica literarias. En este contexto, el músico da seis conferencias sobre la *poética musical* acometiendo la acción de definir qué es la poética en la música: "... poética, en el sentido exacto de la palabra, quiere decir el estudio de la obra que va a realizarse. El verbo ποιευ, del cual proviene, no significa otra cosa sino "hacer".

---

[9] Más adelante, Hegel, en el tercer volumen de sus "Lecciones de estética", "Poética" (1947), enmarca a las obras poéticas –en relación con la poesía, que junto con la pintura y la música, sería para el filósofo la tercera de las artes románticas y "más capaz que cualquier arte de exponer un acontecimiento en todas sus partes"– como *obras del espíritu*. El pensamiento hegeliano incluye también a la arquitectura entre las artes figurativas, dejando de lado la diferencia entre plásticas y poéticas postulada por Lessing dos siglos atrás. De hecho, Hegel declara la arquitectura como *arte simbólico*.

La poética de los filósofos de la antigüedad no admitía lirismos sobre el talento natural, ni sobre la esencia de la belleza. La misma palabra τεχνη englobaba para ellos las bellas artes y las artes útiles y se aplicaba a la ciencia y al estudio de las reglas verdaderas y precisas del oficio. De ahí que la *Poética* de Aristóteles sugiera constantemente ideas de trabajo personal, de ajuste y de estructura. [...] Poética musical: hacer en el orden de la música". Por lo tanto, una vez más, poética significa construcción y, al mismo tiempo, temporalidad, regularidad interna, autónoma y específica.

Al año siguiente, en 1940, en el artículo "Towards a Newer Laocoon", el crítico de arte estadounidense Greenberg expone que ha habido una confusión entre las artes que hay que aclarar. Retoma el pensamiento de Lessing y expone que la pureza en el arte consiste en la aceptación de los límites del medio del arte específico. No obstante, Greenberg no separa las artes entre plásticas y poéticas y la poética sería esa asunción de cada arte de la naturaleza de su medio. Aparece, de este modo, la categoría poética vinculada a todas y cada una de las artes, limitadas por su medio específico, al igual que en Lessing. Por otro lado, Greenberg asume el papel del espectador y así propone que cada arte se desarrolle según el sentido principal que lo percibe, desechando el resto para conseguir un mayor grado de pureza. Coloca la especificidad del medio en lo sensitivo y no en la expresión, como había hecho Lessing anteriormente.

Para las artes visuales, el medio es físico y, por tanto, deben buscar afectar al espectador físicamente. En el caso de la pintura, su poética, según Greenberg, reside en que la pintura no puede tener una disposición narrativa, ha de darse en el plano bidimensional. Según el crítico americano, la pintura es plana y "planar" su cualidad. Por tanto, cualquier intento de ser figurativa implica darle profundidad y, con ello, desconocer la naturaleza del medio pictórico.[10] Apoyándose

[10] Según Yohe (2002, 42-43), Hofmann apunta en la misma dirección que Greenberg cuando afirma que "el medio expresivo de la pintura es el plano pictórico" y que el espacio pictórico se da de forma bidimensional, ya que (46) "cuando se destruye la bidimensionalidad de una pintura, ésta se descompone en partes, es decir, crea el efecto de un espacio naturalista". Lo que el pintor abstracto está rechazando es el espacio propio de la pintura figurativa y, así, plantea que (46) "[...] la profundidad como realidad plástica tiene que ser bidimensional en un sentido formal [...]".

en esta tesis, Greenberg defiende la poética de la pintura abstracta frente a la pintura que busca profundidad o perspectiva, puesto que estas características pertenecen a la escultura o a la arquitectura. En cuanto a la música, para Greenberg es poética. Es el arte más elevado del siglo XX. Su naturaleza es "absoluta", se aleja de la imitación, se integra de forma casi completa en un medio específico y cuenta con unos recursos de sugestión y de sensación inmediatos. La vanguardia también considera que la música es un arte "de forma pura", porque solo puede comunicar una sensación, que penetra a través de ese sentido (el oído) en la conciencia.

LA POÉTICA EN SARTRE Y FRYE

El padre del existencialismo francés define la poética como una actitud: la actitud poética –del poeta–, que es aquella que deja de considerar las palabras como signos para tomarlas como objetos en sí. En Sartre, la poética es una forma de presentarse ante el lenguaje. Una forma que rehúsa "utilizar" el lenguaje. Este cambio en la relación del poeta con el lenguaje origina otra transformación en la propia estructura del lenguaje. Se encuentra una justificación para la relación entre el significante y su significado, "las palabras del poeta se parecen a las cosas que *evoca*".[11]

De nuevo, la categoría poética se relaciona directa y exclusivamente con la poesía, cuyo lenguaje, para Sartre, tiene una disposición intransitiva –es decir, no representativa o significante. Esta idea continúa con las ideas del romanticismo alemán de Moritz o Schlegel, aunque el filósofo francés la descubre en los trabajos de Valéry, Blanchot o Mallarmé, y pretende establecer una relación justificada entre significantes y significados. Otra vez encontramos una referencia a una forma de

[11] En Sartre (1948, 18): "El poeta se ha apartado de una vez del lenguaje-instrumento; ha escogido de una vez por todas la actitud poética que considera las palabras como cosas y no como signos"–hoy decimos que las poéticas no representan, son–; (19-20): "La significación [...] se vuelve natural [...]. El lenguaje entero es para él el Espejo del mundo. [...] De esa manera se establece entre la palabra y lo significado una doble relación recíproca de semejanza mágica y de significación".

interacción interna entre los objetos que forman la obra y, además, la disposición del lenguaje que define la poesía es intransitiva.

Las ideas de Sartre tienen una continuidad en los años siguientes y, así, el teórico y crítico canadiense Frye afirma también que la actividad poética es una actividad intransitiva. Lo poético no puede referirse a nada que le sea externo, ya que conserva su lugar en la estructura misma del poema. Este hecho da lugar a la extinción de toda relación con el exterior, al tiempo que refuerza las ligaduras internas. Para Frye, los significantes no son signos, sino que han adquirido el valor de "tema".

En cuanto a la disposición auto-referente de lo poético, el crítico y teórico canadiense define que los elementos que constituyen la obra poética no son autónomos en sí y que, por el contrario, existen fuertes lazos de unión con el resto de los elementos. Es la obra poética misma la que presenta una autonomía respecto de lo que le es externo, aunque mantiene una dependencia de la tradición que le precede.

LA POÉTICA FENOMENOLÓGICA EN BACHELARD

Bachelard representa, dentro del desarrollo de la categoría poética, un pensamiento singular y complejo, aislado del resto de autores en sus planteamientos. No obstante, su texto *La poétique de l'espace* ha ejercido y ejerce gran influencia en las escuelas de arquitectura. En el año 1957, en plena madurez de su pensamiento en torno al espíritu científico, Bachelard da un giro sobre sí mismo y se sumerge en la búsqueda de una determinación fenomenológica de las imágenes, su poética. Sirviéndose de ejemplos espaciales cotidianos y cercanos, plantea la imposibilidad de comprender una *imagen poética* desde la distancia, ya que dicha imagen va a surgir de una conciencia individual. Este planteamiento le lleva a apoyarse en la fenomenología para poder restituir a la imagen poética la subjetividad y medir lo que llama la "transubjetividad de la imagen".

Para el francés, la imagen poética no tiene una relación causal con el pasado y es, además, *variable*, a diferencia del concepto que es *constitutivo*. En este sentido, la poesía es "una fenomenología del alma" y se produce antes que el pensamiento. Al llevar su análisis al campo de la fenomenología, se ve forzado a actuar solamente a nivel de imágenes aisladas; el verso aparece como el "espacio del lenguaje".

LAS VOCES CRÍTICAS: BARTHES, BLOOM Y SONTAG

Tras los años de posguerra, durante las últimas décadas del siglo XX, se encuentran diversas referencias en torno a la poética que parten de las distintas corrientes intelectuales del momento. Barthes es una de ellas. En su libro *Critique et verité* (1966), realiza una lectura sobre cómo debe ser la crítica literaria y afirma que desde Mallarmé se ha unificado la doble función de poética y crítica en la escritura.

En otro punto diferente y alejado de cualquier otra voz de su tiempo, se sitúa el pensamiento de Bloom, quien aporta nuevas visiones al tema de la poética –ligado a la poesía. Mientras Greimas, considerado el fundador de la semiótica estructural, publica dentro del *Diccionario razonado de la teoría del lenguaje* que la poética designa el estudio de la poesía como la teoría general de las obras literarias, el crítico y teórico estadounidense establece por vez primera una diferenciación entre los conceptos teoría de la poesía y poética. Por teoría de la poesía, entiende el concepto de la naturaleza y la función del poeta y de la poesía. La categoría poética, en cambio, trata de la técnica de la composición poética a que hace referencia el libro de Curtius *European Literature and the Latin Middle Ages*. Para Bloom, la poética es, en primer lugar, una técnica. Por otro lado, afirma que la significación poética proviene de "la desintegración de la forma" y que, en un encuentro poético, se lleva a cabo un acto de "deslectura".[12] La lectura "alerta o agonal", siempre en conflicto. Por ello, afirma que muchos críticos acuden, de forma errónea, a la lingüística o a la filosofía para hacer sus interpretaciones, pero que así interpretan los poemas de manera lingüística o filosófica. Para acercarse a

[12] Traducción de Sánchez de la palabra *misreading* del texto original de Bloom (1979).

la poesía, habrá que hacerlo acorde con la técnica de composición propia; que es, para Bloom, la *poética*. Y como ayuda en la lectura de poemas, establece el concepto de comparaciones revisorias.[13]

Por último, y como tercera voz independiente y crítica, se analiza el pensamiento de Sontag. Su visión rompe con algunas de las definiciones que se han planteado sobre la poética y, aunque se trata de un pensamiento aislado y muchas veces polémico, es necesario incorporarlo. En su artículo "Against interpretation", Sontag hace referencia a la poética de Aristóteles aduciendo que la idea de poesía que plantea el filósofo griego –cuando éste dice que la poesía es más filosófica que histórica– conduce a la mayoría de los críticos de arte a la confusión de que el arte responde siempre a una argumentación justificada. Contra esta posición, la estadounidense apunta que el sentido de inevitabilidad que una gran obra de arte proyecta no se halla compuesto por la inevitabilidad o necesidad de sus partes, sino por el todo y que, por ello, no debe buscarse justificación para cada una de las partes que compone una obra, ya que ésta puede haber sido fruto del azar: "... el papel de lo arbitrario y lo injustificable en el arte nunca ha sido suficientemente reconocido. [...] Por lo general, los críticos que quieren ensalzar una obra de arte se creen obligados a demostrar que cada parte está justificada, que no hubiera podido ser de otra manera. Y todo artista, en lo que respecta a su trabajo, rememorando el papel del azar, de la fatiga y de las distracciones externas, sabe que el crítico dice mentiras, sabe que bien pudiera haber sido de otro modo". Esta afirmación produce un rozamiento con el resto de definiciones de poética y plantea dificultades a la disposición estructural de una obra, a su interacción interna; sin embargo, el problema desaparece si volvemos a la diferenciación que Lessing hace entre las artes en general, las artes plásticas –pintura, literatura, escultura y fotografía– y las artes poéticas –música, poesía, cine y arquitectura– y se admiten los planteamientos de Sontag solo para las primeras; puesto que, precisamente, es esa naturaleza de interacción entre materia, forma y contenido, esa construcción de sí mismas, el ser auto-referente, lo que caracteriza a las artes poéticas frente al resto de las artes.

[13] Traducción de Sánchez de la expresión *revitionary ratios* del texto original de Bloom (1979).

LA POÉTICA EN ZAMBRANO

La obra de Zambrano se caracteriza por un fuerte compromiso ético-político y por el desarrollo de una nueva noción de razón: la razón poética. Para Zambrano, el problema fundamental del hombre es su propio ser y, mientras que por medio de la actitud filosófica el hombre se cuestiona aquello que desconoce, es a través de la actitud poética que encuentra respuesta y sentido. Así, va a presentar la razón poética como un método oportuno para acometer su objetivo: la creación de realidades –y, en primer lugar, la creación de la realidad de la persona.

Zambrano entiende que no solo hay una razón del conocimiento, sino que también aparece una razón que trata de la visión interior, de aquella visión que penetra en los sentimientos para revelar la conciencia, que se descubre de modo poético. Esta razón poética actúa más allá del análisis; se justifica en su actividad, dictada desde el interior de la persona. Se presenta esta razón como un método abierto, no cerrado, que busca abrir nuevos caminos. En este sentido, la acción poética se dirige a trazar una red de conexiones sobre las que pueda construir poéticamente, conscientemente.

LA POÉTICA EN TODOROV

El pensamiento de este crítico y teórico francés –de origen búlgaro– constituye el pilar esencial de los planteamientos que sobre la poética en arquitectura sienta el orden crítico de referencia que abordaremos más adelante.

Se puede considerar a Todorov como el pensador contemporáneo que más ha profundizado en el tema de la poética,[14] recogiendo y analizando posturas anteriores para dar, a continuación, su propia interpretación.

En uno de sus primeros trabajos sobre poética, el libro *¿Qu'est-ce que le structuralisme? Poétique* (1968), sus planteamientos parten de lo

[14] El estudio de la poética dentro del campo de la literatura.

establecido tanto por los formalistas rusos como por el estructuralismo y, así, presenta la poética como una ciencia que estudia el discurso. Para Todorov, la obra –literaria– es una estructura abstracta
posible que contiene elementos constantes susceptibles de ser estudiados científicamente –persigue la distancia formalista y considera
cada obra particular como manifestación de una estructura abstracta
más general. Esta poética, como disciplina propia del discurso literario –el discurso que utiliza el código poético–, se separa de otro tipo
de disciplinas como son la lingüística, la sociología o la estética. Sin
embargo, admite la especificidad de cada obra y plantea una disciplina flexible, una ciencia que aún se está haciendo, que, más que establecer una metodología de análisis estricta, puede teorizar.

En ese mismo trabajo, vincula el establecimiento del valor estético de
una obra al conocimiento de la estructura de la obra.

No obstante, Todorov muestra gran pesimismo en cuanto al valor
de la poética al final del texto. Reconoce muy limitado su campo de
acción –al discurso poético, a la revelación de su estructura y de las
razones que establecen que una obra sea literatura en un tiempo
dado– y, por ello, propone su sacrificio en favor del conocimiento
general. Así, se encuentran en un mismo libro y apoyados en un
discurso teórico-práctico la presentación de una ciencia nueva y su
presunto final.

No obstante, sus reflexiones en torno a la poética continúan en trabajos posteriores; aunque sus aportaciones quedan reducidas al análisis exhaustivo de los planteamientos que le preceden; no buscando,
en ningún caso, avanzar en una poética contemporánea.

LA POÉTICA EN EL CAMBIO DE SIGLO:
LOS *MEDIA*

Los últimos años del siglo XX y primeros del siglo XXI quedan mar-
cados por el desarrollo vertiginoso de los medios de comunicación
–los *media*. En este contexto, la conceptualización de la categoría
poética gira en torno a la noción de tiempo. "La imagen general es

sincrónica" dice el teórico de la comunicación Flusser.[15] ¿Significa esto que la fotografía no está incluida dentro de las artes poéticas?, ¿o qué Flusser, al igual que Lessing y Greenberg, propone un medio específico para cada arte y en él reside su poética? Efectivamente, se considera la fotografía una de las artes plásticas, pero, en todo caso, de los textos de Flusser puede concluirse que los "medios *superficiales*" o "códigos *superficiales*", es decir, los "códigos *imaginales*", por un lado, y los "medios *conceptuales*" o "códigos *lineales*", es decir, los "códigos *conceptuales*", por otro, generan tipos de conciencia y de articulación de la acción totalmente distintos y que todo depende de la estructura del medio.

Con el cine ocurre lo contrario. Según la corriente denominada por Chatman como *narratology*, allá donde se encuentra una dimensión temporal en la expresión estética, debe buscarse también una narrativa; lo que indica una concepción textual de todos los medios. "La narrativa misma es una estructura profunda totalmente de su medio" (Braudy & Cohen, 2004).

Esta conclusión se ve superada por Carrillo Canán y Zindel, que abordan el problema de la poética cinematográfica como la cuestión del tipo de capacidades estéticas del cine y su modo de operar. Citando a Flusser y a Chatman, pero yendo más allá, distinguen el tiempo cinematográfico del de la narración porque tiene una duración menor. Con la llegada del cine digital, aparecen las imágenes espectaculares y el cine pierde la condición de narrativo para centrarse en dicha imagen. Se puede decir que se convierte en un medio plano y no-narrativo, como la pintura, como la fotografía. Algo semejante ocurre, según Manovich, con la red. Al ser una estructura sin jerarquía, internet aplana los datos, los deja sin secuencia narrativa. Esto abre un debate en torno a la poética de los medios, porque, en la era digital, se privilegia el espacio frente al tiempo, se aplana el tiempo histórico. Lo que se traslada a la cinematografía, también digital y espectacular. El tiempo cinematográfico se convierte en tiempo de presentación, no narrativo.

[15] Afirmación que coincide con lo establecido por Lessing para la pintura figurativa y por Greenberg para la pintura abstracta.

LA POÉTICA ARQUITECTÓNICA

Retrocedemos en el tiempo para situarnos en el punto en el que la poética arquitectónica entra en escena. A principios de la década de los ochenta del siglo pasado, en pleno auge de la arquitectura posmoderna, Muntañola publica el libro *Poética y arquitectura. Una lectura de la arquitectura posmoderna* (1981).[16] En este texto, se intenta rescatar la capacidad creadora –*capacidad poética* o estructura generativa–, que Muntañola otorga a la poética, para traducirla en los símbolos, las metáforas y otras figuras retóricas que la arquitectura posmoderna emplea y que quedarían, así, justificados.

Muntañola define la "poiesis arquitectónica" como la capacidad de "hacer verosímil un habitar desde un construir [...] transformando poéticamente un contexto histórico-geográfico dado". A partir de la categoría de mímesis que Aristóteles otorga a la poética, establece una acción recíproca entre la construcción y el habitar; una relación que transforma de forma poética lo físico en significativo, "la transformación poética [...] de un objeto en imagen". Además, destaca la acción del arquitecto como sujeto que produce el discurso poético –que sitúa en el diseño–, aunque dentro de una historia colectiva. Sigue a Quatremère de Quincy al afirmar que la idea originaria depende del "genio individual"; sin embargo, el desarrollo de ésta se deberá a "la fidelidad de la arquitectura como arte que imita a la naturaleza con unas "convenciones" que le son propias".

Por otro lado, el arquitecto catalán recoge las tesis de Gadamer, que a su vez bebe del filósofo alemán Hegel, que quedan reflejadas en la asunción de la arquitectura como una de las artes plásticas –atendiendo a la denominación utilizada por Lessing para la pintura, la escultura y la literatura. Es por ello que, cuando trata de establecer las *estrategias poéticas* que la arquitectura posmoderna debe emplear, propone estrategias tales como el juego entre decoración y construcción, el empleo de elementos convencionales fuera de contexto, la utilización "funcionalista" de un estilo histórico o las trasformaciones analógicas de elementos de un edificio o de la ciudad.

[16] Referencia y base de lo postulado en esta publicación es la trilogía de ensayos inmediatamente anterior, publicada por Muntañola (1979, 1980).

Esta gran analogía que se ha descrito y que Muntañola establece entre construir-habitar-proyectar va a quedar desarrollada a partir de una relación entre poética-retórica-semiótica: "la poética nos define los términos bajo los que se produce el significado estético, la retórica nos ofrece las argumentaciones con las que la arquitectura se convierte en verosímil y persuade, la semiótica, por último, nos enseña la estructura de lo construido, o sea, la forma que en las diferentes culturas ha tomado la arquitectura como mímesis entre el construir, el habitar y el pensar".

Por último, cabe señalar que Muntañola recuerda la *concinnitas* de Alberti como "la unidad de las partes en un todo" y afirma de ella que no puede leerse directamente "desde fuera" del objeto, visualmente, sino que debe leerse "desde dentro", como unidad de finalidad entre las partes y el todo.

En otro orden de las cosas y en relación con la arquitectura clásica, en el año 1984 se publica la obra *El Clasicismo en Arquitectura: La poética del orden* de Tzonis, Lefaivre y Bilodeau. En ella, sus autores también hacen referencia a la *Poética* de Aristóteles y plantean que la obra arquitectónica clásica "es un mundo dentro de un mundo", constituida por unas partes precisas que completan una unidad. Para marcar la discontinuidad entre el objeto y su entorno, está la *taxis* –la organización interna entre sección, planta y alzado, para la que proclaman un potencial uso crítico– y la interrelación de las partes que constituyen la obra, de manera que exista una interacción entre la parte y el todo y entre las partes entre sí. De este modo, se realiza un traslado directo a la arquitectura clásica de las características de especificidad del campo, interacción interna y estructura que rodean a la idea de poética desde sus orígenes.

Por otro lado, al hablar de la *identidad poética* de un edificio, Tzonis, Lefaivre y Bilodeau toman como referencia las teorías de los formalistas rusos, y en concreto la idea de "forma en relieve" (puesta en primer plano, distanciamiento) de Shklovsky que traducen así: "... la identidad poética de un edificio no depende de su estabilidad, de su función ni de la eficacia de sus medios de producción, sino del modo en que todo lo anterior ha quedado limitado, sometido y subordinado a requerimientos ópticos, de articulación y de disposición. Parafraseando a Shklovsky, los arquitectos, como los poetas, "están mucho más preocupados por ordenar "esquemas" que por crearlos". Así, la arquitectura queda definida como una "forma de experimentar" la arquitectonicidad –haciendo un paralelismo a la literalidad y poeticidad de los formalistas rusos– de un esquema". De esta forma, se recupera para la arquitectura la idea de limitar cada arte –en este caso la arquitectura no sería un arte plástica, sino un arte poética– a su medio específico (Lessing, 1766, y Greenberg, 1940) y a las "reglas de juego" que ese campo plantea. En el caso del clasicismo que ocupa el estudio de Tzonis, Lefaivre y Bilodeau, se encuentran los modos, la simetría, la proporción y el modelo métrico como límites.

Casi una década después, en el año 1992, en el libro *Antologuía de Arquitectura Moderna (1900-1990)*, Miranda identifica la forma poética con la estructura interna de una obra. Este será el comienzo del *método de crítica poética* que se plasmará en *Ni robot ni bufón* (1999).[17]

Para Miranda, la poética es antiartística, si se identifica lo artístico con el esteticismo y el romanticismo. Tomando como referencia lo postulado por Lessing, sitúa a la arquitectura entre las artes poéticas, entre las poéticas –y suprime el término "arte", que en el filósofo alemán antecedía a "poéticas", con la finalidad de subrayar la distancia que, precisamente, separa a estas artes poéticas de lo meramente estético y formal. La arquitectura no tiene ningún compromiso previo con la estética plástica, cosa que sí ocurre hasta el siglo XX con las llamadas bellas artes, las *artes plásticas* de Lessing. Así, la obra arquitectónica, como poética, no tendrá como finalidad principal la búsqueda de belleza, sino que ésta se manifestará al desarrollar su estructura interna. La arquitectura no produce imágenes de cosas, no es una imitación, sino que construye las cosas en sí y, por lo tanto, la obra arquitectónica alcanzará el nivel más alto de poética a través de la síntesis sinérgica de sus sistemas principales –entre los que también estarán los valores estéticos; pero no solo ellos, ni como finalidad principal.

Por otro lado, al no ser considerada como arte plástica, la arquitectura, como arte poética, podrá tener una finalidad externa. No necesita huir de la finalidad –superación del uso estricto– y es multifuncional. Al

---

[17] La idea de arquitectura poética que desarrolla se refiere a la arquitectura de todos los tiempos que así se haya construido, aunque centra sus esfuerzos en obras posteriores a 1900.

igual que en Bajtin, Miranda otorga a la poética una dimensión social
en el sentido de construcción de lo colectivo: la obra arquitectónica
como un sujeto de acción colectiva, como la síntesis entre un objeto y
un sujeto sociales que contiene razones necesarias y concretas.

Por otro lado, en el glosario del libro que comentamos, la entrada
"poética" se define del siguiente modo: "operador que racionaliza las
emociones humanas. Al modo del mundo clásico, poético es el hecho
que se hace haciendo, lo construido que se construye. Poética es la
actualidad del hecho, construcción en marcha, actualidad de la materia y sustancia en formación." Si se analiza esta idea, se encuentra que
la poética arquitectónica es lo que "hace" la arquitectura, su construcción continua y siempre activa. Un proceso, una categoría de disposición procesal. Diacrónica en el tiempo –del mismo modo que a partir
de Lessing se propugna para las artes poéticas–, en formación. En
este sentido, la obra poética depende de su contexto histórico. También Bajtin subrayaba la importancia del contexto social en la construcción de una obra, mientras que Bourdieau, como ya se ha dicho,
define la influencia del contexto histórico como el *campo intelectual*.[18]

En este sentido, si la noción de poética en la arquitectura contiene un
valor, por un lado, histórico –de carácter concreto o temporal– y, por
otro lado, social o de acción pública, la arquitectura poética va a ser
fruto de su tiempo y sus consecuencias van a incidir directamente en
lo colectivo.

En tercer lugar, Miranda rescata la afirmación de que la poética
arquitectónica es auto-referente. Colquhoun plantea una pregunta a
este respecto: "Is architecture to be considered as a selfreferential
system, with its own traditions and its own system of values, or is it
rather a social product which only becomes an entity once it has been
reconstituited by forces external to it?" Este es un valor que la poética
adquiere desde sus orígenes. La auto-referencia de la obra poética

---

[18] También Colqhoun (2009) defiende que la arquitectura solo puede existir en el contexto
de sus condiciones sociológicas, técnicas y económicas: "... as son as it cease to do this
it dies [...]. A building is not mere the sum of its parts". No se puede pensar un elemento
fuera del sistema global –que también recoge el contexto–, porque la obra arquitectónica
tiene una condición esencial.

que nace de su disposición intransitiva y que conlleva la existencia de una interacción interna y la consecución de una síntesis material –el *propio ser material* de los formalistas rusos.

Recapitulando, según Miranda, hablar de poética arquitectónica es hablar de interacción interna, de síntesis geométrica entre sistemas arquitectónicos, de la generación de la forma como uno más de esos sistemas y de la acción transitiva de la obra de arquitectura una vez construida. De esta manera, sin restar valor estético a lo arquitectónico, establece que la arquitectura poética produce una forma propia, que nace desde su mismo interior, de su estructura operativa –no como finalidad única y principal– y que, por ello, es reactivo y sujeto, ya que no representa nada más que a sí misma. Además, este sujeto contiene una multiplicidad de estímulos porque es fruto de una síntesis proyectiva, de una red de sinergias y de interconexiones conscientes. En este sentido, en la arquitectura poética, por un lado, se da una relación de sinergia entre los sistemas construcción, función y forma y, por otro, se persigue la máxima interacción de la forma con la economía, el lugar, la materia y los fines –por su finalidad externa y social. Esta síntesis se da al coincidir mapa interno con sentido externo – colectivo y social– y operativo de la obra de arquitectura. En literatura para Bajtin la poética reúne el material, la forma y el contenido que da lugar a la estética. Ambas estrategias concuerdan en que la poética es una síntesis, una totalidad de elementos que crean un sistema con una interacción interna, una unidad de conjunto, como dicta Horacio.

Más adelante, en el artículo "Artistas frente a poetas" publicado en el libro *Columnas para la resistencia* (2008), se afirma que las poéticas construyen la realidad con lo real. Se está haciendo hincapié en la diferencia entre las artes poéticas y las artes plásticas. Mientras que las plásticas solo representan, las poéticas son. Y, si bien es cierto que la condición de representación es inherente a una obra de arquitectura construida, ésta no se da en solitario, sino en paralelo al resto de sistemas que motivan el objeto arquitectónico –entre los que se hallan, por ejemplo, programa, contexto, topología, construcción...

Finalmente, Miranda afirma que "la poética hace de la arquitectura el gran vínculo universal entre teoría y praxis". Constituye así la poética un orden arquitectónico que persigue conducir a la arquitectura por un camino poético, entre la teoría y la práctica. De este modo, la arquitectura acumula teoría e investigación, que queda condensada en la obra arquitectónica. Se establece una interrelación directa entre la poética, la crítica poética y la teoría del proyecto; ya que todas ellas van a concurrir en la acción proyectiva.

El método crítico utilizado por Sartre nace de la discusión del objeto consigo mismo. Este orden resulta oportuno para su aplicación en la arquitectura. De esta manera, la obra arquitectónica se estudia desde su propia lógica, desde su estructura interna, desde las conexiones entre sistemas. No obstante, la poética como orden no solo busca señales o indicios de interacción material, constructiva y funcional en el objeto formal, sino que, además, conlleva otras dos condiciones: el estudio respecto a su contexto espacio-temporal y la comparación con todos aquellos objetos con los que comparte estructuras y siste-mas, de manera que se puede hablar de una red.

LA POÉTICA ARQUITECTÓNICA HOY

Una vez entendida la categoría de poética, vamos a traducir las características expuestas en valores y cualidades para la arquitectura –poética– y para la crítica –poética– de la arquitectura.

En primer lugar, hemos hablado de que poética significa produc-ción. De su raíz griega poiesis, que ya utiliza Aristóteles. Poética, producción, proceso dinámico, en construcción, en marcha,... esta característica acompaña siempre a la noción de poética y así, en el siglo XX, Stravinski y Valéry continúan refiriéndose a la poética como *poiein*, como el hacer. Por otro lado, dos siglos atrás, en el año 1766, Lessing realiza una aportación esencial a esta idea cuando postula que poética es una categoría con temporalidad diacrónica. Es decir, activa, operativa. Que sucede a lo largo del tiempo.[19] En este sentido, identificamos poética como producción con arquitectura poética como construcción en marcha, como proceso, como proyecto arqui-tectónico. Como un hacer operativo. Asimismo, la crítica poética

[19] Y establece, así, una diferencia concluyente con las categorías plásticas, sincrónicas.

como orden operativo y reactivo, como acción que sucede en paralelo al proceso proyectivo.

En segundo lugar, poética es, al mismo tiempo, complejidad y síntesis interna. Complejidad tal y como la entiende Morin en su *Introducción al pensamiento complejo* cuando habla de aquellos sistemas inseparablemente asociados –muy diferente de lo complicado. Y síntesis interna y sinérgica de todos estos sistemas que interactúan entre sí sin renunciar a lo autónomo y a lo auto-referente. Al respecto, identificamos la arquitectura poética como esta simbiosis entre lo complejo y lo sintético, entendida ésta como la *concinnitas* de Alberti a la que se añade el valor de lo colectivo y de lo social que contiene la poética.

En tercer lugar, poética significa, también, especificidad de un medio. Lo específico disciplinar. En el caso de la arquitectura, el medio principal es el arquitectónico. De esta manera, la crítica poética de la arquitectura aparece como un orden que profundiza en lo arquitectónico del objeto de estudio –siempre contextualizado.

Por otro lado, identificamos la búsqueda de necesidad que caracteriza a la poética con la búsqueda de sentido en la arquitectura. Un sentido que se encuentra ligado al valor social de la poética, a la poética como categoría ligada a lo colectivo –ya que, además de la auto-referencia citada, contiene una finalidad externa, un valor transitivo de compromiso con las personas. Un sentido, por tanto, unido a una arquitectura poética que toma conciencia de lo que supone un desarrollo a escala humana –y tiene en cuenta las necesidades de las personas frente a los objetos. De este modo, en la arquitectura poética, la interacción entre los sistemas arquitectónicos que la conforman se caracteriza por relaciones de sinergia. Así, vamos a definir la arquitectura poética como aquella en la que se dan relaciones sinérgicas conscientes entre todos los sistemas que la forman con una finalidad transitiva –social– e interna –arquitectónica– al mismo tiempo.

Por último, la poética también es una categoría dialógica –en el sentido que le da Bajtin–, participativa, que habla de lo intersubjetivo, del diálogo entre sujetos, de la necesidad del otro para construirse en ese proceso continuo que no cesa. Así, aparece, tanto para la acción de construcción de la arquitectura poética como para la acción de la crítica poética, la acción participativa del usuario.

LA CRÍTICA POÉTICA DE LA ARQUITECTURA

*Las teorías y las escuelas, como los microbios
y los glóbulos, se devoran entre sí y con su
lucha aseguran la continuidad de la vida.*

Proust, *A la recherche du temps perdu* (1922)

Este segundo capítulo se centra en la explicación de la herramienta
sobre la que se profundiza y avanza en este trabajo: la crítica poética
de la arquitectura.

Este instrumento se publica en el libro *Ni robot ni bufón. Manual para
la Crítica de Arquitectura* (Miranda, 1999), en el que la nominación *crítica poética* se emplea para designar la cuarta fase del *Método Mirregan-
Todorov para la crítica de la arquitectura*.

EL MÉTODO MIRREGAN-TODOROV

En 1999, Miranda edita un nuevo orden de crítica arquitectónica cuya
finalidad es diferenciar las obras de arquitectura de las que no lo son;
es decir, descubrir las obras de arquitectura poéticas –entendido el
concepto de poética según el primer capítulo.

Este orden crítico actúa sobre los documentos técnicos –plantas, secciones y alzados– de la obra o proyecto. A partir de un objeto que se
encuentra fenomenológicamente aislado, se establece una secuencia de acciones comparativas entre estos documentos como vías de
puesta en cuestión[1] y verificación.

---

[1] Respecto al método de falsación, Colqhoun (2009) afirma: "We find the shade of Popper:
all verification must be able to withstand the test of "falsification" and that this standard
should be applied as much to cultural discourse as to scientific fact". Por otro lado, Sokal
y Bricmont (1998) puntualizan que "el énfasis en la falsación –por oposición a la verificación– pone de manifiesto, según Popper, una asimetría crucial: nunca se puede probar que
una teoría es verdadera, puesto que, en términos generales, formula una infinidad de pre-
dicciones empíricas, de las que solo se puede someter a prueba un subconjunto finito; no

En todo caso, no se trata de explicar en profundidad el método Mirregan-Todorov. Para tener una visión completa del mismo, basta con remitirse al libro mencionado al principio de este capítulo. No obstante, puesto que sí es objeto de este ensayo el estudio y la aplicación de una de las fases del método de crítica referido –la cuarta y última fase, de crítica poética–, se introduce la cuestión de manera resumida. Antes de ello, puntualizar dos aspectos respecto a la aplicación del citado orden. En primer lugar, que hasta ahora se ha producido fundamentalmente sobre obras y proyectos del siglo XX. En segundo lugar, que siempre se ha realizado sobre obras de arquitectura ya construidas o proyectos ya concluidos.

El método Mirregan-Todorov comprende cuatro fases, consecutivas en el tiempo, que se contienen de forma progresiva:

- fase 1ª *Descripción y crítica descriptiva*,

- fase 2ª *Análisis y crítica relacional*,

- fase 3ª *Interpretación y crítica interpretativa*, y

- fase 4ª *Poética y crítica poética*.

Todas ellas basan sus resultados –la búsqueda de contradicciones– en el estudio de los documentos técnicos del objeto de estudio –un proyecto u obra de arquitectura–, en sus planos de plantas, secciones y alzados. Sin embargo, las etapas contemplan entre sí una doble diferencia. Por un lado, la ciencia desde la que realizan el análisis y si ésta es interna o externa a la arquitectura. Por otro, el alcance de complejidad de dicho análisis en base al nivel de interacción solicitado entre los documentos de estudio en cada una de las fases.

Antes de describir sintéticamente dichas etapas, es preciso apuntar que, a partir de este momento, vamos a sustituir el término "contradicción" que utiliza el método de referencia por el de "fricción". La profundización en la noción de poética ha dado lugar a la apreciación de que es más oportuno y preciso referirse a estas no interacciones como "puntos de fricción", y no como "contradicciones". De este modo, preservamos la disposición compleja y heterogénea de lo

obstante, sí es posible demostrar que una teoría es falsa, puesto que, para ello, basta una sola observación confiable que la contradiga".

arquitectónico; en el que lo contradictorio no tiene por qué estar reñido con lo poético, sino que representa una oportunidad.

Siguiendo con la descripción resumida de las fases:

- Fase 1ª *Descripción y crítica descriptiva*: estudia cada documento de forma independiente, cada planta, cada sección, cada alzado del objeto de estudio. Realiza un relato de lo elemental y no se relaciona con ninguna ciencia.

- Fase 2ª *Análisis y crítica relacional*: opta por la utilización de una ciencia externa a la arquitectura para acometer el estudio de lo estructural en el proyecto u obra a través de la discusión de los documentos técnicos de un mismo tipo entre sí –plantas entre sí, secciones entre sí y alzados entre sí.

- Fase 3ª *Interpretación o crítica interpretativa*: se realiza de acuerdo a dos o más ciencias propias de la arquitectura. Busca lo sistemático en el objeto de estudio y, para ello, se vale del descubrimiento de puntos de fricción entre secciones y plantas, secciones y alzados, y plantas y alzados entre sí.

- Fase 4ª *Poética y crítica poética*: busca lo poético del proyecto u obra estudiado y, para ello, analiza al mismo tiempo la totalidad de los documentos técnicos. "Tiene por objeto los aspectos específicamente arquitectónicos, aquellos que solo la arquitectura posee y que son causa y efecto del Proyecto (aquellos que se estudiarían en una hipotética Teoría del Proyecto, Poética Arquitectónica o Ciencia General de la Arquitectura)". Y esta puesta en cuestión será capaz de detectar el grado de poética interna o propia de la obra o proyecto, el grado de interacción interna o, en caso contrario, el defecto de ella como grado de descomposición estructural.

Tal y como se ha explicado, las fases son correlativas en el tiempo, puesto que cada una de ellas parte de los resultados obtenidos en la anterior. Así, se encuentra la secuencia de niveles de estudio siguiente: elementos, estructuras, sistemas y poética –como construcción. Puesto que el nivel de poética contiene todos los anteriores y, según lo postulado, permite "discernir, distinguir, jerarquizar y ordenar, porque simultáneamente interpreta, integra, sintetiza y produce", este trabajo se centra en él.

En todo caso, cabe apuntar que, frente a afirmar que el objeto de la crítica poética son solamente los aspectos específicos de la arquitectura –cuestión que parece imposible de resolver, ya que la arquitectura comparte sus sistemas principales con otros campos–, este estudio matiza que el objeto de la crítica poética de la arquitectura son los aspectos "esencialmente" arquitectónicos. Y subrayamos la noción de "esencia" –como aquello que constituye la naturaleza de lo arquitectónico, lo que es característico de una obra o proyecto arquitectónico–, frente a la de "especificidad" –como aquello que es propio de algo y que lo distingue del resto. Lo que distingue a la arquitectura no son los sistemas que la componen en sí mismos –puesto que comparte todos y cada uno de ellos con otras artes plásticas, artes poéticas o ciencias–, sino el modo en que estos sistemas operan entre sí para tratar de alcanzar una síntesis sinérgica –si atendemos a la definición de arquitectura poética.

Según los formalistas rusos, lo que caracteriza una escuela crítica nunca es un método, sino la manera de construir el objeto de estudio. Se utiliza esta premisa para adentrarse en la crítica poética de la arquitectura analizando la idea del "objeto de estudio" en el método de referencia y provocando la comparación de éste con otros modelos de crítica de la arquitectura. De este modo, se aborda la cuestión desde cuatro puntos que se consideran cardinales en la manera de "construir" dicho objeto de estudio: la contextualización del objeto, el contenido del objeto, el objeto y su familia, y la poética del objeto.

LA CONTEXTUALIZACIÓN DEL OBJETO

La crítica poética precisa de una suspensión fenomenológica provisional capaz de aislar el objeto de estudio. Esta condición contiene dos afirmaciones aparentemente contradictorias. Por un lado, se exige el recogimiento del objeto frente a cualquier característica circunstancial: del mismo modo que hace la crítica estructural, se procura una abstracción absoluta del objeto. Por otro, se asume que, en todo caso, dicho objeto está sujeto a un contexto fenomenológico que lo condiciona; ya que si esto no fuera así, no sería necesario su aislamiento provisional. Así, se admite la existencia de un contexto, pero se separa al objeto de él. Se sitúa la construcción del objeto de la crítica poética a caballo entre aquellos modelos que, como la crítica realista de literatura de Watt, no estudian el contexto, ni el ideológico de una época, ni el literario –en el caso de esta investigación, el arquitectónico–,... y los que sí lo hacen. Para poder explicar y entender esta aparente contradicción, se analizan las distintas posiciones que otros modelos de crítica de la arquitectura asumen sobre este asunto a partir del movimiento moderno.

En los años 30 del siglo XX, tanto los trabajos de Kaufmann como de Pevsner presentan una arquitectura vinculada a la sociedad a través del *Zeitgeist*.[2] Para estos historiadores, la arquitectura es una manifestación visible de la evolución social de su época. También en los mismos años, Persico se apoya en el mecanismo de *estilo* para hallar en la arquitectura una historicidad y dependencia de la civilización a la que pertenece: "La posición de la arquitectura moderna como "servicio social" es el signo más alto de su historicidad".

A partir de 1950 y en paralelo al pensamiento humanista, existencialista y la fenomenología de Husserl, el peso se sitúa sobre el contexto cultural. Este es el caso de Wittkower y Gombrich que, para sus análisis, sitúan el objeto de estudio dentro del contexto social y artístico en el que se ha creado. Zevi, en el libro *Historia de la arquitectura moderna* (1950), propone un retorno a la interpretación viva de la historia, al establecimiento de "una estética de la arquitectura y, por tanto, un método para juzgar los momentos del pasado". Con esta crítica histórica, el arquitecto italiano quiere evitar estudiar los periodos históricos en sí mismos y prefiere traducirlos de un modo moderno, reconociendo en ellos una imagen de la época contemporánea y planteándose su lugar con respecto al tiempo pasado al que pertenecen.

Durante los años 60, en los que el pensamiento estructuralista y la semiología son preponderantes en filosofía y literatura, los historiadores y críticos de la arquitectura italianos se sitúan cercanos a la segunda y mantienen, casi en su totalidad, una posición que continúa con la contextualización del objeto de estudio. Este es el caso de Rogers y las "preexistencias ambientales" que influyen en el objeto "... ya sea las de la naturaleza, o bien con las creadas históricamente por el ingenio humano", o de Tedeschi, que confiere la misma relevancia

[2] El espíritu de su tiempo.

a la funcionalidad, el contexto y la sociedad. La *crítica tipológica* de Rossi localiza el objeto dentro de la trama de la ciudad, con toda su carga contextual; algo que también hace Tafuri, para quien "la ciudad es la base que justifica la existencia y la finalidad de toda obra y la historia es la referencia básica de toda crítica". Y para Benevolo, la arquitectura se produce por el contexto político y social: es el resultado de la sociedad a la que pertenece.

Varias décadas después, Bandini, colaboradora de Landau durante veintitrés años, sitúa el objeto de la crítica no operativa en un contexto cultural y social; mientras que Montaner establece la relación con el contexto urbano, el lugar y el medio ambiente como parte de la construcción del objeto de estudio, puesto que la adecuación de esta relación servirá para establecer el juicio de la crítica sobre dicho objeto. De este modo, incluye como una de las labores de la crítica, precisamente, la de contextualizar el objeto: "desvelar las raíces y antecedentes, las teorías, métodos y posiciones que están implícitos en el objeto".

Se puede afirmar, por tanto, que existe una línea de pensamiento común que propone un objeto de estudio para la crítica contextualizado. Es más, el objeto es consecuencia y resultado del factor fenomenológico que lo contiene.

Una vez realizado este análisis, es posible entender que, cuando en la crítica poética se hace referencia a la manera de aproximación y conocimiento del objeto de estudio, se opta por aunar los elementos, estructuras y sistemas arquitectónicos con el contexto espacio-temporal. Por otra parte, la 1ª fase del método, la *crítica descriptiva*, realiza una descripción sustancial del objeto de estudio que contiene, entre otros, los condicionantes económicos, geográficos, ideológicos-culturales,... Y la 3ª fase, la *crítica interpretativa*, hace una lectura referente a sus intenciones antropológicas, filosóficas, psicológicas, sociales, estéticas, ideológicas, económicas, semiológicas, históricas,... Si el orden está considerando los hechos contextuales, ¿qué significa entonces la suspensión fenomenológica del objeto?

Con base en la fenomenología de Husserl y el sentido que éste otorga a la noción de *epojé* como puesta entre paréntesis provisional del objeto –con el fin de mirar la cosa en sí misma, sin detalles exteriores, y conducir a la apropiación de la realidad de la cosa–, en la crítica poética se está hablando de congelar el objeto en una instantánea que contenga tanto las características de sus operadores disciplinares –construcción/uso/forma– como de sus operadores poéticos –lugar/economía/topología–; de modo que se localiza al objeto dentro de una economía histórica.

El objeto ya ha sido contextualizado en las tres primeras fases del método, por lo que, en la cuarta etapa, la de la crítica poética, el peso se va a localizar sobre los aspectos internos y esenciales de la arquitectura, con la finalidad de encontrar su nivel poético, su nivel de síntesis proyectiva entre los sistemas arquitectónicos que la conforman. Sin embargo, esto no quiere decir que se obvie la contextualización del objeto de estudio. Esta circunstancia se reúne en los documentos técnicos del proyecto y es por ello que, para el método, será suficiente el estudio de dicha documentación para poder acometer la acción crítica.

Desde otro punto de vista, en el orden crítico analizado, no se tiene en cuenta ni al autor ni a sus circunstancias. Esto se justifica en la disposición transitiva –en lo colectivo– que se confiere a la arquitectura poética. No obstante, han de tenerse en cuenta otras figuras, como la de Hitchcock, que consideran al arquitecto como sujeto y verdadero "creador" y protagonista de la historia de la arquitectura. O como la de Collins, que en su libro *Los ideales de la arquitectura moderna; su evolución (1750-1950)* (1965), analiza los "ideales" que los arquitectos expresan en sus proyectos. Según Tournikiotis, para Collins conocer los "ideales" de un arquitecto significa conocer los motivos que confieren carácter a la obra de dicho arquitecto. Esta postura se ve reforzada por la *crítica ideológica* de Tafuri que, al entender la arquitectura como una "institución que realiza la ideología", prefiere analizar los planteamientos y objetivos de los arquitectos frente a las obras. O como la de Landau, que entiende por la arquitectura "el producto acabado y construible del arquitecto". Este arquitecto está influenciado por su contexto –las teorías del conocimiento que apuntan a la incertidumbre, el desarrollo de la tecnología,...– y lo refleja en la arquitectura que construye.

El sociólogo Bourdieu acota este tema en su ensayo "Campo intelectual y proyecto creador" (1967). Es cierto que en todo momento parece referirse a creaciones artísticas, pero la abstracción de su pensamiento hace proclive su traslado al campo de estudio de esta investigación. Bourdieu define el concepto de *campo intelectual* como el sistema de relaciones sociales y culturales en el que se realiza la creación como acto de comunicación. La obra se encuentra afectada por este campo intelectual debido a la relación que un creador mantiene con dicho objeto. Por eso, aunque la obra cuenta con una *"necesidad intrínseca* que necesita proseguirse, mejorarse, terminarse", también se ve afectada por las "restricciones sociales que orientan la obra desde fuera". Para Bourdieu, el autor es un componente valioso a la hora de determinar el proyecto creador, puesto que cuenta con una posición dentro del *campo intelectual*.

De la dialéctica en torno a este punto, se concluye que la ausencia de cualquier huella del autor en el objeto de estudio se presenta como un estado cuestionable, poco admisible, necesitado de revisión. Todo proceso de proyecto avanza como consecuencia de las decisiones de un arquitecto dado. En este sentido, la afirmación de que una obra arquitectónica se hace a sí misma, solo puede explicarse como aquella construcción en la que el arquitecto, como autor, adquiere y desarrolla de modo consciente su responsabilidad como creador de un objeto transitivo –en lo colectivo y en lo social–, sin perder de vista el punto de partida del objeto.

EL CONTENIDO DEL OBJETO

Cuando Sontag escribe que "la mejor crítica procede de disolver las consideraciones sobre el contenido en consideraciones sobre la forma" lo hace pensando en la obra artística y, en concreto, en la pintura como arte plástica. Sontag es contraria a la interpretación del objeto y la búsqueda de significados. Esta postura es válida y valiosa para la obra de arte plástica –la pintura, la escultura,...– y el ensayo de la americana supone una liberación para estas obras, que ya no deben verse reducidas por la búsqueda de significados y pueden experimentarse tal como son. Sin embargo, para la arquitectura, lo poético se aleja de lo meramente plástico. Así en la arquitectura poética, la forma y el sentido son inseparables.[3]

[3] En Miranda (2008, 131) sobre el mismo concepto: "la óptima estructura puede sintetizar la forma material con el sentido, con el destino, contenido o función. Por ello, autocoherencia,

En efecto, al objeto poético de arquitectura se le supone una multiplicidad de sentidos. No obstante, conviene aclarar que, en el método Mirregan-Todorov, la búsqueda de dichos sentidos se realiza en la 3ª fase mediante una *crítica interpretativa* que ahonda en lo sistemático del objeto. La interpretación se plantea desde una perspectiva actual y activa del objeto de estudio,[4] e implica un sistema de dos estructuras que hay que relacionar conjuntamente –secciones con plantas, secciones con alzados y plantas con alzados– con el fin de obtener los significados del objeto de estudio. Con estructuras, se refiere a las ciencias propias de la arquitectura, de modo que cada objeto, considerado como sujeto autónomo, debe interpretarse atendiendo a aquellas claves más esenciales para la obtención de su interacción interna: topológica, tipológica, morfológica, estructural, constructiva, espacial, volumétrica o urbana.

En la fase de *crítica poética*, el objeto de estudio es la "proyectualidad", lo poético de un objeto dado, lo que hace de él un objeto arquitectónico. A esta etapa lo que le interesa es el nivel arquitectónico del objeto de estudio, que se traduce en un orden interno y propio del objeto que el método denomina "ley del Orden Previo Autoimpuesto" (O.P.A.). Esta "ley" se considera generatriz del proyecto. La crítica poética examina el grado de síntesis geométrica entre los sistemas que forman el objeto poético –contexto, construcción, uso, medida e imagen–; un nivel que queda reflejado en la topología esencial de los materiales, los elementos, las estructuras y los sistemas. Y la síntesis proyectiva encontrada, el nivel arquitectónico, será el nivel de poética de dicho objeto.

Así, además del método de referencia, que busca un orden previo en el objeto de estudio, otros historiadores y críticos del arte y la

autocongruencia y autoconsistencia serán las palabras que nos ayuden a medir la intensidad o primera calidad poética de una obra", y añade: "...no se dan en la arquitectura el noúmeno esencial y el fenómeno existencial, por separado. [...] no hay esencia por un lado y apariencia por otro; ambas son la misma realidad material. La arquitectura leal, como la verdadera poesía, contiene el qué y el cómo fundidos; su fenómeno es su propia esencia, y su noúmeno se hace visible en la verdadera apariencia cuya estructura interna es, a la vez, entidad y apariencia: realidad".

[4] Al contrario que Wölfflin, para quien las interpretaciones sobre una obra –de arte– deben realizarse de acuerdo al momento en que aquella se realizó.

arquitectura también han definido y defendido fuerzas internas en la obra o proyecto que tienen como consecuencia la materialización del objeto de una manera determinada. No obstante, se está ante una "voluntad" diferente, puesto que ésta es dictada, en el resto de casos, por el autor. Así, por ejemplo, Riegl en su libro *La cultura del Renacimiento en Italia* (1860) acuña el concepto de "Kunstwollen": una "voluntad de forma" que influye en la modelación del espacio incluso en mayor medida que la finalidad, la materialidad o los factores técnicos de la obra.[5] Unos años más tarde, es Schmarsow quien postula la existencia de una "voluntad espacial" como "el alma viviente de la creación arquitectónica". Más cercano en el tiempo, Norberg-Schulz plantea el "concepto de articulación" de una forma muy cercana al O. P. A. y así lo define como la capacidad de relación de los distintos elementos y estructuras del objeto entre sí para formar un sistema de sinergias.

En un punto totalmente opuesto, Venturi explica una posible falta de interacción interna, e incluso una contradicción, como un signo rico en sentido y en complejidad. Lo postulado por este arquitecto va a servir, en los años posteriores a su publicación, como carta blanca para la justificación de las acciones posmodernas. En este sentido, la presente investigación trata de distinguir entre aquellas fricciones que, efectivamente, enriquecen el proyecto y posibilitan un resultado –también poético– concreto y aquellas otras que se alejan de lo esencialmente arquitectónico para acercarse principalmente a lo plástico, lo tecnológico, lo consumible,...

En todo caso, no todos los críticos y teóricos de la arquitectura buscan la síntesis en el objeto de estudio. Varios de ellos prefieren aprehender la obra o proyecto desde cada una de sus estructuras. Este es el caso de Kaufmann o Pevsner, que valoran la morfología sobre la tecnología y el uso, de forma que sus estudios se centran tan solo en la morfología. Y en su libro *Historia de la arquitectura moderna* (1950), Zevi, aunque percibe una conexión entre el espacio, la forma y los materiales en las obras del movimiento moderno, se decanta por la

[5] Durante el periodo romántico, la arquitectura queda sumergida en lo artístico y se le reconoce una "voluntad de arte" de la mano de la estética romántica. Este hecho, tal y como se ha detectado en la figura de Muntañola en el capítulo primero, desencadena las bases de la arquitectura posmoderna.

interpretación espacial, que para él es reflejo de la condición social.[6]
Por otro lado, Montaner, quizás la voz más contemporánea al precursor del método de referencia –en el tiempo y en el espacio–, trata de conciliar, en su práctica crítica, las consideraciones sobre el sentido con aquellas sobre la forma. No obstante, se acerca al pensamiento de Sontag al considerar esencial sobre otros análisis el estrictamente formal del objeto de estudio: "Las características espaciales, la relación entre lógica estructural y composición, las cuestiones funcionales, los itinerarios y percepciones, los lenguajes y materiales utilizados, deben ser los patrones esenciales del juicio. Tal como exigía Susan Sontag, se debe prestar una atención central a la forma...".

Llegado este punto, en el que se plantean dos visiones de la crítica –aquellas que optan por el análisis sintético y aquellas que prefieren segmentar el objeto de estudio–, se quiere introducir lo propuesto por Morin en su compilación de ensayos *Introducción al pensamiento complejo* (1990). Dice Morin de la complejidad que es "un tejido (*complexus*: lo que está tejido en conjunto) de constituyentes heterogéneos inseparablemente asociados" y que presenta la paradoja de "lo uno y lo múltiple". Así se contempla el método Mirregan-Todorov a lo largo de sus cuatro fases conjugadas en las que analiza en progresión continua elementos, estructuras, sistemas hasta alcanzar la síntesis sinérgica de la obra poética que permite "distinguir sin desarticular, asociar sin identificar o reducir", tal y como propugna Morin para un hipotético paradigma de "distinción/conjunción" que sustituya al paradigma "disyunción/reducción/unidimensionalización" preponderante.[7]

No se quiere concluir este punto sin comentar, aunque sea de modo breve, los planteamientos que la interpretación puramente semiológica conlleva para el objeto de estudio en la arquitectura. Durante los años 60 y 70, influenciados por el empuje que esta ciencia contempla

---

[6] En ensayos posteriores (1997), Zevi hablará de la *prosémica* como la ciencia que "estudia el uso del espacio y el significado de las distancias entre los seres humanos como elaboraciones específicas de la cultura, tratando de precisar una técnica de lectura de la espacialidad como canal de comunicación".

[7] En Morin (1990): "La inteligencia ciega destruye los conjuntos y las totalidades, aísla todos sus objetos de sus ambientes. [...] Las realidades clave son desintegradas".

en la literatura, se publican no pocos trabajos que tratan de interpretar la arquitectura de forma semiológica. *El lenguaje clásico de la arquitectura* (Summerson, 1964), *El lenguaje moderno de la arquitectura* (Zevi, 1973) o *El lenguaje de la arquitectura posmoderna* (Jenks, 1977) son textos que buscan las analogías de la arquitectura con el lenguaje y la gramática. De este modo, por ejemplo, para Jenks, el objeto de estudio está formado por palabras, las leyes de la construcción estructuran su sintaxis y la semántica le otorga el sentido. Estos trabajos persiguen una semantización de la arquitectura que resulta artificial y forzada. De hecho, responden a un campo intelectual muy contextualizado que no tarda en desvanecerse con la aparición de nuevas teorías que lo sustituyen.

Paradójicamente, para completar la idea del contenido del objeto de estudio, sí resultan de interés y se rescatan los ensayos sobre metacrítica del semiólogo francés Barthes. Se encuentran importantes analogías entre sus planteamientos y los de Miranda, pero también diferencias que conviene comparar. Por ejemplo, aunque los dos críticos tratan de reconstruir el sistema interno del objeto –el O.P.A. para Miranda y "las reglas y coacciones" que elaboran el sentido de la obra para Barthes–, la *crítica semiológica* de Barthes limita su tarea a la validación de esa interacción interna sin referencia al sentido, mientras que, como ya se ha explicado en párrafos anteriores, el método Mirregan-Todorov contempla la interpretación de los sentidos del objeto en su 3ª fase *Crítica interpretativa*. Para Barthes, los contenidos de una obra, superando a la forma, provienen de la historia o de la psiquis (*asimbolia*). El símbolo no es, entonces, la imagen, sino la pluralidad de los sentidos que determina la obra. Para el primer Barthes, en la obra de literatura todo es significante. Todas las frases se explican en ella; todas las palabras deben encontrar un orden y un lugar inteligible dentro de un sistema de sentido. Y es en este punto donde vuelve a coincidir con el pensamiento de Miranda y con el concepto de complejidad de Morin.

EL OBJETO Y SU FAMILIA

> *Detrás de la diversidad desconcertante de los hechos que se ofrecen a la observación empírica, pueden encontrarse algunas propiedades invariantes diferentemente combinadas.*
>
> Lévi-Strauss, *Anthropologie structural* (1958)

Giedion los llama "hechos constitutivos", Frye "regularidades estructurales", Barthes "transformaciones reglamentadas no aleatorias", Collins "precedentes" y Tournikiotis "red de componentes ejemplares". Todos ellos se refieren, como la crítica poética, a unas leyes generales comunes a diferentes obras que se relacionan entre sí por estructuras topológicas abstractas.

La crítica poética de la arquitectura trata de reconocer, en el objeto de estudio, la existencia de "leyes" topológicas en relación a un conjunto de obras o proyectos semejantes, que denomina su *familia*.[8] Algo que nada tiene que ver con la noción de "tipo", ya sea éste clásico o posmoderno. Es por esto que realiza un estudio total del objeto, abordándolo desde todos los puntos de vista al mismo tiempo y relacionándolo con otros objetos estructuralmente semejantes. Todo ello con el fin de obtener unos patrones comunes de los materiales, elementos, estructuras y/o sistemas utilizados. La construcción del objeto de estudio se realiza, entonces, desde lo particular a lo general y, de nuevo, a lo particular; descubriendo una totalidad singular, que anuncia, con la aparición de seriaciones, variaciones e interpretaciones, la posibilidad de una teoría del proyecto que contenga las estructuras permanentes en las grandes obras y proyectos de arquitectura.

Ahora bien, ¿cómo se establece la red del objeto de estudio? El método Mirregan-Todorov señala tres sistemas arquitectónicos esenciales cuya coincidencia –en uno o en varios de ellos– debe decantar la elección: la *materia* (como construcción), la *misión* (como tipología, programa, uso) y la *morfología* (como orden, forma, imagen). También, en un segundo momento, el *medio* (como contexto económico, histórico, geográfico) y la *medida* (como escala y proporción).

[8] En este ensayo, llamaremos *red* a esta idea.

LA POÉTICA DEL OBJETO

¿Cómo descubre el método la característica poética en el objeto de estudio?

Según la *crítica dialógica* de Bajtin, la verdad –como esencia– existe
pero no se la posee; y, sin embargo, siendo conscientes de ese obs-
táculo, no hay por qué renunciar a buscarla. Se ambiciona como un
punto de llegada deseado, como un horizonte común. Si la crítica poética identifica lo arquitectónico con lo poético de una obra o proyecto
y lo segundo se mide por el nivel de interacción interna constructiva,
funcional y formal que alcanza dicho objeto de estudio de modo simul-
táneo y sinérgico, ¿por qué renunciar a su aprehensión, tal y como
hace el segundo Barthes[9] al rechazar cualquier acepción del término
verdad?, ¿es factible poder llegar a conocer "las verdades propias del
objeto, la verdad interna pero total –estructura y sistema– de la Obra"
(Miranda, 1999)? La crítica poética no habla de la verdad –absoluta y
dogmática–, sino del acercamiento a las asíntotas de verdad de Engels
en un proyecto u obra; a la realidad singular, a la condición esencialmente arquitectónica relativa a un contexto, a un medio, que propone
Sartre. No obstante, para Barthes, la crítica debe contentarse con
informar sobre la "validez" del objeto; y traduce esa "validez" como
la interacción interna de aquel, pero sin referencia alguna al sentido.
Por lo que, en realidad, se está dando una coincidencia entre ambas
posturas al hablar de una crítica del objeto de estudio respecto de sí
mismo, lo que se denomina *crítica axiológica*.

Por otro lado, el semiólogo y crítico francés se suma, en su segunda
etapa, al relativismo[10] al concluir que la coexistencia de varios puntos
de vista en torno a un objeto de estudio es razón suficiente para exigir
el alejamiento de la crítica de "principios verdaderos". Respecto a este
tema, Todorov escribe que "el sentido de la *crítica* reside siempre en ir
más allá de la oposición entre dogmatismo y escepticismo". En el mismo
sentido, el modelo de crítica que se analiza conlleva dos movimientos

[9] Distinguimos dos etapas en el pensamiento de Barthes, una primera, estructuralista, que
cree en la verdad como "horizonte", y otra segunda, relativista, que rechaza cualquier intento de aprehensión de la verdad.

[10] Siguiendo a Sokal y Bricmont (1988): "Grosso modo, entendemos por 'relativismo' toda
filosofía que pretende que la veracidad o falsedad de una afirmación es relativa a un individuo o a un grupo social".

de aproximación centrípeta simultáneos" a la esencia de objeto, y es un modelo que permanece abierto, en un proceso continuo de negación respecto a antítesis anteriores. Al respecto, afirma Tournikiotis que la crítica que mejor serviría a la arquitectura sería una crítica dialéctica negativa, que parece que puede ser la más objetiva, puesto que no propone soluciones sino que señala carencias. En el proceso de un proyecto arquitectónico, la fórmula de prueba y error resulta eficaz. Así, se encuentra una coincidencia entre proyecto y crítica al definirlos como procesos continuos que profundizan progresivamente en las interconexiones de los sistemas que los forman. A lo que no aspira la crítica poética de la arquitectura es al juicio de valor; éste sí relativo, que puede ocurrir en una fase ulterior y es propia del crítico como sujeto –particular.

Volviendo sobre la poética del objeto, Collins plantea una distinción interesante entre *verdad* y *sinceridad*. Para el arquitecto, la primera es una correspondencia objetiva entre lo que la estructura del objeto de estudio es y lo que parece ser, un concepto muy cercano al de *transparencia* de Sontag. La segunda, en cambio, es subjetiva y mide la honradez entre el arquitecto y su proyecto, el nivel de sometimiento del objeto de estudio a las convicciones del arquitecto. Se puede encontrar un escenario paralelo en la literatura cuando Frye plantea la existencia de dos contextos diferentes para el hombre –el de la naturaleza y el de la cultura– que provocan en él dos actitudes diferentes: la de *libertad* y la de *compromiso* (*concern*).[12] Al método crítico de referencia, es la idea de verdad que propone Collins la que le interesa, mientras que la noción de sinceridad es la que, finalmente, determinará el resultado proyectivo.

Se aborda, por último, el concepto de *belleza*. Al igual que Benevolo, la crítica poética dice que la obra será bella si obtiene una integridad lógica o morfológica entre sus sistemas. Además, en ambos casos, se añade a esta condición el cumplimiento de los objetivos colectivos y sociales.

[11] La suma de *parataxis* (orden yuxtapuesto, horizontal y cartesiano, clásico, lineal y abierto) e *hipotaxis* (orden inclusivo, vertical y polar, barroco, sintético, jerárquico y concéntrico).

[12] En Frye (1957): "Para la actitud de compromiso, la verdad es una verdad de autoridad, o de revelación; coincide con los valores sociales, y la reacción humana que le corresponde es la de la creencia. Para la actitud de libertad, la verdad es necesariamente verdad de correspondencia, o de adecuación, una relación entre los hechos y los discursos; el comportamiento humano que deriva de eso es el del conocimiento. [...] El espíritu humano aspira a la unidad y ha tendido desde siempre a reducir uno de ellos al otro".

Esencia arquitectónica, belleza y poética resultan ser, al fin y al cabo, lo mismo para el objeto de estudio y para la crítica poética de la arquitectura:

arquitectura = estructura interna + sentido externo + síntesis poética

LA FORMULACIÓN DE CRITERIOS

Desde el comienzo de la práctica crítica, aparece en escena un debate, siempre abierto y en continuo cambio de signo, en torno a la posibilidad de formular criterios mediante el discurso crítico. A este respecto, ¿dónde se sitúa la crítica poética?

Según Miranda, la crítica poética "hace comunicable, demostrable y objetivo lo que hasta ahora parecía inefable, 'subjetivo' y opinable". ¿En qué se apoyan afirmaciones tan contundentes? El crítico afirma que mientras "la 'creación' poética –que engloba método, investigación y descubrimiento– trabaja sobre el objeto y con el objeto mismo, la 'crítica' poética, sin abandonar el objeto, trabaja también contra la conjetura y la incertidumbre del sujeto". Quiere esto decir que el camino de la crítica poética se aparta constantemente tanto de la voz del arquitecto-autor como de la del crítico-arquitecto –ambos sujetos inevitablemente subjetivos–, persiguiendo la visión distante. Se aboga así por la existencia de hechos objetivos parciales –y provisionales– frente a la imposibilidad de admitir hechos objetivos de carácter absoluto y/o definitivo. Esta posibilidad convierte a la crítica poética en un modelo realmente valioso sobre el que profundizar y avanzar.

Giedion señala que la distancia del historiador no existe, puesto que "observar algo es actuar sobre ello y modificarlo". Pensamiento que comparte con Hitchcock, quien ve difícil la posibilidad de una posición neutral del historiador ante "hechos que conoce de primera mano y que, por ello mismo, ve con prejuicios también de primera mano". Hitchcock aduce que, una vez el historiador visita o recorre la obra arquitectónica, el ideal de distancia que "intenta desinteresadamente recomponer el pasado a partir del estudio de los momentos conservados y de los documentos importantes de la época", se ve ensuciado. Del mismo modo, en el orden poético no se comienza la reflexión sobre el objeto de estudio con la visita del crítico a la obra de arquitectura construida, prefiriéndose, en principio, mantener una posición platónica a través del análisis de los documentos técnicos de dicha obra –secciones, plantas y alzados. Al entrar en contacto con la materialización de la arquitectura, el crítico-sujeto activa sus sentidos[13] –también lo estéticos, que pueden contaminar el análisis objetivo y sintético a desarrollar en torno a la interacción interna y total de esa arquitectura. Es por esto que se pospone la citada visita a un segundo tiempo de estudio de la espacialidad del objeto en sí. En consecuencia, al igual que proponen Sartre y Husserl, se somete la distancia crítica al aislamiento del objeto de estudio, como en un laboratorio aséptico, y se cree en la formulación de criterios que nace de la discusión del objeto consigo mismo.

Como ejemplo de una posición diametralmente opuesta, se recoge aquella que se considera más contemporánea y con la que se establece un debate dialéctico, la de Montaner. Este autor describe el trabajo crítico como un juicio estético que consiste en "una valoración individual de la obra arquitectónica que el crítico realiza a partir de la complejidad del bagaje de conocimientos de que dispone, de la metodología que usa, de su capacidad analítica y sintética y también de su sensibilidad, intuición y gusto". Su postura sitúa al crítico-arquitecto como sujeto subjetivo. Esta oposición frente a las líneas de pensamiento anteriores se completa con que, para Montaner, el lugar en el que ejerce su "juicio" –acción que la crítica poética no alcanza conscientemente– el crítico de la arquitectura es "el interior de la misma obra arquitectónica, recorriendo sus espacios y valorando su realidad material dentro del entorno de la ciudad, en una mirada dinámica".

En un punto intermedio, la crítica parcial de Bénichou asume la subjetividad propia del crítico, que no puede huir de su época sin dejar de perseguir su ideal –el establecimiento de la realidad (realidad de correspondencia o de adecuación)– y teniendo éste como horizonte. Tal es el equilibrio que desarrollan los trabajos de Landau, quien trata de conciliar los postulados científicos de Popper con la incertidumbre posestructuralista de Foucault y Derrida.

---

[13] En este caso, *sentido* se refiere al estado sensitivo de un sujeto.

Queda clara la oposición entre metodologías y, en consecuencia, entre el carácter de los resultados que cada modelo obtiene. Es por ello que, una vez más, la búsqueda de nuevas aplicaciones para un orden crítico de las características que se están analizando resulta, bajo mi punto de vista, valiosa. En el contexto actual, en el que prima el relativismo y la interpretación del hecho se produce a través del consenso, un modelo crítico, como la crítica poética de la arquitectura, cuyo fin es desarrollarse de manera no-subjetiva, es un acontecimiento anacrónico que, además, aparece ligado a la ética. Se considera, así, como una posición aislada de gran valor, en cuanto que vuelve a cuestionar las corrientes de saber común contemporáneas.

LA FUNCIÓN DE LA CRÍTICA POÉTICA DE LA ARQUITECTURA HOY

Se plantea, llegado este punto, la siguiente cuestión:

¿Cuál ha sido, cuál es y cuál puede ser la función de la crítica? En concreto, ¿de la crítica poética de la arquitectura?

Para contestar a esta pregunta, nos apoyamos en estudios que sobre el tema existen dentro del campo de la crítica literaria. Nos servimos de la crítica literaria y no de la crítica de la arquitectura porque, como ya se ha dicho en el primer capítulo, se considera que la crítica de la arquitectura per se no se da hasta el siglo XX, lo que hace que la perspectiva que se tiene de ella resulte escasa y solo incipiente a la hora de poder realizar apreciaciones de esta envergadura.

En 1984, Eagleton se plantea la misma pregunta que hoy nos ocupa para la literatura en su libro *The Funtion of Criticism: From the Spectator to Post-structuralism*. La tesis de dicha publicación es que "hoy en día la crítica carece de toda función social sustantiva". O es parte de la división de relaciones públicas de la industria literaria,[14] o es un asunto endogámico del mundo académico. Pero esto no ha sido siempre así; lo que justifica el poder afirmar que tampoco tiene por qué

[14] En el campo de la arquitectura, se hace referencia al *showbusiness* de la arquitectura.

serlo. Para vislumbrar el papel que puede llegar a asumir la crítica en la actualidad, hay que remontarse al siglo XVIII y tomar conciencia de sus inicios, al amparo de lo que Habermas denomina "esfera pública".

Según Eagleton, la crítica –literaria– europea moderna nace de la lucha contra el Estado absolutista durante los siglos XVII y XVIII. En esta época, la burguesía naciente comienza a crear "un espacio de juicio racional y de crítica ilustrada", en un intento por apartarse de la política autoritaria. Este es el "espacio" entre el Estado y la sociedad civil – la "esfera pública". Es un espacio transparente. En él, se incluyen instituciones sociales –clubes, periódicos, cafés, gacetas–[15] en las que individuos particulares realizan un intercambio libre e igualitario de discursos que pueden llegar a concretarse en una futura fuerza política. Y cuando se dice "igualitario", nos referimos a que todo individuo va a tener derecho a hablar en función de su capacidad para constituirse en sujeto discursivo, con independencia de su poder social, los privilegios o la tradición. Es posible crear así una co-participación en un consenso de razón universal. Esta frescura e invitación a la reflexión abierta a partir del debate literario propició el foro necesario que dio lugar al debate político entre las clases medias; ya que, como afirma Hohendahl, una opinión pública educada e informada es inmune a las ideologías dominantes.

Desde otro punto de vista y de forma irónica, la crítica de la ilustración, mientras que por un lado defiende las normas de razón universal, que reflejan una resistencia al absolutismo, por otro, tiene una actitud en sí misma conservadora y correctora. De este modo, la *esfera pública* reorganiza de forma discursiva el poder social y dibuja unos nuevos límites entre las clases sociales –separando a quienes emplean el argumento racional de quien no lo hace. Es decir, en ningún momento se está ante una situación homogénea y socialmente igualitaria. Sin embargo, aceptados esos límites, se puede argumentar que, en dicha esfera discursiva ideal, "es posible la comunicación sin dominación; ya que persuadir no es dominar y trasladar una opinión es más un acto

---

[15] Entre las que destacan publicaciones como *The Tatler* y *The Spectator*. En estas circunstancias, las revistas se convierten en una influencia educativa poderosa, "que repercute también en la organización política mediante la formación de una opinión pública nacional amplia", Collins (1927).

de colaboración que de competición". Lo que está en juego es la razón, no el poder. No se fundamenta sobre la autoridad, sino sobre el hecho. Y vence la racionalidad sobre la dominación. Se está ante una "disociación de la política y el conocimiento". Años más tarde, esta desconexión se diluye y creemos, con Eagleton, que es entonces, al tender a desaparecer esta disociación, cuando comienza también el desmoronamiento de la esfera pública ilustrada.

Durante este periodo, la crítica de arte y de literatura que se realiza no es técnica, sino más bien impresionista, empírica y afectiva, con preocupaciones del tipo: ¿deleita esto?, ¿y cómo lo hace? No conviene llamar a esta crítica "literaria", sino "cultural". A lo que se añade que el crítico no es necesariamente una figura especializada, sino que se convierte en un "estratega cultural". No existen fronteras entre un lenguaje y otro, entre una materia y otra; e incluso se llega a sugerir la colaboración del lector. Se desdibujan los límites entre "producción y consumo, reflexión y reportaje, teoría moral y práctica social" dando lugar a una nueva manera de política cultural. En este sentido, la crítica publicada –a modo de *bricoleur*, censora y juez– se encuentra más cercana a las corrientes subjetivas del romanticismo que al discurso racional que caracteriza a la esfera pública; y amenaza con redundar en una desestabilización del consenso. Como solución, se plantea una conformidad de disposición interna. El crítico puede ser cualquiera –es una figura con destrezas naturales y adquiridas, pero eternamente *amateur*–, y en su persona pueden coincidir el escritor, el lector, el crítico y el ciudadano.

Tras estos comienzos de la crítica moderna de literatura a principios del siglo XVIII, en la que se relaciona directamente con la política cultural de forma generalizada, durante el siglo XIX, pasa a centrarse en la moralidad pública a través de publicaciones que tratan de educar en el gusto y los valores morales a un público socialmente heterogéneo. No interesa profundizar más en este recorrido histórico, que se abandona aquí.

Situándonos ahora de lleno en el siglo XX, tanto para la literatura como para el resto de las artes plásticas y poéticas, la crítica generalizada se centra en cuestiones propias de su campo, de su medio. Esta reducción no convence a Eagleton, que se queja de que lo que empezó como una lucha contra el Estado absolutista es hoy solamente "un puñado de individuos repasando los libros de los demás".

Añade Weinmann que "los críticos académicos han abandonado en buena medida la función civilizadora en sentido amplio de la crítica". Los avances que la crítica ha podido propiciar con el estudio interno y aislado del texto literario –de una obra de arquitectura en nuestro caso– se ven acompañados, en este tiempo, de un retroceso de la finalidad externa y social de la misma. Su papel en la reproducción de las relaciones sociales dominantes es marginal[16] –de auto-validación y auto-perpetuación a través de las instituciones académicas de forma endogámica– o de compromiso tácito con la política cultural que sirve al sistema capitalista global.

Se ha expuesto la función de la crítica en sus orígenes y también su situación actual generalizada. Ahora bien, ¿cabe exigir a la crítica otra función hoy en día? Brenkman aduce que la crítica contemporánea debería oponerse a la conexión establecida entre lo simbólico y lo político para adquirir, en consecuencia, un compromiso con el proceso político colectivo a través del discurso y la práctica. Esto llevaría a concluir, como hace Eagleton,[17] que la función de la crítica contemporánea cabría ser una función "tradicional". ¿Qué puede implicar esta afirmación para la crítica de la arquitectura unida a la categoría poética, teniendo en cuenta que la arquitectura es un soporte mediático?

Frente a voces que opinan que la acción de la crítica, en general, no es desvelar el significado de la obra, sino tan solo decir cómo es y qué es (Sontag, 1964) o aquellas que eximen a la crítica de todo juicio abogando por conjugar las voces de la obra y de la crítica (Barthes, 1966), la crítica poética plantea la acción del crítico en dos pasos: discriminar los puntos de fricción en una obra de arquitectura y preservar lo que hay de valioso en ella con una finalidad social –el bien colectivo. De la misma forma que autores como Tafuri sitúan el fin de su análisis, más allá del objeto de estudio, como "desvelamiento interminable de los modos de producción y sistemas de poder", se sugiere para la *crítica poética* una acción "anti ideológica" que "destape" lo no arquitectónico –poético– de la arquitectura.

---

[16] Se rescata de esta generalización, para la arquitectura, la *crítica ideológica* de Tafuri y la *crítica no operativa* de Bandini.

[17] En Eagleton (1984): "La crítica moderna nació de una lucha contra el Estado absolutista; a menos que su futuro se defina ahora como una lucha contra el Estado burgués, pudiera no tener el más mínimo futuro".

LA CRÍTICA POÉTICA COMO INSTRUMENTO DEL PROYECTO

Una vez profundizado tanto en la noción de poética como en el funcionamiento del propio método de crítica poética, encontramos que la vinculación entre lo poético y la acción crítica implica ciertas consecuencias. Por una parte, hemos dado dos definiciones: para la poética arquitectónica y para la arquitectura poética. Por otro lado, esta interpretación conlleva una segunda consecuencia que, además, resulta esencial para este trabajo: la distinción entre dos aplicaciones para la crítica poética de la arquitectura. Vamos a dedicar este tercer capítulo a desarrollar esta idea.

> *Afrontar teóricamente el problema no significa hacerlo abstracto, sino precisar rigurosamente los términos.*
>
> Battisti, *Architettura, ideologia e scienza* (1975)

UNA ACCIÓN EN CONSTRUCCIÓN

Se puede apuntar la segunda mitad del siglo XX como el momento en que el concepto de proceso de proyecto comienza a tener una gran influencia sobre el desarrollo de una teoría del proyecto. Y este hecho, tal y como afirma Moneo, convierte al proceso de proyecto en material didáctico para el aprendizaje de la acción arquitectónica: "el proceso enseña el 'cómo'. La arquitectura como proceso es la arquitectura de las escuelas, lugares en los que aprendemos a 'cómo hacer'".

Como ya se ha anticipado en el capítulo primero, en la poética arquitectónica –o, dicho de otro modo, en la arquitectura como poética– se da un estado operativo auto-referente de actividad continuo, un proceso de formación y crecimiento propio que no cesa. Se ha afirmado, también, que poética significa, además, construcción. No es descabellado pensar, por lo tanto, que la herramienta –la poética como orden, la crítica poética de la arquitectura– que comparte su misma esencia "poética" y cuya finalidad es el estudio de las obras arquitectónicas, sea susceptible de ser aplicada, no solo a una obra ya materialmente terminada, sino también al proceso mismo que antecede a dicha materialización y mediante el que dicho objeto se ha ido creando, desarrollando y definiendo:[1] el proceso de proyecto.

Desde el momento en que se admite la poética como condensación actualizada de la sustancia que se está construyendo, se puede concluir que la poética arquitectónica se encuentra en el "hacer" la arquitectura y que, por ende, el proceso de proyecto se convierte en una construcción siempre activa y en continuidad. Así, encontramos las siguientes ecuaciones de correspondencia:

poética como operador = proceso de proyecto

poética arquitectónica como arquitectura = proyecto arquitectónico

crítica poética como orden = puesta en *krisis* del proyecto arquitectónico

Hablamos de la existencia de una sola acción arquitectónica que aúna, para el proyecto, teoría, poética y crítica –siendo las dos últimas acción práctica.

Esta relación entre el estado en formación de lo poético y lo procesal de un proyecto arquitectónico es la que nos lleva a insistir en la idoneidad de aplicar este orden crítico a un estado de la arquitectura previo a su materialización. Si los trabajos de investigación y publicaciones que preceden a éste[2] tienen por objeto de estudio obras de arquitectura ya construidas, ahora abogamos por utilizar este instrumento en cada una de las etapas durante las que el proyecto arquitectónico va gestándose. Y si la acción crítica anterior tenía como finalidad descubrir el grado de poética y arquitectura que contenía un objeto ya materializado, ahora se busca ayudar al proyecto arquitectónico a conseguir la versión más consciente de sí mismo a partir de la detección anticipada de puntos de fricción.

[1] La utilización del gerundio es significativa en este caso y persigue volver a subrayar la disposición procesal de la poética.

[2] A este respecto, se toman como trabajos de referencia los textos de Miranda (1992, 1999, 2005, 2008, 2011, 2013), Espegel (1997, 2010), Pina (2004) y ARKRIT (ETSAM, UPM).

[3] En Quaroni (1977, 30). Y sobre la estructura (47): "sirve para designar, a diferencia de una simple oposición de elementos, un todo formado por fenómenos solidarios, de tal modo que cada uno dependa de los demás y no pueda ser lo que es sino en virtud de su relación y en su relación con ellos, es decir, una entidad autónoma de dependencias internas".

"Un buen proyecto es una "estructura", es decir, un conjunto al que no se puede añadir, quitar ni sustituir nada sin pérdida de su unidad".[3] Utilizar la crítica poética de la arquitectura para encontrar aquellos puntos de "pérdida de unidad" es lo que proponemos. Una herramienta de análisis prospectivo que pueda conducir hacia nuevas hipótesis proyectivas, para la resolución de un des-encuentro concreto, que tengan como resultado la posibilidad de desarrollar un proyecto arquitectónico lo más consciente posible con lo arquitectónico, con lo poético, con el desarrollo a escala humana.

¿Cómo acomete la crítica poética la acción propuesta? Estudia las relaciones entre los sistemas que conforman el proyecto. Esos sistemas cuya acción sinérgica hemos definido como arquitectura poética. En este trabajo, se acota el estudio de estas relaciones alrededor de cinco vértices arquitectónicos. Aquellos que se consideran esenciales para la arquitectura. Estos son la *topología* (como geometría, escala y proporción), el *programa* (como uso, flujos y tipología), la *materia* (como construcción material), la *morfología* (como forma e imagen) y el *campo* (como contexto geográfico, económico, histórico y social). Cinco sistemas interdependientes cuyos lazos relacionales tejen el proyecto. La acción crítica consiste, entonces, en señalar las posibles fricciones en dicho tejido a partir del análisis entre las sinergias posibles en cada grado de concreción del proyecto.

Además, se cree que, dentro de este proceso de proyecto, se van a hallar, en cada uno de los vértices expuestos, seriaciones, variaciones e interpretaciones comunes y coincidentes con otros proyectos arquitectónicos; lo que vuelve a hacer pensar en la posibilidad de un conjunto común de operativas comunes a obras y proyectos arquitectónicos. Algo a lo que ya se ha hecho referencia como la red de una obra de arquitectura. El trabajo de crítica supondrá, de esta manera, también, identificar otras soluciones posibles frente a un estado dado.

Arquitectos de notable prestigio han teorizado sobre la práctica proyectiva de modo continuado durante toda la mitad del siglo pasado y continúan haciéndolo en la actualidad. Lo que se ha denominado como teoría del proyecto ha dado lugar a la divulgación de un número considerable de publicaciones en las escuelas de arquitectura de

todo el mundo. En estos textos, autores como Quaroni o Battisti, en
el marco internacional, y Sáenz de Oíza, Linazasoro, Seguí o Piñón,
en España, profundizan –con más coincidencias que desencuentros–
acerca de todo aquello en relación con la acción proyectiva; tanto
sobre su naturaleza, como sobre su contexto. Un recorrido a través
de estos trabajos servirá para poder situar a la crítica poética como
instrumento posible del proceso de proyecto.

SOBRE EL PROCESO DE PROYECTO

Le Corbusier consideraba a la música y a la arquitectura hermanas
y, quizás por esta razón, cuando se dirige a los estudiantes de la
arquitectura, se sirve de una analogía con la música y describe el
proyecto como una sinfonía formada por un conjunto de elementos
que componen una unidad. Cuando habla del proceso que construye
dicho proyecto, para el maestro se trata de una cadena en la que se
suceden unos sucesos "sincrónicos" concretos: el cielo, el sitio, la
escala, el hombre, las circulaciones, la técnica, los materiales y la
proporción. Al profundizar en dichos "sucesos", vemos que es posible establecer una analogía entre ellos y los vértices definidos para
la crítica poética.

Si se comienza en orden, se encuentra que el primero de los "sucesos
sincrónicos" examina "el cielo" del lugar en el que el proyecto arquitectónico va a desarrollarse con el fin de determinar las condiciones
climáticas de la región afectada. La primera necesidad del proceso
estriba en comprender las relaciones de dependencia entre una realidad climática concreta y el comportamiento del ser humano; entre
los datos científicos que definen el volumen de precipitaciones, la
afección del viento o el soleamiento, su incidencia en las condiciones
topográficas del lugar y la realidad arquitectónica posible.

El segundo "suceso sincrónico", como una extensión del primero, se
refiere al "sitio" –que para Le Corbusier se compone de la extensión
y elevación del suelo. Así, se ha de fraguar la relación que ha de unir
de modo unívoco a la arquitectura proyectada con el lugar. La obra
arquitectónica debe encontrar la manera de ser una expresión del
sitio, debe unirse a él, integrarse en él.

En primer lugar, Le Corbusier habla del lugar, el medio geográfico y el paisaje. En segundo lugar, analiza el medioambiente, la ecología y el medio territorial. Es decir, sitúa el proyecto alrededor de las características físicas del territorio, de su contexto físico.

En todo caso, su análisis del medio no concluye en la corteza, sino que, además, en el siguiente escalón, se dedica al estudio del contexto social e histórico. La "escala" define el tercero de estos sucesos que componen el proceso de proyecto. A pesar de su denominación, este paso poco o nada tiene que ver con la métrica. Se refiere Le Corbusier, en este aspecto, a la época en la que el proyecto ha de desarrollarse, con todos los matices de disposición histórica, económica, científica y social que influirán –en cierta medida– en él.[4]

El "hombre" que califica el cuarto punto del proceso de proyecto gira alrededor de la reciprocidad que la arquitectura va a contemplar entre su finalidad última y el usuario. Este hecho tiene su reflejo, a su vez, en el siguiente suceso: las "circulaciones". Tanto exteriores como interiores.[5] Se habla, por lo tanto, del estudio y desarrollo del programa, del funcionamiento del espacio, de lo que se entiende como *utilitas*.

A continuación, las "técnicas" y los "materiales" se refieren a la importancia de la elección, durante el proceso de proyecto, de la materia –como sistema–; tanto del producto, como del sistema constructivo que lo va a desarrollar. Habla Le Corbusier, en este sentido, de la posibilidad de recurrir a más de una técnica, de la localización de los materiales y de su posible disposición industrial.

Por último, se encuentra el suceso relativo a la "proporción", según el cual, la medición de las distancias, de las alturas, de los volúmenes,... ha de poder reflejar la unidad arquitectónica para poder considerar que el proceso se ha culminado con éxito.[6]

---

[4] Se puede establecer un paralelismo entre estos tres pasos y el sistema campo, nombrado en párrafos anteriores.

[5] En Le Corbusier (1957), acerca de estas últimas: "la calidad de la circulación interior será la virtud biológica de la obra, organización del cuerpo construido ligado en verdad a la razón de ser del edificio". La buena arquitectura, la "arquitectura viva", se camina y se recorre ya por dentro ya por fuera.

[6] Del mismo modo, en nuestro caso, el vértice topología.

No se describe suceso alguno, sin embargo, para la consecución de la forma del proyecto. Del texto citado se puede interpretar que se reconoce la belleza de una obra arquitectónica como fruto de la estructura interna unitaria que resulta de la correspondencia entre los puntos referidos. A estos efectos, se desdeña la apariencia de lo arquitectónico frente a la garantía de poética de un proyecto proporcionada por su "esencia" u operativa de la totalidad.

De esta manera, la base analítica planteada en este ensayo –la interacción entre sistemas cuya sinergia tiene como resultado una obra de arquitectura poética– viene avalada por la experiencia de una de las figuras más influyentes de la arquitectura moderna. No obstante, se quieren añadir dos condiciones a los planteamientos anteriores:

1. La inclusión del vértice morfología: En el presente trabajo, se plantea que la crítica poética es un proceso continuo de superación, de opción, de interacción,... que se da en paralelo al proceso de proyecto –su instrumento, un ejercicio de puesta en cuestión que no cesa mientras el proyecto se construye. Por otro lado, no se busca tratar de reducir la complejidad del asunto o simplificar la cuestión aduciendo que proyecto y crítica son una y la misma cosa. Se reconoce la independencia de ambos procesos, del mismo modo que se trata de demostrar que su acción conjunta es indispensable. Por esta razón, se plantea que en la crítica poética se ha de incluir el vértice morfología; porque, si bien lo afirmado por Le Corbusier acerca de la belleza coincide con lo postulado para la obra de arquitectura poética, mediante la crítica poética de la arquitectura se precisa centrar la atención también sobre el aspecto morfológico del proyecto que se está gestando –precisamente para poder establecer y justificar el origen poético del mismo.

2. En segundo lugar, subrayando la disposición sincrónica del proceso de proyecto y avanzando sobre ella, el instrumento de crítica presentado actúa de modo continuo; cuestionando de manera inagotable los sistemas arquitectónicos en toda su complejidad. Así, la crítica se considera siempre abierta, inacabada y en marcha.

Quaroni postula esta misma condición de proyectación integrada cuando afirma que "las tres componentes de la utilitas, de la firmitas y de la venustas, deberán pues estar siempre presentes e integradas en un diálogo que se trenza armónicamente en la mente de quien está proyectando o por lo menos en los momentos de la proyectación en los que se unen, al elegir conjuntamente la estructura de los contenidos, la resistente y la lingüística". Declinamos seguir, en cambio, la postura de Quaroni cuando señala que es la lingüística "principio, medio y fin en la operación de juntar las otras dos —contenido y resistencia— superando recíprocas incompatibilidades". Y es que el italiano coloca el centro vital del proyecto —posiblemente fruto de la influencia que la semiótica ofrecía sobre la teoría arquitectónica en aquella época, y refiriéndose al aspecto simbólico y comunicacional del objeto arquitectónico— en el aspecto formal del proyecto, mientras que la poética sitúa dicho aspecto en relación sinérgica con la operativa interna que se gesta durante el proceso proyectivo.[7]

Si se vuelve, ahora, sobre el texto de Quaroni y se estudia el análisis que realiza sobre lo que denomina "fases del proyecto",[8] y en concreto sobre la segunda de ellas, la "fase de proyectación", se encuentra que el arquitecto italiano ya sugiere la presencia de una acción crítica que acompañe esta etapa. Quaroni divide la fase de proyectación en tres momentos internos: *planteamiento*, *anteproyecto* y *fase ejecutiva*. Es durante el segundo y el tercero de ellos cuando se advierte la existencia de observaciones críticas que el desarrollo del proyecto ha de tener en cuenta. Este arquitecto cree en el proceso de proyecto como una "sucesión alternativa y reiterada de proposiciones y comproba-

---

[7] A este respecto, Linazasoro (1984, 22) recuerda que en la primera parte del texto *De Re Aedificatoria* (1452), Alberti escribe así: "En qué consiste precisamente la belleza y el ornamento y en qué se diferencian entre sí es más fácil de comprender en el ánimo que expresarlo con palabras. De cualquier modo, sin alejarnos demasiado, definiremos la belleza como la armonía entre los miembros en la unidad de la que forman parte fundada siempre sobre leyes precisas, de modo que no se puede añadir o quitar o cambiar nada si no es para peor".

[8] Quaroni (1977, 28) postula que el proceso proyectivo consta de cuatro fases, en orden de intervención: *programación*, *proyectación*, *actuación* y *gestión*. En la primera de ellas, se realizan los análisis previos y se concretan unas opciones básicas de partida. En la siguiente, que a su vez se divide en tres fases internas, se diseña el objeto, se proponen soluciones alternativas y se desarrolla una de ellas de modo que se incluyan todos los detalles necesarios para la construcción del objeto. En la tercera fase, la de actuación, se realiza el proyecto y se da por terminado el proceso proyectivo. La etapa de gestión se refiere a la relación entre el cliente y el usufructuario.

ciones entre las distintas componentes a diversas escalas". También
Seguí denuncia que la sola condensación de los condicionantes de un
proyecto, por más que se haya realizado un análisis profundo de los
mismos, no significa "proyectar". Se coincide con él cuando afirma
que se llega a la acción proyectiva cuando "probadas diversas conjeturas organizativas y operativas, capaces de responder interpretativa-
mente a los requerimientos y circunstancias de partida, se logra una
visión configurativa coherente con el conjunto de respuestas logradas
con las diversas conjeturas tanteadas". Se encuentra, así, que lo nove-
doso de la propuesta no es la aplicación de una supuesta acción crítica al proceso de proyecto, sino que dicho instrumento sea, en concreto, el de la crítica poética de la arquitectura.

SOBRE LA ACCIÓN CRÍTICA

El juicio de valor es un aspecto de la acción crítica que mantiene un
debate permanentemente abierto acerca de si es necesaria o no su
realización. Por un lado, el interlocutor de un texto de crítica de la
arquitectura parece estar a la espera de algún detalle que dictamine
una sentencia –positiva o negativa– acerca de una obra concreta. Por
otro lado, el mismo nombre de "juicio de valor" indica y subraya la
disposición subjetiva de este hecho, que, aun partiendo de un exten-
so estudio anterior que avale y justifique el resultado, no deja de ser
fruto de una valoración final personal del objeto por parte del crítico
de la arquitectura.

A este respecto, se defiende que la aplicación de la crítica poética
como instrumento del proceso de proyecto posibilita la formulación
de criterios sobre la fricción detectada, sus condiciones de partida
y sus posibilidades; y que, por esta razón, la acción del crítico ha de
terminar justo antes de la emisión de dicho juicio de valor, que es, en
todo caso, "particular".[9] Cuando la crítica poética de la arquitectura

---

[9] En Linazasoro (1984, 27): "Sin defender aquí la subjetividad como factor que escaparía a un
auténtico examen racional de las condiciones proyectuales o que fijaría las leyes del juego
al margen de la experiencia, lo cierto es que el propio establecimiento de juicio de valor a
partir del conocimiento *empírico* (en el que se incluyen factores de *generalidad* pero también

se emplea como instrumento del proceso de proyecto, no se persigue una acción de crítica finalista, sino establecer oportunidades de acercamiento a lo poético; precisamente, mediante la detección de aquellos elementos, estructuras o sistemas del proyecto en construcción que presenten puntos de fricción.

LA IMPORTANCIA DE LAS REDES

Sobre el tipo y el modelo, Quatremère de Quincy señala en su *Dictionnaire historique de l'Architecture* (1832-33) que "todo es preciso y está dado en el modelo", mientras que "todo es más o menos vago en el tipo". Entendiendo el proyecto arquitectónico como una realidad abierta, se centra el interés de esta tesis sobre la noción de "tipo".

A finales de los años 70, Moneo escribe un importante artículo sobre esta materia. En este texto, contempla la dualidad que se cierne sobre un trabajo de arquitectura al reconocer que éste contiene, simultáneamente, una esencia única, pero también ciertos rasgos u operativas reconocibles que lo relacionan con otras obras de arquitectura. En dichas "operativas reconocibles", sitúa el concepto de "tipo". Y así, concluye que problemas idénticos tienden a llegar a resultados muy similares –lo que califica de "estabilidad". No obstante, lejos de limitar el avance arquitectónico, Moneo encuentra en la noción de "tipo" un recurso para el cambio o la transformación a lo largo del tiempo.

Para Battisti, la tipología, o el tipo constructivo, relaciona un conjunto de necesidades –la *función*– con un sistema dado de espacios geométricos –el *tipo*. Y avanza sobre esta noción para volver sobre Quatremère de Quincy cuando concluye que la idea de "tipo" se divide en dos conceptos diferentes –lo que llama el "dualismo tipológico"–: por un lado, el *tipo* entendido como modelo de referencia –el "modelo" en Quatremère – y, por otro, el *tipo* como conjunto que comparte una serie de características espaciales –el "tipo" en Quatremère.

de *particularidad*) plantea una *particular* resolución del problema, resolución que, por otra parte, deberá ser confrontada racionalmente con las bases analíticas de las que parte".

Cuando, al aplicar la crítica poética, esta investigación se refiere a la posibilidad de rodear el objeto de estudio de otras obras que compondrían su red, se encuentra más cerca del concepto de tipo que del de modelo. Estos proyectos se caracterizarán por compartir con el objeto de crítica ciertas operativas y/o condicionantes; y pueden, por ello, revelar soluciones diversas a que dan lugar diferentes caminos recorridos. Se cree que identificar estos proyectos "hermanos" es valioso a la hora de ponderar la oportunidad de ciertas actuaciones. De este modo, se sigue a Linazasoro cuando admite que "en cada proyecto se reconocen características comunes a otros proyectos y soluciones precedentes, al mismo tiempo que se le añaden características específicas de cada momento o situación".

UNA ACCIÓN ACTIVA

La acción crítica entraña, sea cual sea el orden utilizado para realizarla, un proceso de estudio y análisis de gran complejidad; puesto que compleja es, a su vez, la arquitectónica. En este sentido, no nos cabe duda de que el éxito de los trabajos precedentes en los que se ha llevado a término el largo proceso que conlleva la aplicación del método Mirregan-Todorov –en sus cuatro fases: descripción y crítica descriptiva, análisis y crítica relacional, interpretación y crítica interpretativa, y poética y crítica poética– deben parte de esa fortuna a su carácter exhaustivo y completo. No obstante, preocupa la operatividad limitada que un método de estas características pueda acarrear; ya que este tipo de análisis en profundidad exige una carga considerable de trabajo que se traduce en ingentes cantidades de esfuerzo y tiempo. Este factor hace complicada su aplicación a un estado procesal; puesto que ralentizaría e, incluso, podría llegar a detener, el referido desarrollo en continuidad –cuestión inaceptable en la mayoría de los casos por razones de índole diversa.

Por otro lado, esta investigación propone la posibilidad de utilizar la crítica poética para su aplicación a un proyecto arquitectónico en proceso –no a una obra de arquitectura ya construida.

Dicho todo lo anterior, se encuentra la justificación por la que se ha optado, como condición de partida de este trabajo, por concentrar el esfuerzo crítico solamente en la cuarta y última fase del método de referencia –la fase de la crítica poética. Algo que ninguno de los trabajos precedentes ha propuesto y que intenta proceder de un modo más liviano sin dejar, por ello, de acometer la acción crítica en toda su complejidad –puesto que, por definición, dicha etapa incluye, en sí misma, a las tres anteriores y queda, por tanto, garantizada la cualidad integral del resultado de la crítica.

Llegado este punto, ¿se podría afirmar que, efectivamente, la crítica poética de la arquitectura es susceptible de aprovechamiento para su aplicación como instrumento del proceso de proyecto?, ¿como estrategia?

Se encuentra respuesta a esta cuestión en los textos de Lessing. Una vez reconocida la especificidad del medio para la representación y el desarrollo de cada una de las artes –condición sobre la que Lessing fundamenta la distinción entre artes plásticas y artes poéticas–, pongamos ahora la atención en la condición temporal de las mismas. Mientras que las artes plásticas se han caracterizado por la simultaneidad de sus elementos, algo que les confiere una disposición sincrónica;[10] lo poético añade un estado esencialmente activo y se sucede en el tiempo. Si, de manera análoga, se traslada esta distinción al orden crítico, es posible hacer la siguiente lectura: la naturaleza poética de una acción crítica esencialmente poética –la redundancia es oportuna en este caso– habría de realizarse –siguiendo a Lessing– sobre un proceso en construcción, sobre el proceso de proyecto, y no sobre un objeto ya plenamente establecido.[11] Se construye, por lo tanto, la crítica poética de la arquitectura en el tiempo –poéticamente–, de modo análogo a como ocurre con el proyecto arquitectónico.

[10] Como excepción a esta clasificación se reconocen las "acciones".

[11] Aunque pueda justificarse un cierto estado latente y continuo de actividad derivado de la utilización que el usuario pueda hacer del mismo y que puede provocar ciertas modificaciones del espacio en el tiempo.

La crítica poética aparece como instrumento del proyecto arquitectónico. Como una herramienta de oportunidad para el análisis integral
del proyecto. Su aplicación natural acontece durante el proceso de
proyecto y paralelo al mismo. Y estudia las interacciones y sinergias
entre los sistemas que conforman el proyecto, con el propósito de
descubrir fricciones que resulten en oportunidades para lo poético y
para la función transitiva y comprometida de la arquitectura.

Se quiere denominar a este tipo de acción como crítica poética del
proceso –o *crítica del proceso*; frente a aquella que actúa sobre un
objeto de arquitectura, que adquiere, a partir de ahora, la terminología de crítica poética del hecho –o *crítica del hecho*. Dicho de otra
manera, se realiza una distinción entre el construir (*process*) y la
arquitectura (*stasis*).

En la crítica del proceso, se actúa sobre una entidad en marcha, en
continua construcción. Cuando el crítico realiza su trabajo, se suma
al ritmo de desarrollo del proyecto arquitectónico. Sin olvidar la disposición compleja de todo objeto arquitectónico, se trata de detectar
puntos de fricción como oportunidades para el proyecto.

En la crítica del hecho que se ha desarrollado hasta ahora, se atiende a un objeto construido –estático, en cierto modo. Este objeto es
susceptible de soportar n trabajos de crítica sobre sus espaldas a lo
largo del tiempo.[12] En este caso, el valor de la acción crítica, frente a
otras posibles, reside, principalmente, en lo pormenorizado y distante de su lectura del objeto de estudio –en todas sus vertientes y de
modo que quede intacta la complejidad del objeto.

Esbozando ambas tipologías de modo simplificado, se puede resumir
que mientras que en la crítica del hecho se logra recopilar, informar,
interpretar y realizar una acción crítica sobre los mil datos que un
objeto concreto contiene, en la crítica del proceso se realiza una
lectura sobre el dato más relevante –en un instante infinitamente
pequeño, que no rompe el estado dinámico– de un proceso abierto.

---

[12] En este sentido, el alejamiento en el tiempo por parte del sujeto crítico suele ser acogido
de modo positivo; en tanto que se desdeñan aquellas lecturas excesivamente cercanas.

Mediante la crítica del proceso, se ha de ser capaz de detectar, en cada momento del proceso de proyecto, puntos de fricción, con el fin de provocar nuevos caminos de desarrollo del proyecto arquitectónico hacia la poética y hacia la sostenibilidad en todos los ámbitos. Se plantea un orden cuya acción da lugar a una re-acción susceptible de influir en el desarrollo de una arquitectura. Por tanto, se presenta esta acción como una oportunidad.

CINCO SISTEMAS ARQUITECTÓNICOS

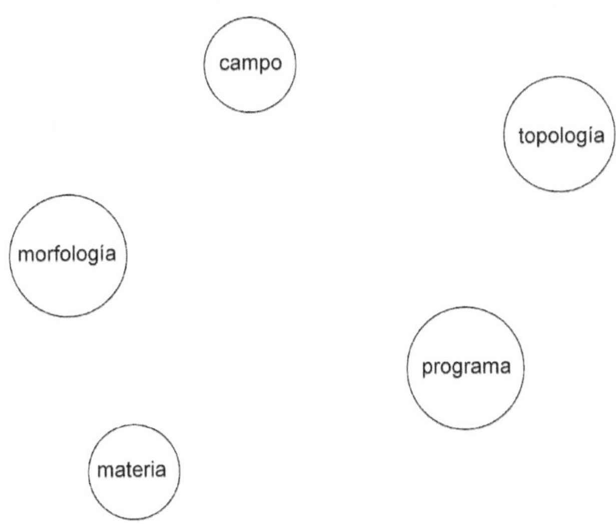

Se ha definido la arquitectura poética como la síntesis sinérgica entre los sistemas que la conforman. Asimismo, hemos planteado la *crítica del proceso* como un instrumento que estudia las interacciones que, durante el proceso proyectivo, se dan entre estos sistemas. En este capítulo, se aborda la disposición de varios de ellos de cara a poder entender la acción que se propone. El primero de ellos, la topología, como sistema disciplinar. Tres más, el programa, la materia y la morfología, que consideramos como esenciales de lo arquitectónico. Y un quinto sistema, el campo, que añade al conjunto el valor social de lo poético, el sentido transitivo de la arquitectura. Todos ellos están siempre presentes en lo arquitectónico de una u otra manera y puede aceptarse que una obra o proyecto se conforma mediante su interacción. Es por ello que, para el planteamiento de la acción crítica del proceso, se ha determinado trabajar sobre estos cinco sistemas.[1]

A continuación, se profundiza en la complejidad de cada uno de ellos desde un enfoque crítico que parte de la idea de la arquitectura poética desarrollada.

[1] Aquellos que consideramos como necesarios y suficientes para el desarrollo de una arquitectura. Lo que no exime de la posibilidad de interacción con otros sistemas.

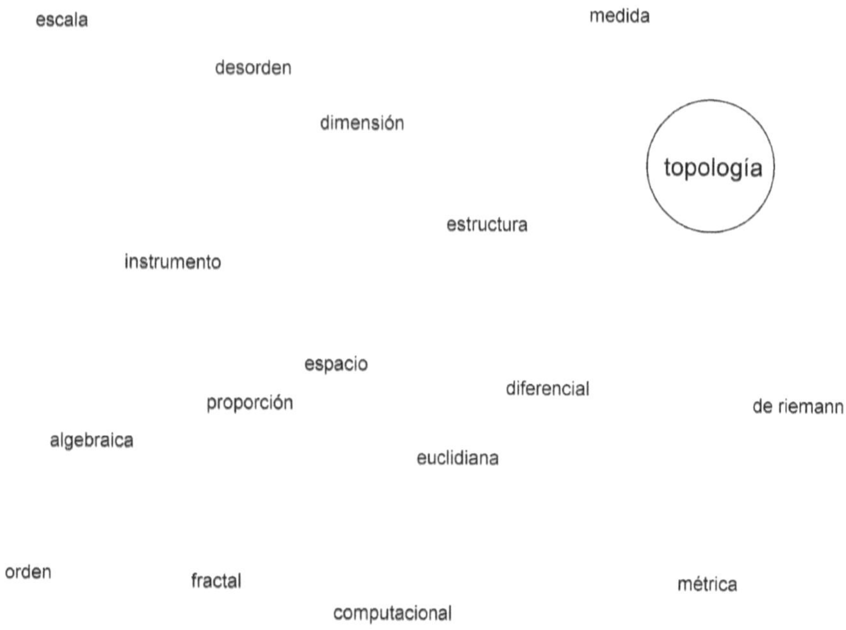

LA TOPOLOGÍA

Medida, dimensión, estructura, escala, proporción, espacio, métrica, límite, geometría, orden, son algunos de los términos que definen el sistema topología. Todos ellos definen distintas relaciones entre los elementos que forman el objeto de estudio –la obra de arquitectura. Entre ellos, toman peso los conceptos de "geometría" y "estructura" –como operativa–, mientras que el de "orden" –o "desorden"– no dejará nunca de estar presente, convirtiéndose en hilo conductor.

Comenzando por la geometría o topología, nos recuerda Pina que es, al mismo tiempo, un "instrumento gráfico de proyección" y "una construcción intelectual" que ordena el proyecto arquitectónico y que, además, contempla su fiel reflejo en la obra de arquitectura construida. Por otro lado, se puede admitir que la topología integra el resto de vértices del proyecto –programa, materia, morfología y campo. Es por esto que su ausencia repercute, de manera directa, en la confusión, en el desorden y en la falta de unidad del objeto a todos los niveles. Se distingue, en este sentido, entre un proyecto de topología compleja y un proyecto de topología complicada. Mientras que la complejidad de la obra redunda en su unidad, la complicación lleva a un objeto diametralmente al punto opuesto. Pina fundamenta esta capacidad unificadora de la topología sobre tres pilares:

- las figuras geométricas elementales, regulares y platónicas,

- el módulo,

- el papel regulador en el conflicto.

El primero de ellos sitúa en las mencionadas figuras la garantía de la unidad formal de la obra. No obstante, estas formas son proclives a rigidizar el proyecto y, "con frecuencia, la apariencia de unidad externa se ve traicionada por un interior fragmentario e inconsecuente".

El módulo, en segundo lugar, aparece como medio de unificación y racionalización del proyecto arquitectónico a través del ritmo que crea su repetición.

Por último, se atiende a aquellos objetos alrededor de la geometría fractal,... en los que incluso el desorden oculta cierta regularidad.

Para la poética, la riqueza topológica de un proyecto arquitectónico no se fundamenta en la coexistencia de una variedad de geometrías diversas –que construyen un objeto complicado–, sino en la reunión de variaciones de una misma geometría –que construye un objeto complejo. A este respecto, recordamos parte de las *Lecciones de Arquitectura* de Quaroni: "... la necesidad de no dejarse llevar por la ilusión de que proyectando complicadamente se hace arquitectura más evolucionada, avanzada y moderna. En efecto, si el proceso no se lleva adelante conscientemente y con los debidos y continuos controles, se corre el riesgo de no hacer arquitectura en absoluto".

Siguiendo con la estructura. La estructura es orden, el orden de la totalidad, la ordenación de las partes de un todo. Incluso en algunos hechos que se consideran caóticos puede existir un orden fractal. Es decir, toda operativa se compone de elementos y se caracteriza por el modo en que éstos se relacionan entre sí y con la totalidad. Por ello, es posible decir que una operativa concreta conlleva una configuración determinada.

La estructura es la topología implícita de un objeto, su forma interna, inherente. Se puede vincular con lo que define la *concinnitas* en Alberti:[2] el conjunto de leyes de una construcción lógica en la arquitectura. Y es que, etimológicamente, *struere*, en latín, significa construcción.

Apunta Ferrater, en su *Diccionario de Filosofía* (1969), que en torno al concepto de estructura "se ha apelado, a menudo, a nociones como las de totalidad, forma, configuración, trama, complexo, grupo, sistema, conexión o interconexión, etc." y que ninguna de estas nociones "es equiparable a la de estructura"; aunque "pueden encontrarse afinidades entre sus rasgos y alguno de los rasgos de la noción de estructura". Para la utilización del vocablo "estructura", Ferrater encuentra dos definiciones en las que, aun manteniéndose la misma noción de operativa como relación entre elementos, la manera en que se da esta conexión entre el todo y las partes se invierte casi totalmente. De un lado, en las estructuras "formales" –paradójicamente las no formalistas–, los elementos (y sus relaciones) determinan la estructura –el "sistema de relaciones entre elementos"–; del otro lado, en las estructuras "no formales" –o artísticas–, los todos "holísticos" determinan el tipo de elementos y las relaciones que deben mantener entre ellos –la relación entre elementos pierde importancia (o se hace sumamente vaga) de modo que los componentes llamados elementos o partes van siendo cada vez más variados o heterogéneos.

Por otro lado, Lévi-Strauss –precursor del estructuralismo– llama "estructuras" a las relaciones invariantes y comunes de correlación u oposición entre los elementos que constituyen el objeto; relaciones que permiten llegar a conocer la esencia del objeto de estudio y hacen comprensible el objeto-sistema del que dichas operativas forman

---

[2] En Alberti (1452): "Y conviene que haya un mutuo equilibrio de los miembros entre sí para conseguir formar de una manera conjunta el estilo y la belleza de la obra en su totalidad, para que no se dejen olvidadas por completo las partes restantes por haber concentrado todo el impulso hacia la belleza en una sola de ellas, sino que haya entre todas una correspondencia tal que parezca que son más un cuerpo único y bien conformado que no miembros separados y dispersos".

parte –como si, a su vez, fueran elementos del sistema. De este modo, se puede leer la operativa de un proyecto como aquello que permite la cohesión del conjunto. Además, para la arquitectura, la estructura como totalidad va a poseer una entidad mayor que la mera adición de sus elementos. Este valor añadido viene dado por el conjunto de las relaciones entre las partes, aquel que constituye el orden de una obra arquitectónica. La estructura explica la forma, el proceso o la acción de un sistema y, mientras que la morfología es susceptible de variaciones, la operativa –interna– permanece.

En cuanto al resto de reactivos que se enumeraban al comienzo de este punto, la topología se refiere, además, al número de veces que un módulo o unidad de medida se repite en una determinada dimensión. Es, por lo tanto, tal y como se anticipaba, una relación. Debido a la disposición de una obra arquitectónica, que parte de una necesidad que se convierte en finalidad, el dimensionamiento de un espacio queda determinado por su uso. Es por ello que, para este trabajo, la topología va a adquirir un rasgo eminentemente funcional.[3]

En conexión directa con la topología, también se encuentra la proporción; puesto que por proporción se entiende la posición de correspondencia de las partes con el todo o de las partes entre sí. Así, se compara la relación entre dimensiones de disposición común –ya sean éstas lineales, superficiales o cúbicas– o entre los elementos que forman el proyecto o, incluso, entre estos elementos y la totalidad.

Estas relaciones –*rationes* para Alberti– quedan definidas en el proyecto arquitectónico por una fracción numérica: 1/2, 1/3, 1/4, 1/6,..., o por razones matemáticas como la proporción áurea o el número π, y pueden determinar –o no– la topología del proyecto.

Su aplicación en la arquitectura está presente desde el renacimiento. Durante este periodo, el estudio profundo de los órdenes clásicos dio lugar a la creación de un sistema cerrado de proporciones que describía y definía cada uno de estos órdenes de forma detallada. Esto trajo

---

[3] Como se verá más adelante, el dimensionamiento indebido de un espacio concreto, que dificulte o anule el programa del mismo, puede dar lugar a la detección de un punto de fricción en el proyecto arquitectónico durante su puesta en cuestión.

como consecuencia la lectura e interpretación de un edificio a partir
de una sola medida, de manera que una arquitectura –total– podía ser
restituida a partir de un fragmento –unidad.

Vitruvio, al comienzo del segundo capítulo del Libro I de *Los diez
libros de arquitectura* (27-23 a. C), escribe que la arquitectura está
compuesta por el orden, la disposición, la distribución y la proporción. Adquiere, en este sentido, el vocablo "proporción" la significación reguladora del orden.[4] Más adelante, Alberti escribe sobre los
distintos espacios que se crean en una obra arquitectónica, poniendo
énfasis en la definición de la "proporción y disposición decorosa"
que debe tener "el lugar adecuado".

Y si la proporción define el vínculo entre medidas o elementos internos al proyecto, la escala va a determinar la correspondencia dimensional entre la obra y una entidad externa. Se determinan, de acuerdo
con esta idea, la escala metropolitana, la escala urbana, la escala del
transporte, la escala doméstica, la escala de lo público, la escala de
una persona adulta o la de un niño,...

El concepto de escala no define un sistema métrico concreto o cerrado, sino que reúne un conjunto referencial de medidas que describe
la relación óptima entre el objeto a comparar y la entidad abstracta
de referencia. Así, por ejemplo, el ambiente óptimo para el desarrollo
infantil o la magnitud –dimensional, histórica, económica,...– de una
urbe determinada.

Si se repasa el papel que la topología ha jugado –y juega– en la arquitectura con el fin de dar una visión general que sitúe la visión de la
poética al respecto, se advierte que, durante un largo periodo de
tiempo –que se puede situar desde el renacimiento hasta la llegada
del siglo XX y las vanguardias–, los sistemas determinados creados
a partir de las relaciones dimensionales –proporciones numéricas y
pitagóricas– han sido utilizados de forma genérica y mecánica para
establecer el equilibrio y la armonía en la obra arquitectónica –lo que
la hace unitaria. Propia de estos años es, por tanto, la obra total, que

---

[4] En Vitruvio (27-23 a. C): "La arquitectura se compone de orden, que los griegos llaman
taxis; de disposición, a la que dan el nombre de *diátesis*; de euritmia o proporción (simetría,
decoro) y de distribución que en griego se dice *oikonomia*."

persigue la belleza apoyándose en la composición –actividad que prevalece por encima de las necesidades técnicas y funcionales.

A partir de ese momento, en cambio, se tiende a una simplificación del sistema geométrico. Este hecho es consecuencia de dos características de este periodo. Por un lado, la búsqueda de distanciamiento de las acciones figurativas de los últimos siglos –que termina dando lugar a la yuxtaposición, mezcla y recuperación de un catálogo de estilos "neo". Por otro, el espíritu de racionalidad constructiva industrial que se impone a partir del movimiento moderno. Las vanguardias defienden, de este modo, lo puro, lo "higiénico",... –que en nada ha de contradecirse con la complejidad de una obra arquitectónica– y la arquitectura moderna quedará, por tanto, caracterizada por nuevas proporciones en la diafanidad del espacio, la doble altura y los volúmenes puros.

Por último, la postrimería del siglo XX ha quedado marcada por la utilización de geometrías no euclidianas –como la geometría fractal–, a partir de la aplicación del concepto derridiano de de-construcción.[5]

Cerrado el marco histórico, para la poética, la topología aparece como condición esencial del proyecto arquitectónico. La *claritas* topológica trae consigo la *claritas* funcional, la *claritas* constructiva y la *claritas* expresiva. Por este motivo, su puesta en cuestión resulta primordial para evitar puntos de fricción que puedan convertir una topología compleja en otra complicada. Es decir, siendo que el sistema topología abarca mucho más allá del mero cumplimiento de las leyes de la métrica, la proporción y la escala; su interacción interna cobra la mayor importancia. Se puede afirmar, así, que la topología es, para la poética, quizás el sistema principal para la verificación del proyecto arquitectónico. Éste vértice queda reflejado en los documentos técnicos del proyecto –plantas, secciones y alzados– y se interpreta el descubrimiento de su no interacción como síntoma de la inconsistencia de la obra arquitectónica proyectada.[6]

[5] A este respecto, véase la obra de Eisenman, Gehry, Hadid, Libeskind, o la Coop Himmelb(l)au.

[6] En Wittgenstein (1921): "Es tan poco posible representar en el lenguaje algo que entre en contradicción con la lógica como representar una figura en geometría por medio de sus coordenadas que entre en contradicción con las leyes del espacio, o dar las coordenadas de un punto que no existe".

Por otro lado, la poética defiende un proyecto moderno, que es capaz
de superar aquellas soluciones rígidas y cerradas de formas simples
y figuras platónicas para, en cambio, desarrollar una topología abierta y flexible –pero consistente. Y es que la topología ha de ser soporte
del proyecto, pero soporte de libertad. A cada obra arquitectónica
corresponde encontrar su óptima topología y operativa interna –a
partir de las relaciones de sinergia con el resto de sistemas.

La poética arquitectónica se encuentra en la topología que nace fruto
de la síntesis estructural necesaria entre los elementos que la forman, en la topología que resulta de las relaciones que condicionan el
proyecto arquitectónico desde la necesidad, en aquellas obras que
no traicionan su operativa interna. En este sentido, se recoge el testi-
monio de Grassi (1988): "Debemos reconocer que nuestro problema
no es tanto el de dar orden a las cosas como, más simple pero mucho
más difícil, el de seguir y secundar ese orden que está siempre incluido en las cosas, ese orden que es, por llamarlo de algún modo, natural de las cosas. La diferencia entre orden formal prefijado, es decir
impuesto desde el exterior, y orden formal que procede de las cosas,
que sale de su peculiar condición".

EL PROGRAMA

Uso, sentido, funcionamiento, *utilitas*, flujos, circulaciones, son
algunos de los términos que definen el vértice programa entre los
sistemas que forman un proyecto arquitectónico. Se está ante una
condición que aleja a la arquitectura de lo abstracto por su cualidad
de servicio individual y colectivo.

Lo relativo al uso ocupa el primer puesto en el "itinerario mental" que
Fisac se planteaba al ejecutar un proyecto: "Primero estudiar de la
forma más completa posible todo lo que se relaciona con el proyecto
que conteste a la pregunta: ¿Para qué?". A priori, se podría decir que
el proyecto arquitectónico requiere la satisfacción de un programa de
necesidades funcionales que dé cumplimiento a la utilización prevista;
aunque, a la hora de definir el uso del programa de un edificio, no se
debe ignorar el segundo aspecto (interdependiente del marco funcional

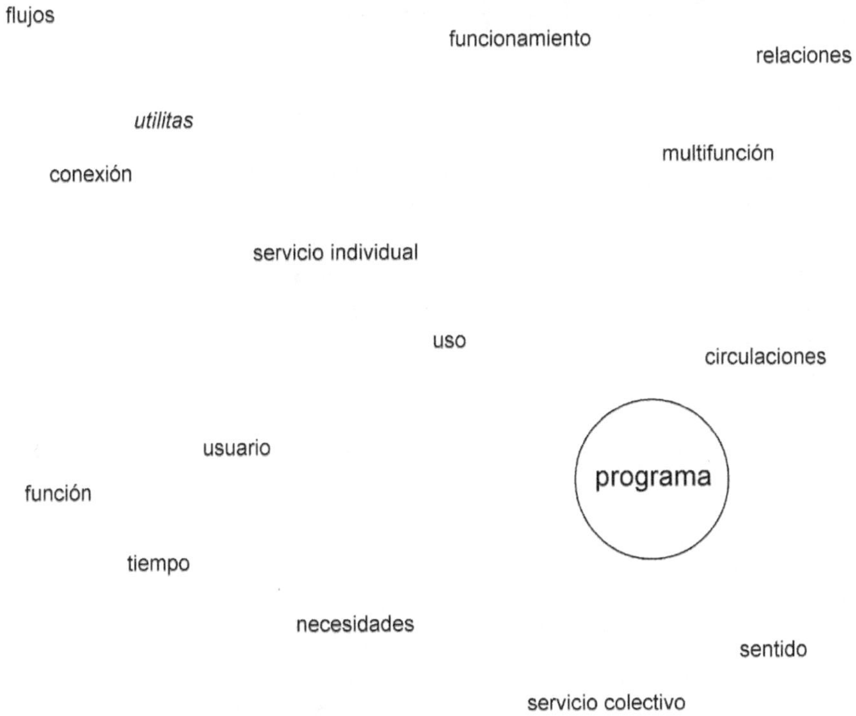

flujos

funcionamiento

relaciones

utilitas

multifunción

conexión

servicio individual

uso

circulaciones

usuario

programa

función

tiempo

necesidades

sentido

servicio colectivo

o medio físico que sería el primero) que recoge en sus escritos Norberg-Schulz: aquel del aspecto social y la simbolización cultural.

El proyecto tratará, por lo general, de regular las relaciones entre los espacios principales y secundarios –que prestan servicio a los principales– y se valdrá de la topología para consignar tamaños, posición y circulaciones entre dichos espacios. Sin embargo, nos encontramos ante una noción que ha recibido –y recibe– diferentes enfoques y grados de autonomía dentro del proceso de proyecto.[7] Se analizarán estas perspectivas de manera esquemática, con el fin

[7] En Miranda (1999): "El racionalista ama la máquina por su forma concisa, elegante y moderna, por su estructura y ciego automatismo; el funcionalista la ama por ser el instrumento móvil que más se acerca a la perfección sistemática de la naturaleza; el utilitarista ama la máquina porque ve en ella la economía termodinámica de trabajo, tiempo y energía".

de dar una visión general que pueda localizar el enfoque de la poética al respecto.

Se encuentra, en primer lugar, que el proyecto clásico organiza los usos y actividades programados mediante el tipo edificatorio, tal y como queda reflejado en los tratados sobre la arquitectura desde el renacimiento. A partir del neoclasicismo, como contrapartida, aparece una voluntad de fragmentación del programa. Las diversas funciones que se reúnen en una misma obra arquitectónica se descomponen, dando lugar a diagramas funcionales de análisis que, finalmente, derivan en el resultado formal del proyecto; ya que cada una de las misiones detectadas podrá manifestarse con diferente volumetría. Como consecuencia de ello, a lo largo del siglo XX han sido numerosas las escuelas y corrientes que han introducido el análisis del programa no solo como procedimiento metodológico, sino como expresión arquitectónica.

Introduciendo un salto temporal en este punto hasta nuestros días, se cree que una de las arquitecturas contemporáneas que mejor ejemplifican este modo analítico de abordar un proyecto es la de Gehry. Este arquitecto se aproxima al proyecto a través de la ruptura de la unidad. Esta fragmentación busca un análisis más libre y autónomo del programa, del que obtendrá elementos que, más adelante, vuelvan a constituir un cuerpo total. Encontramos un ejemplo de esta estrategia en la Loyola University Law School (Los Ángeles, 1978-84).

Gehry, bajo la sombra de la deconstrucción derridiana, sitúa el origen del proyecto en el "desmembramiento del programa": "Una casa se descompone, identificando usos con formas. Estar, cocinas, dormitorios, talleres, etc., se asocian con cubos, cilindros, pirámides, semiesferas..., que se convierten en elementos con los que construir" (Moneo, 2004). Fruto de este desmembramiento, surgirán formas geométricas abstractas con las que desarrollará su arquitectura una vez "se sometan a la acción del campo de fuerzas del medio en el que van a vivir".

Volvemos a la visión cronológica para situarnos en los albores del siglo XX.

Alejándonos de posiciones meramente utilitaristas, se puede afirmar que, por lo general, en el proyecto moderno lo funcional adquiere un

valor integrador. Y con "moderno" nos referimos a la arquitectura que
engrosa el movimiento moderno. Las relaciones de compatibilidad e
interacción –poéticas– deliberadamente buscadas a través del establecimiento del programa de usos y flujos o circulaciones van a verse
traducidas al espacio físico, proporcionando una unidad al conjunto
de la obra. Al respecto, Watkin apunta, en esta ocasión, que algunos representantes e historiadores han señalado al programa como
"'fuente de unidad' en la arquitectura del siglo XX".

Esta capacidad unificadora trasciende aún de forma más notable en
la arquitectura orgánica del siglo XX, en la que la función se convierte en condición y condicionante de la obra arquitectónica, de modo
que influye directamente en la evolución de la forma o, según Wright,
llega a identificarse con ella, en cierto modo. Una obra orgánica
asume que el proyecto ha de fundamentarse en los requerimientos
funcionales. Es de éstos de donde va a surgir la morfología natural de
la obra, en una concatenación de acontecimientos a partir de tensio-
nes y adaptaciones entre el programa y el campo. No obstante, este
protagonismo asumido por lo funcional, queda relegado a un segundo término una vez la obra es construida.

"El verdadero valor arquitectónico trasciende la función" escribe
Pina. La esencia antiartística de la arquitectura poética le proporciona un salvoconducto ante la necesidad histórica que trata de evitar la
finalidad en las obras de arte. El objeto de arquitectura se localiza, de
este modo, como una entidad que supera el uso estricto en pos de la
multifuncionalidad.

Una lectura contemporánea de esta multifuncionalidad son los
"edificios-masa" o "megaobjetos" de Koolhaas. Estas arquitecturas
son definidas por Montaner como edificios que se caracterizan por
"la planta y las secciones libres, por la superposición espacial y por
las múltiples conexiones interiores". De acuerdo a la defensa que
Koolhaas propugna de la cultura de la congestión –como inspirado-
ra y soporte de formas precisas de relación social–, esta solución
espacial plantea la estratificación vertical del programa, aunando
en un volumen total verticalidad y diversidad. En este sentido, este
arquitecto relaciona las acciones constructivistas con el rascacielos
de Manhattan: "Todo el potencial latente en el rascacielos como tipo

está explotado en el 'condensador social constructivista', como si se tratara de la pieza maestra de la cultura de la congestión, tal y como se ha materializado en Manhattan".

Esta arquitectura singular, constituida por fragmentos de naturaleza heterogénea, aparece como una postura de reacción ante la fragmentación y la dispersión del *zoning* urbano. En esta definición, es posible adivinar una referencia directa al Centre Georges Pompidou (Piano y Rogers, Paris, 1970-77) como megaestructura tecnológica de plantas libres interconectadas.

Koolhaas sostiene de forma programática que el espacio contemporáneo debe ser aditivo, basado en la yuxtaposición. El arquitecto holandés no ha llegado a materializar los ejemplos más radicales de esta idea –entre los que podemos recoger el proyecto del Zentrum für Kunst und Medientechnologie (Karlsruhe, 1989-92), el concurso de la Bibliothèque nationale de France (Paris, 1989) y el concurso de la Bibliothèque de Jussieu (1992)–, pero se piensa que es posible calificar de "edificio-masa" a la Seattle Public Library (2000-2004). No obstante, desde la década de los años 90 del siglo XX, también otro equipo de arquitectos ha continuado con esta línea de acción llevando la fragmentación y la disyunción al extremo: MvRdV. Proyectos como el Silodam (Amsterdam, 1995-2002) o el Pabellón de Holanda en la Exposición Universal de Hannover (2000) ejemplifican una arquitectura en la que no tiene por qué existir una correspondencia entre la tipología morfológica y el contenido; ya que existe una liberación a priori de los lazos establecidos entre forma, operativa y uso,[8] que persigue la construcción de objetos imprecisos y abiertos hacia la multifunción. Koolhaas (1995) propone dos citas que recogen su idea de la arquitectura a este respecto: "un máximo de programa y un mínimo de arquitectura" y "donde no hay nada todo es posible; donde hay arquitectura ninguna otra cosa puede ocurrir".

[8] En Montaner (2008, 167): "... estos juegos formales pretenden partir de una serie de mecanismos racionales y sistematizables, como el programa de ordenador llamado "El mezclador de funciones", promovido por Winny Mass para que, con la intervención de los proyectistas y de los futuros usuarios, puedan elegirse los factores proyectuales esenciales de partida y descubrir las formas diagramáticas que genera su combinación en el lugar del encargo".

Si se traslada esta multifunción a la escala urbanística, se encuentra con lo que Montaner denomina "complejos multifuncionales". En las propuestas más novedosas de tejido urbano polifuncional, confluyen "la mezcla de funciones, la superposición, la relación vivienda y trabajo, y las piezas urbanas densas y variadas".

Por último, y retornando, una vez más, al análisis cronológico, otras acciones van a traducir la funcionalidad expuesta en un fenómeno radical así denominado *funcionalismo* –o utilitarismo estricto, consecuencia del *racionalismo*. Así, Meyer afirmaba en 1928 que "all things in the world are a product of the formula, function x economics, so none of these are Works of art; all art is composition and hence unsuited to a particular end. All life is function and therefore not artistic, the idea of the composition of a dock is enough to make a cat laugh. But how is a town plan designed or a plan of a house? Composition or Function? Art or Life?". Esta visión, al tener como resultado la predeterminación formal del proyecto, va a generar un lastre insalvable e inadmisible por muchos, siendo rechazada por la corriente orgánica expuesta anteriormente: "El funcionalismo técnico solo tiene razón de ser si se extiende también al campo psicofísico. Es la única manera de humanizar la arquitectura" (Aalto, 1940).

Este panorama trae consigo el problema de la obsolescencia del uso. Edificios que habían sido proyectados con una finalidad programática concreta y única se tornan inadecuados con el paso del tiempo y la evolución en los modos de vida. Esta problemática se incrementa en edificios que son fruto de una funcionalidad que responde a parámetros técnicos y topológicos muy estrictos –como los espacios educativos y sanitarios.

El movimiento posmoderno aprovecha este hecho para desvincularse interesadamente de la realidad alegando una devaluación del uso. A este respecto, se recoge una cita de Vidler en la que esta afirmación queda patente, al tiempo que se muestran claras las diferentes posturas que separan lo moderno de lo posmoderno: "To think as a modernist, then, would be to think of history as an active and profoundly disturbing force; to take history on its own terms; realistically or idealistically to tangle with history and wrestle it into shape. It would be, indeed, to think historically. To think as a postmodernist, by contrast, would be to ignore everything that makes history history, and selectively to peak and choose whatever authorizing sign fits the moment. History is used and abused in postmodernism; it is feared and confronted in modernism". Por esta vía, no se pueden olvidar las figuras de Venturi o Rossi, convergentes en la postura posmoderna, aunque posean orígenes teóricos contrapuestos.

Rossi insiste en la condición atemporal de la arquitectura, lo que le lleva a una profunda indiferencia hacia lo funcional. Este hecho otorga a la forma arquitectónica valor en sí misma y elimina cualquier relación determinista entre forma y uso. Para Rossi, las referencias tipológicas se convierten en imágenes esenciales de lo que es una morada, un colegio, un hospital,... En esta noción de tipo, diferente de la que se daba en el mundo clásico, se percibe el origen de la arquitectura y la ciudad, y la tan ansiada continuidad temporal.

En otro hemisferio de la posmodernidad, Venturi adquiere, para la arquitectura, lo ambiguo a través de las visiones manieristas, en las que reconoce lo complejo y lo contradictorio. Así, por ejemplo, define el "both-and" –lo uno y lo otro– y lo extiende a través de todos los sistemas que componen su arquitectura, incluido el funcional.

Frente al marco histórico expuesto, para la poética, que intenta la superación de los valores posmodernos y relativistas, el uso aparece como una condición necesaria al proyecto arquitectónico. Necesaria, pero no suficiente, ya que deberá mantener una interacción interna y transversal –poética– con el resto de sistemas que consolidan una obra de arquitectura. Es decir, el sistema funcional poético o arquitectónico abarca mucho más allá del mero cumplimiento de las necesidades de un programa enunciado. La multiplicación, en la complejidad, de los sentidos del proyecto, se va a lograr a partir de su sinergia con el resto de sistemas.

LA MATERIA

"Arquitecto es un poeta que piensa y habla en construcción".

Atribuido a Perret

Material, construcción, materialidad, economía, técnica, son algunos de los reactivos con que se denomina el vértice materia entre los sistemas que integran un proyecto arquitectónico. Sáenz de Oíza definía la arquitectura como el "ensamblaje y conjunción de materiales diferentes para un fin vivencial". Por otro lado, la *firmitas* de Vitruvio tiene en cuenta todo lo necesario para la construcción y la materialización de un proyecto arquitectónico: el comportamiento físico de los materiales, su estabilidad y resistencia, la durabilidad,...

Es decir, con el sistema materia, nos referimos a todo aquello relativo a la materialización física de un proyecto arquitectónico. Desde las características fisicoquímicas propias de los materiales –mecánicas, acústicas, térmicas, dinámicas,...– hasta aquellas que definen la gestión y la economía de la obra arquitectónica –coste, disposición y montaje,... Desde las exigencias técnicas que toda construcción de una obra conlleva –que van a ligar de modo inevitable la arquitectura con la ciencia y la tecnología– hasta la vertiente económica que todo proyecto contiene y que persigue la optimización de esfuerzos y la correcta administración de recursos –principalmente constructivos.[9]

La obra de arquitectura es una construcción, una materialización del proyecto arquitectónico y, por lo tanto, dicho proyecto se encuentra, en todo momento, unido íntimamente a la realidad física que afecta al objeto material. A este respecto, la idea del sistema constructivo y la pertinente selección del material durante el proceso de proyecto es un punto primordial.

Estas decisiones, aunque su mayor desarrollo ocurre durante la última fase del proceso de proyecto –a lo largo del desarrollo constructivo–, deben estar presentes desde el comienzo del camino y formar parte de la operativa que conforma la totalidad del proyecto arquitectónico.

El sistema constructivo vela porque exista una correspondencia entre la técnica y el resto de vértices que conforman el proyecto para generar espacio mediante construcción. El espacio arquitectónico consciente surge, de esta manera, de la relación entre topología, morfología y materia, en un campo dado y con un programa definido.

Si se analiza el papel que la materia ha jugado –y juega– en la arquitectura repasando una hipotética línea del tiempo con el fin de dar una

---

[9] Buchanan (2000) en Framptom (2002): "The common building material with the least embodied energy is wood, with about 640 kilowatt-hours per ton... Hence the greenest building material is wood from sustainably-managed forests. Brick is the material with the next lowest amount of embodied energy, 4 times (4x) that of wood, then concrete (5x), plastic (6x), glass (14x), steel (24x) and aluminum (126x). A building with a high proportion of aluminum components can hardly be green when considered from the perspective of total life cycle costing, no matter how much energy it might save". Frampton señala, además, la naturaleza temporal de muchas construcciones; lo que agravaría el coste energético de las mismas.

visión general que pueda localizar el enfoque de la poética al respecto, se repasa que, desde el renacimiento de Brunelleschi, pero sobre todo a partir del siglo XVIII y afianzándose durante el siglo XIX, la arquitectura vive una ruptura entre aquellas corrientes que la consideran una actividad eminentemente intelectual (*cosa mentale*) –aquella del *episteme* o del conocimiento– y aquellas otras que entienden su relación directa con una materialización práctica ligada a un oficio (*Baukunst*) –aquella de la experiencia. No obstante, dicha escisión académica va a resultar imposible ya que el fin último de la arquitectura es la construcción física y material que necesita, por otra parte, de un conocimiento técnico. A este respecto, en el siglo XVIII, Lodoli, según Patetta, define la arquitectura de la siguiente manera: "es una ciencia intelectual y práctica dirigida a establecer con el raciocinio el buen uso y las proporciones de los artefactos, y con la experiencia, a conocer la naturaleza de los materiales que la componen".

Durante el siglo XIX, la materialidad de la arquitectura va a adquirir un papel preponderante, ya que se abren sendos debates en torno suyo: sobre el modo de usar los nuevos materiales, sobre el papel del ornamento –su necesidad, la legitimidad de la expresión–, sobre el papel de la arquitectura como representación o instrumento,... en definitiva, se reflexiona alrededor de la arquitectura y de su disposición artística y científica. Así, Loos apunta que la mayor parte de la arquitectura no es arte: "Does it follow that the house has nothing in common with art, and is architecture not to be included amongst the arts? This is so. Only a very small part of architecture belongs to art: the tomb and the monument. Everything else that fulfils a function is to be excluded from the domain of art".

La idoneidad de la decoración no había sido cuestionada con anterioridad; sin embargo, a partir de este siglo, comienza a aceptarse la veracidad constructiva como esencia de lo arquitectónico. De este modo, Kruft atribuye a Pugin (1812-1852) la siguiente afirmación: "En primer lugar, un edificio no debiera presentar características que no sean necesarias en base a la conveniencia, a la construcción o a la adecuación; en segundo lugar, todo ornamento ha de consistir en un enriquecimiento de la construcción esencial del edificio". A partir de ese momento, la utilización del ornamento va a ligarse al cumplimiento de ciertas condiciones y su uso será considerado desde diversas vertientes.

Pina describe que desde una componente económica, "el ornamento constituye un despilfarro, un gasto adicional y superfluo". Desde la componente ética, "se ve según una doble vertiente: por un lado, el aludido despilfarro supone un ejercicio de ostentación [...]; por otro, el ornato supone, en cierto modo, un enmascaramiento, una falta de verdad, una traición a la propia obra, cuando no un encubrimiento de incompetencias proyectuales". Desde la componente técnica, "el pensamiento deriva desde aquellos que niegan a los nuevos materiales la capacidad de expresión propia, por lo que quedan condenados a una utilización vergonzante para ser ocultados tras los materiales tradicionales, hasta los que, por el contrario, manifiestan su confianza en los nuevos materiales y se empeñan en la búsqueda de su genuina expresión". Por último, desde la componente funcional, "su utilidad viene determinada por su capacidad de imprimir o acentuar el carácter de la obra, eliminar la frialdad de la arquitectura, etc.". En este sentido, las limitaciones al uso de la decoración van a ser tan estrictas que aquella va a terminar por perder toda presencia en el movimiento moderno. A este respecto, en la arquitectura moderna se va a evitar la ocultación innecesaria de cualquier material –considerándose tal acto como una traición a la arquitectura de la obra–; de tal manera que la sinceridad del material va a ser un rasgo de modernidad calificado como virtud ética.

Es en esta época, al verse disminuida la presencia del elemento ornamental añadido, cuando la materialidad de la obra arquitectónica va a adquirir un papel principal; y quedarán unidas la claridad constructiva y la expresión del proyecto. Así, la elección de un material en las fases primeras del proyecto arquitectónico va a repercutir directamente sobre los demás sistemas arquitectónicos.

Fruto de la relación entre lo material y lo formal, y en comunión con los avances técnicos y tecnológicos, nacen tres corrientes arquitectónicas en épocas sucesivas: la arquitectura futurista a comienzos del siglo XX, el metabolismo japonés en los años 60 y la arquitectura high-tech en los 70.

La arquitectura futurista, que tiene al italiano Sant'Elia como precursor, es un movimiento que se apoya en temas relacionados con la vida moderna, la máquina y la velocidad; al tiempo que rechaza la estética del siglo XIX –revival, romántica y neoclásica. Los proyectos utópicos de este movimiento muestran el uso de los nuevos materiales industriales y de los recursos que la ciencia y la técnica están desarrollando. Sus características más relevantes quedan marcadas por la publicación del *Manifiesto de la arquitectura futurista* que el arquitecto italiano publica en 1914. En él, se combate el uso de materiales macizos, voluminosos, duraderos, anticuados, costosos..., mientras que se proclama la arquitectura futurista como "la arquitectura del cálculo, de la audacia temeraria y de la sencillez; la arquitectura del hormigón armado, del hierro, del cristal, del cartón, de la fibra textil y de todos los sustitutos de la madera, de la piedra y del ladrillo, que permiten obtener la máxima elasticidad y ligereza". Respecto al ornamento, éste se tacha de absurdo, de algo que se encuentra superpuesto al objeto de arquitectura. En este sentido, el arquitecto futurista se inspira en el mundo mecánico para formalizar la arquitectura y plantea la renovación constante del entorno arquitectónico, es decir, la caducidad del objeto y el ciclo eterno de fabricación.

Este ideario es reinterpretado por el grupo Archigram –formado por Cook, Chalk, Herron, Crompton, Webb y Greene– en los años 60 – que a su vez se relaciona con la nueva arquitectura que, a finales del siglo XX, utiliza la tecnología digital. Como evidencia de esta última corriente queda la exposición celebrada en London en el año 2006 "Ciudad del futuro: experimento y utopía en la arquitectura 1956-2006" con ejemplos como los proyectos de Hadid, la YCAT Yokohama City Air Terminal (obra de FOA, 2000-02) y el Museo Guggenheim de Bilbao (obra de Gehry, 1992-97).

El metabolismo japonés se funda en el año 1959. Arquitectos como Tange y Kurokawa van a proponer objetos caracterizados por las grandes escalas y las estructuras flexibles y extensibles con un crecimiento similar al orgánico; mientras que su experiencia va a relacionarse directamente con la acción fantasiosa futurista de la misma época del grupo Archigram. La corriente metabolista propone una arquitectura altamente industrializada y modular, en la que la tecnología llega al extremo de proyectar edificios y ciudades de ciencia ficción. No obstante, frente a la quimera futurista, la utopía japonesa va a poder concretarse en diversas actuaciones, como es el caso de la Nagakin Capsule Tower,[10] en Tokio, o el Habitat Montreal,[11] fuera del marco de Japón.

En tercer lugar, la arquitectura high-tech toma su nombre del libro *High-Tech: The Industrial Style and Source Book for the Home* (Kron y Slesin, 1978), en el que aparecen ejemplos de objetos construidos con materiales industrializados. Es una corriente que nace de los postulados del movimiento moderno, a los que se añade el uso principal de la innovación y la tecnología en la búsqueda de una nueva imagen. Es decir, su finalidad será avanzar hacia lo contemporáneo dejando siempre evidencia de la complejidad técnica que esto implica. La técnica adquiere, de esta manera, la categoría de expresión y estética; aunando tecnología e imagen. Como características principales de esta arquitectura se pueden señalar la exposición de componentes técnicos y funcionales en la construcción, la disposición ordenada de los elementos y la utilización de recursos prefabricados e industrializados.[12] Esta arquitectura utiliza los elementos técnicos para resolver, de forma unitaria, tanto la expresión como la funcionalidad del proyecto arquitectónico y sus problemas topológicos. Como inconveniente de estas obras aparece, no obstante, no solo el coste de construcción, sino también el que exige su mantenimiento. Por esta razón, a finales de los años 90, la arquitectura high-tech pasa a profundizar, también, en el uso de las energías renovables en los edificios y busca un nuevo compromiso con la denominación de arquitectura sostenible.[13]

En otro orden, el desarrollo tecnológico deriva, a lo largo del siglo XX y, de forma notable durante el siglo XXI, en una superación constante de los límites estructurales precedentes que imponían una servidumbre, precisamente estructural, al espacio. Este hecho da lugar a una mayor fluidez y permeabilidad de los espacios arquitectónicos. No obstante, esta posibilidad, que garantiza la materialización de cualquier forma dibujada, conlleva la necesidad de establecer una

[10] Obra de Kurokawa (1970-72).

[11] Obra de Safdie (1967).

[12] Tras la lectura de esta descripción, cabe pensar en el Centre Pompidou (Piano y Rogers, Paris, 1970-77) como ejemplo paradigmático de esta arquitectura.

[13] Véase la obra de Foster.

oportunidad que determine unos límites de equilibrio entre el espacio proyectado, la solución constructiva estructural que implica y la sostenibilidad global del campo y del proyecto arquitectónico. Con esta afirmación, nos referimos a que no solo se debe atender a una selección de materiales con origen y elaboración próximos, sino que también las soluciones técnicas propuestas han de ser proporcionadas a la disposición del proyecto y, además, éstas han de poder acometerse por el medio humano e industrial existente.

Por otro lado, también es a partir de la segunda mitad del siglo XX cuando comienzan a aparecer correspondencias directas entre corrientes filosóficas y estrategias arquitectónicas; y entre éstas y las denominadas nuevas ciencias sociales –sociología, psicología, antropología y economía. Es más, va a darse una relación de interés recíproca entre la arquitectura y la filosofía contemporáneas. En este sentido, Eisenman cita como "textos teóricos influyentes", alrededor del año 1968 –fecha de cambios en Europa–, los siguientes: *De la grammatologie* (Derrida, 1967), *Difference et repetition* (Deleuze, 1968) y *La société du spectacle* (Debord, 1967). Y es que, "cuanto más se moderniza el mundo, la filosofía se hace más inevitable" (Bürdek, 2005). Los cambios sociopolíticos y económicos, el propiciar alojamiento a las clases trabajadoras –que precisa el desarrollo de nuevas tipologías–, la aparición de nuevos materiales,... que trae consigo la modernidad van a obligar a la arquitectura a justificarse según los fundamentos ético-filosóficos y científico-técnicos de aquella modernidad. Y estas justificaciones se van a traducir en materializaciones concretas que tratarán la materia desde diversas perspectivas.

Frente al esquemático marco histórico expuesto, para la poética, la materialidad y la técnica aparecen como condiciones necesarias al proyecto arquitectónico. Se dice que la arquitectura es deficiente sin una ajustada técnica, del mismo modo que sólo con buena técnica, apenas se alcanza la arquitectura. Una construcción óptima contribuye a una mayor unidad espacial.

Así, la poética de la obra arquitectónica va a depender, también, de la unidad entre la construcción, lo funcional, lo topológico y lo formal. Desorden y multiplicidad de materiales para un mismo fin y/o soluciones técnicas contradictorias, van a tener como consecuencia –en la mayor parte de los objetos– la complicación y la no interacción. Y es que la fricción, para no incurrir en un aspecto que niega el proyecto, debe obedecer a razones conscientes.

Por último, apuntar que, en la actualidad, el cambio permanente que vive el mundo globalizado exige una actualización constante de aquellas cuestiones que afectan al desarrollo de una obra arquitectónica: el desarrollo tecnológico y los nuevos materiales, la protección del medio ambiente, el uso de energías renovables, los estados económicos y sociales,... y todo ello revisa, del mismo modo, la posición ante la materia. Aparece un adjetivo como característica necesaria del material de un proyecto arquitectónico: sostenible. Y se pueden enumerar materiales de "procedencia sostenible" –que evitan la utilización de materiales escasos y favorecen la cadena de reciclaje–, "producción sostenible" –con origen en procesos industriales poco contaminantes, que utilizan energías alternativas y renovables en la producción– e "impacto sostenible" –tanto en el contexto de origen como en el de actuación. Del mismo modo, queda la materia como elemento que también ha contraído un compromiso ético –ecológico y social– con el proyecto.

LA MORFOLOGÍA

Forma, envolvente, unidad compositiva, imagen, espacio-tiempo, son algunos de los términos con que se denomina el sistema morfología entre los que forman un proyecto arquitectónico. Se está ante una noción utilizada de muy diversas maneras, según quién. En la Hochschule für Gestaltung de Ulm, en la que en la época de Maldonado eran objetivos finales lo operativo y lo comunicativo del objeto industrial, el pintor y teórico argentino define lo "formal" del modo siguiente: "Industrial design is an activity whose ultimate aim is to determine the formal properties of the objects produced by industry. By "formal properties" is not meant the external features, but rather those structural and functional relations which convert an object into a coherent unity from the point of view of both the producer and the user".

Si ya se ha hecho referencia, al estudiar otros vértices del sistema arquitectónico, a la *firmitas* y a la *utilitas*, ahora se hace alusión a la *venustas*. Lo formal se encuentra en estrecha relación con el medio a través del intercambio informacional que se da con la obra en el lugar, de la interacción-fricción entre la expresión del objeto y lo que le rodea. La obra de arquitectura es forma construida.

Se distingue, además, entre lo formal "interno" y "externo". La forma interna u operativa interior del objeto arquitectónico es el tejido que constituye su hoja de ruta interna: la topología. Esta noción de la forma como operativa interna es posible encontrarla ya en la estética clásica de Aristóteles, cuando, en su *Metafísica*, se refiere a la forma como sustancia, como el componente necesario.

Por forma externa, nos referimos a la expresión, a la apariencia externa. Así, para no llevar a la confusión, se llama a este tipo de forma "imagen". Esta expresión de lo arquitectónico conlleva una connotación de significado como contenido funcional –e ideológico–, que a su vez, se asocia a una imagen material, una construcción con masa y volumen. En este sentido, la disposición ideológica de algunos objetos se convierte en reflejo de la cultura de su época. Así, Rowe piensa que sin un alzado o fachada un edificio pierde cualquier frontalidad y, por ello, también pierde cualquier "plano metafórico de intersección entre los ojos del observador y lo que uno llamaría el *alma* del edificio (su condición de actividad interna)".

Por lo tanto, tal y como señala Focillon, no se ha de confundir la noción de forma –forma interna– con la de imagen –forma externa– o, incluso, la de signo. La forma se relaciona con el mundo estructural; la imagen es un mecanismo de representación y comunicación que se impone al objeto mismo; el signo significa. Coincidimos, con Montaner, cuando afirma que, en tanto que los significados pueden agotarse, las estructuras formales permanecen; de manera que pueden renovar su sentido en la multifunción poética.

Este sistema arquitectónico resulta esencial para lograr la síntesis poética de una obra; puesto que, durante el proceso de proyecto, se va a buscar una sinergia integrada entre lo que el objeto de arquitectura va a ser, su contenido funcional y su valor de representación.

La forma es una manifestación del grado de consistencia entre los sistemas de una obra arquitectónica. En este sentido, durante el proceso de proyecto poético, dichos sistemas avanzan de modo paralelo, creando un proyecto consistente, consciente. Cuando esto no ocurre, y se privilegia uno de los sistemas en detrimento del resto sin una necesidad aparente, la obra se desequilibra y puede ver deteriorada su poética. Esto ocurre en el caso de aquellos objetos que trabajan alrededor de una imagen o forma previa; lo que se llama objetos formalistas. Entonces, el proyecto se ve sometido a los condicionantes que dicha idea supone.

Realizando, como se ha hecho con el resto de sistemas arquitectónicos en los puntos precedentes, un análisis del papel que la morfología ha jugado –y juega– en la arquitectura de forma panorámica e intentando comprender la evolución de la envolvente como expresión

–con la finalidad de poder tener una visión amplia que pueda localizar
el enfoque de la poética sobre este punto– se encuentran cuatro vías
de conexión posibles: en la relación entre la arquitectura y la ideología política y/o cultural –la evolución de la sociedad–, en la relación
entre la arquitectura y el arte, en la relación entre la arquitectura y las
teorías de pensamiento filosófico y en la relación con el avance y los
paradigmas científicos.

Entre estos vínculos, es el primero el que se puede considerar como
inherente a la arquitectura. Se trata del valor simbólico del objeto arquitectónico que, tal y como recuerda Capitel, hace que todo
edificio, por el hecho de poder ser percibido, se haya convertido,
"inevitablemente, en un objeto de representación". La idea de "architecture parlante" o "speaking architecture" aparece ya en Ledoux,
en su texto de 1804 *L'architecture considérée sous le rapport de l'art,
des moeurs et de la legislation*, cuando dice que "la forma de un cubo
es símbolo de inmutabilidad" o que "la forma de un cubo es símbolo de justicia" –en referencia a dos monumentos simbólicos, el
Panarèthéon y el Pacifère.

La obra de arquitectura, como forma construida y material que es,
posee la capacidad de identificación y significación. Se presenta
como masa identificable, como signo que puede leerse. Y, para ello,
alrededor de estas condiciones, Kaufmann va a postular la noción de
"autonomía" para la arquitectura: "the new concept of the autono-
mous treatment of the materials". Esta capacidad expresiva atribui-
da a la morfología del objeto de arquitectura es susceptible de ser
utilizada con muy diferentes propósitos. El modo poético de hacerlo
es logrando que la envolvente sea la imagen de la operativa interna
del proyecto, reflejo de una totalidad sinérgica y consciente. En este
caso, el vértice morfológico fortalece los lazos que aúnan los sistemas arquitectónicos de la obra. No obstante, existen, al menos, dos
planteamientos formales más: el artístico y el político.

Sobre el primero de ellos, se profundizará más adelante, en este mismo
punto, al hablar de la relación entre la arquitectura y las vanguardias
artísticas. Sobre el segundo, señalar que nada menos poético para la
arquitectura que la utilización de su morfología como imagen del poder
político y económico. Piénsese en el Monumento a Vittorio Emanuele II
en Roma, obra de Sacconi (1895-1927); los edificios de Speer, arquitecto

del Tercer Reich, en Alemania; o el proyecto ganador del concurso para el Palacio de los Soviets, de Iofan (1930). Esta arquitectura, que queda determinada por su dimensión simbólica, es la que Norberg-Schulz denomina "monumental".

A propósito de esta dimensión simbólica de la arquitectura, en la que el poder se representa mediante lo monumental, Bataille se expresa del siguiente modo: "In fact it is only the ideal soul of society, that which has authority to command and prohibit, that is expressed in architectural compositions properly speaking. Thus great monuments are erected like dykes, opposing the logic and majesty of authority against all disturbing elements: it is in the form of the cathedral or palace that Church or States speak to the multitude and impose silence on them. It is, in fact, obvious that monuments inspire social prudence and often even real fear. The taking of the Bastille is symbolic of the state of things: it is hard to explain this crowd movement other than by the animosity of the people against the monuments that are their real masters". Bataille se refiere al uso que las instituciones hacen de la disposición semiótica de la arquitectura.

Para continuar el análisis de la noción de forma arquitectónica, y dado el interés de esta investigación en el análisis de obras y proyectos contemporáneos, se centra el recorrido directamente en las acciones del siglo XX. Este período significa un cambio en la manera de enfrentar la morfología. Si hasta entonces había prevalecido la composición clásica de criterios académicos –que aunaban orden, proporción, simetría... en torno a un código de representación–; a partir de ese momento, la supresión de una ley compositiva de valor universal va a dar paso a la convivencia de corrientes arquitectónicas diversas–[14] cada una de las cuales va a desarrollar un lenguaje diferente.

Si se aborda, a continuación, la última de las interrelaciones planteadas, la relación entre la arquitectura y los avances de la ciencia, se pueden encontrar diversas líneas que han apoyado la formalización de sus proyectos en aquello que han revelado los resultados científicos del momento o las teorías de pensamiento más destacadas en una época concreta. Entre ellas, en primer lugar, se quiere señalar, por su relevancia en la historia de la arquitectura moderna, la corriente orgánica.

[14] De Stijl, Bauhaus, Constructivismo ruso...

Influido por la teoría darwinista de la evolución, el organicismo detecta la relación armónica entre forma y programa que se da en la naturaleza y traslada este modo de operar a la arquitectura. Se trata, por lo tanto, no solo de haber encontrado un catálogo formal que adaptar, sino, también, de tomar conciencia del mundo natural como estrategia operativa. Es decir, emplear una metodología empírica a la hora de proyectar, que se apoye en la acción para avanzar y evolucionar.

Esta manera de entender la concepción arquitectónica va a tener como consecuencia la aparición de ciertas condiciones metodológicas. Entre ellas, la arquitectura orgánica va a centrar su atención en la acción de lo autóctono y local, que valorará como modelos a tener en cuenta a la hora de proyectar –en el sentido de arquitecturas integradas y adaptadas a su medio.

Esta línea va a tener dos momentos álgidos y, en cada uno de ellos, es posible reconocer a un protagonista. El primero, previo al movimiento moderno, busca la unión de la naturaleza y la técnica en el objeto de arquitectura; la unidad orgánica entre el espacio y la estructura. Está principalmente representado por la figura de Wright. El arquitecto americano definía lo orgánico de la siguiente manera: "Orgánico significa intrínseco –en el sentido filosófico, *ente*– dondequiera que el todo sea a la parte lo que la parte es al todo y donde la naturaleza de los materiales, la naturaleza del propósito, la naturaleza de todo lo realizado, resulta evidente como una necesidad. De esa *naturaleza* surge el carácter que se puede dar a la construcción en una situación particular, como artista creador". Tras la Segunda Guerra Mundial, será Aalto quien continúe el desarrollo de esta vertiente arquitectónica.

En esta segunda etapa del organicismo, se van a gestar las acciones que supondrán el origen de la libertad formal imperante en las últimas décadas del siglo XX de la mano del pensamiento posmoderno. Por un lado, se encuentra en Alemania la práctica arquitectónica de Häring y de su discípulo, Scharoun. Es, sobre todo, este último quien se va a olvidar de toda convención arquitectónica académica y moderna –en el sentido de afín al movimiento moderno–; de modo que enfrenta la topología de sus proyectos a través de la expresión plástica, tanto naturalista como abstracta. Por otro lado, la Sydney Opera House[15]

[15] Obra de Utzon (1957-1973).

supone la ruptura de la interacción poética entre morfología y materia –como estructura resistente. Estas acciones confluirán, por fin, tal y como apunta Capitel, en "la permisividad formal y la 'ligereza' conceptual en el marco de la valoración autónoma de la forma en Venturi".

Otro acontecimiento científico que va a tener una respuesta directa en la formalización de la arquitectura va a ser el de las teorías de la relatividad –especial (1905) y general (1915)– de Einstein. Pina nos recuerda que, al introducirse la noción de espacio-tiempo, "el espacio –arquitectónico– no será ya entendido como algo estático e inmutable, sino como algo que es percibido de muy diferentes maneras en función de la posición –del observador–; un espacio que puede recorrerse ofreciéndose como algo cambiante". En este momento, aparecen, asociados a la morfología del proyecto arquitectónico, conceptos tales como el de "movimiento" –la *promenade architecturale*– o el de "permeabilidad" –la doble altura. Así, el movimiento moderno se va a caracterizar por la abstracción elemental y la ausencia de decoración, el espacio dinámico y la precisión técnica.[16]

A partir de ese momento, la arquitectura se muestra atenta a los nuevos conceptos de la ciencia moderna y, así, aparecerán distintos movimientos que, perdurando un tiempo mayor o menor, se van a inspirar en términos como "incertidumbre", "caos", "fractal",...

Volviendo a principios del siglo XX para profundizar en otra de las relaciones enunciadas, se reconoce que el cambio esencial en el paradigma científico de esta época va a influir, también, de modo notable en las vanguardias artísticas del momento y que éstas, a su vez, lo harán sobre la arquitectura –segunda de las relaciones enumeradas al principio de este punto. El cubismo, el neoplasticismo holandés, el constructivismo ruso,... van a servir de inspiración para nuevas representaciones del espacio. Las artes plásticas van a convertirse, en la modernidad, en modelo formal *quasi* directo para la arquitectura. Por todo ello, en la arquitectura moderna, frente a épocas precedentes, la morfología se inclina hacia la abstracción –huyendo de lo figurativo.

---

[16] Colquhoun señala, al respecto, el papel simbólico que las matemáticas juegan en los proyectos de Fuller y Le Corbusier. Y apunta que la diferencia entre ellos reside en que mientras que en las cúpulas del primero, la forma se identifica con las líneas de fuerza y la estructura define el volumen que encierra –la forma absorbida por el proceso técnico–; en los proyectos del segundo, las formas se han congelado en el espacio.

El espacio-tiempo diáfano, la espacialidad volumétrica, la volumetría
de figuras puras,... La formalización del proyecto va a entenderse,
sobre todo en las acciones de los arquitectos que también son artistas, como una extensión de las artes plásticas. Pongamos como ejemplo a El Lissitzky en Rusia o a Van Doesburg en Holanda.

Esta circunstancia específica de la modernidad, en la que lo artístico
y lo arquitectónico van a coincidir, tiene como consecuencia, con la
llegada de la posmodernidad en la segunda mitad del siglo XX, la ante-
posición de la expresividad artística –de una obra– frente al resto de
sistemas que conforman una arquitectura. Al respecto, el movimiento
posmoderno, que considera agotada la morfología moderna, promueve
la búsqueda de nuevos lenguajes y recursos formales para la arquitectura. Esta postura, en vez de conducir a un nuevo lenguaje arquitectónico posmoderno, independiza el vértice formal del resto de sistemas
esenciales de la arquitectura y lo descarga de dichos condicionantes.

Utilizando un término poco científico, se diría que el proceso de formalización del objeto arquitectónico se torna, entonces, arbitrario y que utiliza los recursos expresivos propios de lo artístico. La envolvente del edificio deja de sintetizar y ser reflejo de la operativa interna del proyecto y
adquiere un grado máximo de representación y autonomía que responde
al contexto cultural. Se convierte, así, en un signo, en un icono.

En los casos en los que el vértice morfológico adquiere un grado tal
de supremacía dentro del proyecto que juega en detrimento de la finalidad de la obra, su poética, su poética arquitectónica, se ve reducida.
Un caso específico es el de la metáfora directa. Al respecto, se recogen las palabras de Pina: "La metáfora, tal y como hoy se entiende, es
la negación de la especificidad de la arquitectura en la medida en que
ésta busca sus pretextos fuera de la propia disciplina. Lo metafórico
abre la vía de la falsificación y, con frecuencia, a la falsedad del simu-
lacro se une la falsedad geométrica, estructural y constructiva".

Las teorías de pensamiento filosófico de este mismo período van a
servir de apoyo y estandarte para la justificación de los planteamientos
de la arquitectura posmoderna[17] –tercera de las relaciones citadas. De
hecho, una de las características de la posmodernidad es, de acuerdo

[17] Al respecto, autores como Deleuze, Baudrillard, Lyotard, Lacan, Foucault, Vattimo, Derrida,...
entre otros.

con la estrategia relativista, que legitima cualquier posición. Esta estrategia proyectiva, más artística que poética, llega hasta la actualidad.

No obstante, no se deben olvidar otros condicionantes de la época que también van a influir de manera decisiva en el desarrollo morfológico de la arquitectura contemporánea: la necesidad higienista y el desarrollo de las técnicas –la máquina y el hormigón, la ingeniería y la construcción.[18]

Precisamente de acuerdo a la relación entre la morfología arquitectónica y las nuevas tecnologías, encontramos la noción de "aformal". Es Banham quien, en su texto *The New Brutalism*, se refiere a un nuevo modo de expresión de la arquitectura basado en los avances tecnológicos. Es el análisis de las acciones del grupo Archigram el que le inspira para definir la imagen de un edificio como "aquello que visto, afecta las emociones". Es decir, un objeto de arquitectura no precisa de su morfología como representación –en el sentido tradicional– para resultar representativo en lo conceptual. Como ejemplo de esta interpretación, Banham señala el proyecto Golden Lane[19] en London; ya que en él observa "una imagen visual coherente con significados no-formales", que se apoya en una circulación visible, la relación entre el interior y el exterior y en unidades de habitación identificables. El crítico inglés califica el "aformalismo" como una fuerza positiva de composición y la compara con los trabajos de Burri o Pollock.

Por último, en el marco actual, en el que conviven un gran número de corrientes formales,[20] se quiere destacar aquella impulsada por Eisenman

---

[18] Atribuido a Muthesius por Kruft (1985): "Quizás en aquel momento aún no se vislumbraba que la consecución de la mera finalidad, por sí misma no crea una forma grata a la vista, que para ello es incluso necesario que participen otras fuerzas, aunque estas lo hagan de forma inconsciente. En cualquier caso, entre las obras de los ingenieros fueron sobre todo las máquinas las que se desarrollaron en el sentido de un estilo puro, y a comienzos del siglo en curso –*siglo XX*– éste se hallaba tan bien formado que comenzó a resultar habitual admirar la belleza de la máquina y reconocer en ella la manifestación más propia de la creación de un estilo moderno".

[19] Obra de los Smithson (1952).

[20] Se interpreta, al respecto, la clasificación propuesta por Montaner (2002): *organicismo, expresionismo, surrealismo, formas oníricas, abstracción, racionalismo, arquitectura high-tech, realismo humanista y existencial, la mímesis, formas de la contradicción, formas de la ambigüedad, posmodernismo, neohistoricismo antiurbano, consumismo metropolitano, formas de la acción crítica, formas de la permanencia tipológica, minimalismo, collage y superposición, arquitecturas del caos, formas de la luz y la desmaterialización, aformalismo...*

que ha bautizado como *nuevo formalismo*. Esta nueva línea encuentra una idea distinta del valor autónomo de la obra de arquitectura. Eisenman afirma que, en el contexto actual, se debe diferenciar entre lo formal y lo formalista. Mientras que lo primero tendría un valor interno, lo segundo se referiría a una retórica vacía para la creación arbitraria de formas. En este sentido, cualquier morfología generada desde una operativa interna –como parte de un sistema total–, podría considerarse autónoma e independiente de las imposiciones de los mercados o de la sociedad: "Both the lack of ideological commitment and the internally determined meanings link this new formalism with an idea of autonomy". Se encuentra, en estas palabras, una intención poética a tener en cuenta.

EL CAMPO

Contexto, ambiente, lugar, ecología, medio territorial y social, medio geográfico e histórico, medio físico, técnico, paisaje, son algunos de los reactivos que definen el vértice campo entre los sistemas que conforman un proyecto arquitectónico. Es, por tanto, un concepto complejo, cuyo equilibrio modifica cualquier proyecto. Incluir el sistema campo hace que el método de crítica tenga en cuenta la estrategia del proyecto, su arranque, que debe incluir la condición de la realidad que lo rodea –a través de un análisis poético del contexto, en el que también caben los sentidos, la incertidumbre, la aprehensión de las necesidades de las personas,... Un proyecto arquitectónico ha de integrarse en el mundo exterior: encuentra su sentido final en el contexto físico y socioeconómico que lo contiene –del que busca su mejora y trasformación. Y se dice que busca una mejora porque esa nueva arquitectura que aparecerá en un lugar concreto será, también, responsable de las consecuencias que su presencia tenga para el campo en el que se ha situado.[21] Es por esto que leer en este tejido

[21] En este sentido, el proyecto arquitectónico habrá de tener en cuenta también su propio impacto ambiental –los efectos que acarreará sobre el subsuelo, la topografía, la vegetación–, que será consecuencia, entre otros, del modo en que se inserte en el medio natural o urbano, de si se van a utilizar durante el proceso de construcción materiales obtenidos a partir de procesos industriales muy contaminantes o, por el contrario, se va a recurrir a aquellos que permiten un reciclaje, de la posibilidad de utilización de energías alternativas para su uso, etc.

la voluntad propia de dicho lugar —soportado por las vías de comunicación, las pendientes, los accidentes geográficos, la orientación, el carácter histórico, el contexto social y urbano,...— se convierte en condición necesaria de un proyecto arquitectónico poético. Y es que, como concluye Ferrater, el "contexto" de algo constituye una estructura, una operativa, de entidades sin la que ese algo sería ininteligible. Es decir, del mismo modo que la condición de necesidad que contiene todo proyecto arquitectónico abarca un conjunto de condiciones internas —en cuanto a conceptos como la unidad, el orden o la topología—, conlleva también aquello relativo a las condiciones exteriores —tanto físicas, como de índole social.

Una construcción arquitectónica es siempre, por lo tanto, una acción contextualizada. Pertenecer a un contexto, a un lugar, a un campo, es condición intrínseca de la arquitectura y el conocimiento de esta carga de condicionantes de la forma más amplia y profunda posible resulta, a su vez, indispensable para el desarrollo del proceso de proyecto.

El campo es un todo y, al mismo tiempo, se compone de fragmentos de muy diversa índole –como ya han sido enumerados en párrafos anteriores. Este hecho da lugar a que, aunque el contexto se perciba de forma integral –compleja– por un observador, el conocimiento que pueda derivarse de él debe atender al análisis de las particiones unitarias. No obstante, además de la analítica, existe un segundo modo de acercarse al lugar; lo que se denomina como "lectura sintética" o sensible. Este acercamiento está altamente ligado a la sensibilidad del observador y, por lo tanto, de él no resulta el conocimiento, sino una valoración selectiva e intuitiva de la realidad. Constituye una aproximación fenomenológica, a la manera de Bachelard, aquello que Norberg-Schulz llama *genius loci* o espíritu del lugar.

Pina denomina a esta lectura "lectura poética"; sin embargo, discrepamos a propósito de esta nominación, puesto que la descripción de disposición subjetiva que este tipo de interpretación proporciona se contradice frontalmente con aquello que se ha dispuesto en el primer capítulo como intrínseco al concepto de poética y de poética arquitectónica. Se puntualiza, entonces, que si bien es cierto que en la "lectura sintética" el observador "produce una visión de la realidad formalmente distinta de la que resulta de su estudio objetivo", tan solo constituye un complemento de la lectura analítica. Va a ser después, cuando dicho observador cruce los resultados obtenidos por ambos tipos de lectura, cuando podrá llegar a percibir "los rasgos de caracterización esenciales del contexto" al tiempo que podrá poner "de manifiesto relaciones existentes" entre estos rasgos. Es decir, que es la suma de las dos vías de estudio –la analítica y la sintética– la que va a llevar hasta la comprensión poética del campo y a la que puede llamarse –ahora sí– "lectura poética".

En un segundo orden, cabe señalar que cada uno de los fragmentos que componen el campo complejo va a ejercer una influencia con un peso específico diferente sobre el proyecto arquitectónico; y que este peso variará en función de las finalidades y necesidades que cada proyecto persiga, de su condición previa.[22] A lo largo del tiempo, la arquitectura ha ido variando este "sistema de valores", obteniendo resultados diversos. Se analizarán estas perspectivas de forma breve

[22] Pónganse como ejemplo las diferentes necesidades de temperatura e iluminación que tienen una vivienda unifamiliar y un museo –incluso ante un mismo contexto climático.

y cronológica, con el fin de dar una visión general que pueda situar la posición de la poética en este sentido.

El estudio del campo es un tema que aparece desde los primeros tratados de la arquitectura: *Los diez Libros de Arquitectura* (Vitruvio, 27-23 a. C.), *De re aedificatoria* (Alberti, 1452) o los textos de Durand a principios del siglo XIX.

Con la llegada del siglo XX, se da una ruptura radical en la relación de la arquitectura con el contexto. Debido al descrédito de lo figurativo sobre lo abstracto y al desprecio hacia la ciudad histórica que las vanguardias profesan, lo arquitectónico toma distancia respecto de las condiciones exteriores que forman el campo en el que se localiza y deja a un lado las referencias del lugar para centrarse en sí mismo. Según avanza el siglo, con posterioridad a la Segunda Guerra Mundial, en lo que se ha asumido como crisis del movimiento moderno, esta concepción cambia. A raíz de la nueva y compleja –al tiempo que complicada– realidad social que los conflictos bélicos dejan tras de sí, se recupera la necesidad de tomar conciencia frente a las condiciones que el contexto plantea. Los textos teóricos que se publican en esta época[23] retoman de forma ferviente el método de análisis analítico del contexto e incluyen nuevas perspectivas sectoriales como son la antropológica, la económica y la sociológica. La complejidad que adquiere el análisis y conocimiento del campo tiene como consecuencia la aparición de varias propuestas metodológicas, como por ejemplo la de Tedeschi –que reorganiza lo contextual en tres grandes bloques: localización, tipología y técnica-economía.

Un caso extremo de esta visión analítica es la arquitectura de Rossi. Los proyectos de este arquitecto persiguen la distancia a través de una teoría de la arquitectura cercana a una doctrina metodológica. Para este arquitecto, como lee Moneo, "ver de qué modo la arquitectura puede romper con el tradicional encadenamiento a lo artístico para convertirse en una ciencia positiva al servicio de una sociedad más consciente y responsable" se convierte en finalidad necesaria. Con este propósito, Rossi identifica la ciudad como el territorio –medio, contexto, lugar– propio de la arquitectura. De este modo, su texto principal trata de "explorar cómo se ha construido, cuáles son

[23] *Space, Time and Architecture: The Growth of a New Tradition* (Giedion, 1941) o *Theory and Design in the First Machine Age* (Banham, 1960).

los principios que han guiado su desarrollo y de qué modo se han ido formando las distintas áreas y barrios que componen" la ciudad.

Como contrapunto a la visión científica que estas metodologías proponen, en la misma época, la arquitectura orgánica, con una manera de entender la arquitectura compleja y empirista, pone en relación directa el campo con el programa y la forma, de manera que todos los sistemas quedan ligados en un organismo unitario que no tiene una formalización estricta a priori.

Entre los arquitectos contemporáneos, es posible tomar a Siza como ejemplo de esta forma de acercarse al campo. Este arquitecto portugués centra su atención en lo fenoménico del lugar, ligándolo a lo que considera esencial en la arquitectura, a su realidad: el paisaje, los materiales, los sistemas de construcción, los usos, las gentes que ocuparán lo construido.

Con un punto de vista absolutamente opuesto al de Siza, el primer Eisenman defiende la neutralidad del espacio sobre el que proyecta una arquitectura que pretende ser abstracta, sin referencia alguna al medio que la rodea, no contaminada por él.[24]

Una vez expuesto el marco histórico, se dirá que, para la poética, el contexto aparece como una condición propia del proyecto arquitectónico. Una condición que deberá mantener una interacción poética, una interacción interna y transversal, con el resto de vértices que consolidan una obra de arquitectura. Por otro lado, es el sistema que relaciona a la arquitectura con su finalidad externa, con su compromiso con la sociedad. En este sentido, la arquitectura poética como aquella que fomenta un desarrollo sostenible para las necesidades de las personas, para el desarrollo a escala humana. Su aprehensión será mayor cuanto más profundo sea el conocimiento de los vínculos existentes entre los distintos parámetros y variables heterogéneas que lo componen. Como "sistema de valores" del campo, la poética subrayará la sencillez y la austeridad frente a la complicación, el despilfarro o la ostentación; la funcionalidad frente a la inutilidad; lo público frente a la ocupación privada y la protección del medio ambiente frente a su degradación y deterioro.

[24] Ejemplo de esta posición es la serie de once casas que este arquitecto proyecta entre 1968 y 1978 y a las que numera siguiendo el orden en el que se construyen.

LAS INTERACCIONES POÉTICAS

LA ESENCIA SINÉRGICA DE LO POÉTICO

En el capítulo anterior se ha profundizado en cinco sistemas arquitectónicos. Se ha visto que cada uno de ellos entraña una gran complejidad. Por otro lado, proponemos una crítica del proceso que actúa en paralelo al proceso proyectivo, a la misma velocidad que el proyecto arquitectónico se desarrolla. En este sentido, necesitamos aunar complejidad y viabilidad. Para ello, la crítica del proceso propone una acción de profundización en las interacciones entre cada pareja de sistemas. Es decir, plantea categorías de análisis a través de comparaciones binarias. De este modo, se extraen de dicha complejidad momentos que sean muestra de la sinergia –o de la fricción– entre dos sistemas concretos en un momento dado. Y así, en el análisis de los puntos de fricción, la crítica del proceso ofrece al proyecto oportunidades. Oportunidades de reflexión, de ser consciente, de crecer en sostenibilidad.

Uno de los rasgos que caracteriza lo poético es la auto-referencia y la sinergia entre sus elementos, estructuras y sistemas. Si se relaciona esta sinergia con la idea de coherencia y se toma la definición de esta categoría, en general, coherente es lo compatible, aquello que expresa conformidad ante una oportunidad. Y específicamente, el término coherencia se utiliza para hablar de la "teoría de la verdad como coherencia", en la que "una proposición es verdadera o falsa según si es o no compatible con un sistema dado de proposiciones".[1]

Por otro lado, repasando brevemente las posturas más relevantes sobre este punto, por ejemplo, Bajtin señala la operativa de una obra –para él "construcción arquitectónica"– como el lugar en el que el material, la forma y el contenido componen un conjunto solidario y lleno de coherencia interna. Dentro de la poesía, también Sartre busca concretar la interrelación entre significante y significado; poder conformar una imagen de esta cohesión. Esta condición de coherencia interna entre *utilitas*, *firmitas* y *venustas*, esa construcción activa y auto-referente, define y diferencia a una obra poética frente a otra de voluntad artística. En este sentido, se encuentran referencias

---

[1] En Ferrater (1969), entrada "coherencia".

ya en Alberti cuando alerta sobre la disposición unitaria y sinérgica de una obra arquitectónica: "El modo de realizar una construcción consiste en obtener de diversos materiales, dispuestos en cierto orden y conjugados con arte, una estructura compacta y –en los límites de lo posible– íntegra y unitaria. Se dirá que es íntegro y unitario aquel conjunto que no contenga partes escindidas o separadas de las demás o fuera de su sitio, sino que toda la extensión de sus líneas demuestre coherencia y necesidad. Es preciso por tanto averiguar, en la estructura, cuáles son sus partes fundamentales, cuál su ordenamiento y cuáles las líneas de que se compone". También Seguí se pronuncia de la misma manera y recuerda que el proceso de proyecto no cesa en sus tanteos y modificaciones sucesivos hasta que alcanza "una configuración coherente con los significados arrastrados en el conjunto de las acciones cometidas". Algo que resume Pina como "la integridad del concepto, unidad y orden"; esto es, el proyecto intenso y consistente, fundamentalmente basado en una condición de necesidad y coherencia.

Estas reflexiones conducen a proponer como *praxis* de la acción crítica el ejercicio de puesta en cuestión de unas supuestas relaciones de coherencia, de esencia sinérgica, entre los sistemas arquitectónicos que conforman un proyecto. Esto es, definimos unas categorías de análisis que llamamos *interacciones poéticas* para detectar puntos de fricción entre dos sistemas dados.[2] Añadiendo, además, que dicha acción ha de realizarse en cada una de las fases de desarrollo del proyecto y sobre las distintas escalas que se abordan. Esto es, tratando de crecer mediante la actitud crítica sobre hechos provisionales.

Para denominar estas actuaciones, hemos partido de la expresión acuñada por Quaroni para designar a la "estructura" final de un proyecto arquitectónico –el "sistema de coherencias internas"–, pero

---

[2] Se puede encontrar una llamada de atención sobre la necesidad de un proceso análogo de revisión en Quaroni (1977, 50), cuando afirma que "el proceso de la proyectación arquitectónica procede esencialmente con operaciones de selección que interesan a una de las tres estructuras-parámetro (firmitas, utilitas y venustas o técnica, funcional y formal), a las que sigue la verificación de la congruencia de la elección hecha respecto a lo ya elaborado en los otros dos parámetros". Coincidimos con el italiano tanto en la esencia sinérgica y unitaria de un proyecto –calificado como *poético*–, como en la necesidad de realizar una acción crítica que revise la relación entre los vértices arquitectónicos –ya por pares, ya con la totalidad.

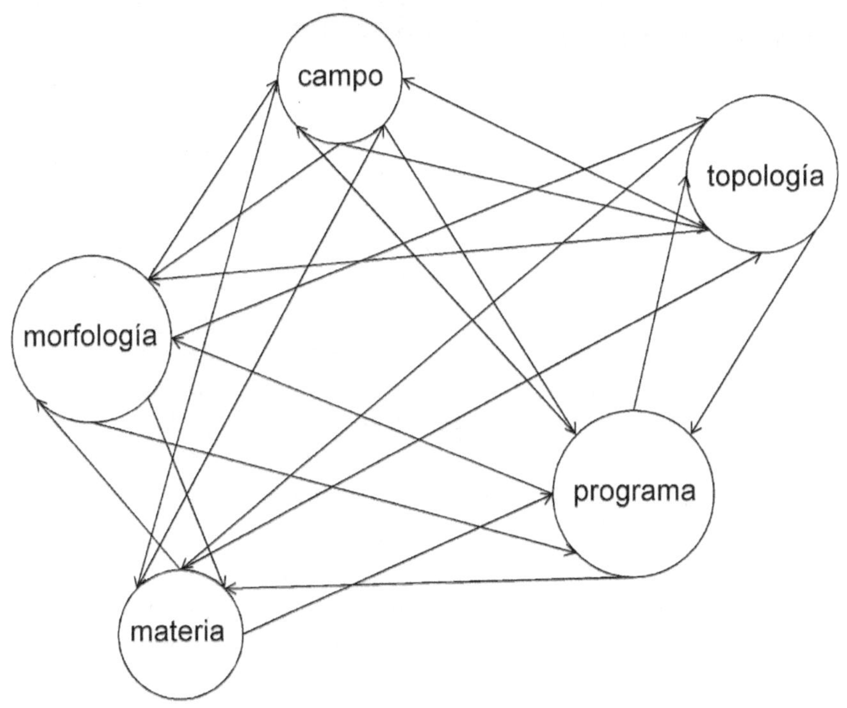

con ciertas matizaciones. Por un lado, este trabajo se distingue de Quaroni en que no se aplica el instrumento propuesto sobre estructuras finales, por lo que se cree oportuno sustituir el término de disposición conclusa "sistema" por el de disposición activa "interacción". Por otro lado, se piensa, además, que el término "poética" es más amplio que el de "coherencia" –mayoritariamente utilizado en la teoría del proyecto–, ya que en él se condensa una entidad de mayor complejidad que reúne, además del concepto de "coherencia", el de "arquitectura", "auto-referencia", "proceso", "finalidad externa"... De este modo, se opta por la terminología "interacción poética" para designar la crítica binaria entre sistemas.

Sobre estas comparaciones binarias, dos cuestiones a aclarar. En primer lugar, la acción analítica de la crítica del proceso se da entre cada sistema y el resto, en una doble dirección –o mejor dicho, sentido– A-B/B-A, que da lugar a veinte categorías de análisis. En este sentido, la crítica poética difiere de otras acciones y propuestas metodológicas en el modo de aproximación al objeto de estudio. Por ejemplo, del método Eberle,[3] que propone un acercamiento mediante la adición de los citados vértices de manera progresiva, hasta quedar todos reunidos; o de Pina,[4] que no contempla la bidireccionalidad entre sistemas. ¿Por qué se propone una acción de doble sentido? Porque cada sentido hace referencia a interacciones diferentes. Pongamos un ejemplo. El caso de los sistemas materia y programa. No es lo mismo hablar del "aspecto funcional del material" –interacción programa/materia– que del "aspecto material de la función" –interacción materia/programa. La primera relación se refiere a la compatibilidad –existente o no– entre los materiales y la construcción y el uso que en un proyecto dado se hace de los mismos; mientras que la segunda estudia la adecuación de los materiales y la construcción al programa específico enunciado para un proyecto.

En segundo lugar, se toma el proceso de proyecto siempre contextualizado. Esto es primordial por la disposición poética que se ha definido para la arquitectura, por su disposición transitiva. No obstante, para poder acometer la acción crítica, se somete al objeto de estudio a un aislamiento fenomenológico provisional. Es decir, se aísla el proyecto arquitectónico en un estado de *epojé* –a la manera de Husserl–, en un paréntesis provisional que nos permite mirar la cosa en sí. Este paréntesis produce una oportunidad para la reflexión. Volvemos a incidir en la importancia de la detección de puntos de fricción como oportunidad, más allá del señalamiento. En todo caso, para afrontar esta situación de oportunidad hay que volver a la visión de la complejidad, de la totalidad del proyecto arquitectónico.

Para explicar cada interacción, cada una de las veinte categorías de análisis resultantes del cruce entre cada sistema –de los cinco

[3] El método propuesto por Eberle (2007) y aplicado por Olmos en su tesis "Vivencias y Divisiones: El Gimnasio Maravillas de Alejandro de la Sota" (2010). Los nueve estados quedan definidos así: lugar, estructura, lugar/estructura, envolvente, lugar/estructura/envolvente, programa, lugar/estructura/envolvente/programa, materialidad, lugar/estructura/envolvente/programa/materialidad.

[4] En Pina se definen diez estados: relación contexto/función; relación contexto/forma; relación contexto/dimensión; relación contexto/construcción; relación función/forma; relación función/dimensión; relación función/construcción; relación forma/dimensión; relación forma/construcción; relación dimensión/construcción.

estudiados– y el resto, se ha creado un registro de ejemplos. Y subrayamos la idea de ejemplo, puesto que no se trata de una muestra de
casos de estudio. El objetivo de la casuística que se presenta a continuación es ilustrativo, al modo de los manuales de literatura cuando
nos presentan, pongamos por caso, un ejemplo de metáfora. Con esa
finalidad se ha tomado un criterio de selección que reúne ejemplos
de objetos conocidos –no necesariamente en proceso– que evitan la
necesidad de una explicación extensa que describa la complejidad de
cada caso. Se ha tomado la decisión de realizar esta clasificación con
el fin de hacer aprehensible y abordable la comprensión y aplicación
del instrumento que se propone; aunque la acción, en la práctica,
entrañe una mayor complejidad.

TIPOS DE INTERACCIONES DESDE LA TOPOLOGÍA

TOPOLOGÍA/PROGRAMA

La correspondencia entre el orden espacial y el programa que el proyecto arquitectónico desarrolla, en la interacción poética entre topología y programa, se refleja en cada aspecto del mismo; por lo que su
puesta en cuestión, mediante la crítica del proceso, será continuada
con el fin de velar por el aspecto topológico de la función durante
todo el proceso proyectivo. A este respecto, se van a estudiar conceptos diversos –escala, proporción, límite, estructura, geometría,
orden,...– desde la propia naturaleza del programa enunciado.

Se comienza por la cuestión escalar. La acción crítica estudia, en este
caso, la compatibilidad y correspondencia entre el programa enunciado y la escala que el proyecto le ha adjudicado. Las condiciones
inherentes a un uso concreto resultan, en la mayoría de los casos,
definitivas para que esta interacción sea poética. La organización
programática estricta de un servicio sanitario o judicial, por ejemplo, –con una jerarquía de circulaciones y espacios exhaustivamente
normalizada– precisa de una escala equilibrada y ajustada a dichos
términos para lograr un funcionamiento eficiente. En cambio, un
equipamiento público de disposición lúdica o cultural es susceptible
de atender amplias variaciones –de uso, intensidad y capacidad–,

por lo que la definición de su escala varía en interacción directa con
el campo. Las características funcionales también limitan la escala
de un equipamiento deportivo o educativo, y hasta la de una vivienda
–sea ésta unifamiliar o colectiva. La acción crítica cobra vital importancia sobre aquellos planes urbanísticos que deterioran la escala
urbana haciéndola inabarcable para el peatón –véanse los Proyectos
de Actuación Urbanísticos madrileños de San Chinarro, Las Tablas,
Vallecas o Carabanchel, en los que la originalidad expresiva de los
proyectos de vivienda no logran dar cohesión a nuevas vecindades
poco densas y topológicamente hiper-escaladas.

Se continúa con el análisis de la interacción entre la proporción y el
programa. Estudiando si la proporción geométrica de los espacios
creados es adecuada a la función prevista. Así, por ejemplo, resultan
a priori inconvenientes las proporciones de una sala de conciertos
acústicamente deficiente o una sala de exposiciones sin altura suficiente. Estos puntos de fricción se detectan con rapidez, por lo llamativo de su incongruencia funcional. Del mismo modo, se trata, gene-
ralmente, de fricciones subsanables en proyecto una vez señalados.

Mucho más complicadas de resolver son aquellas rupturas que pueden existir entre la operativa interna del proyecto y su programa. La
topología ha de ser un reflejo claro –aunque complejo– del programa
funcional. Incluso en aquellos objetos en los que el uso solo se ha
esbozado –volumen contenedor–, siempre van a existir indicios que el
proyecto ha de leer de cara a ser consecuente con su operativa interna.

En este sentido, el programa debe trascender aquellas topologías
que, aun contando con gran expresividad espacial, no obstante, dificultan, entorpecen o ralentizan su desarrollo. En estas ocasiones,
la topología del proyecto arquitectónico suele estar formada por un
sistema compacto y global que afecta a todas las dimensiones del
proyecto y que se muestra en todos los documentos técnicos –plantas, alzados, secciones,... Del mismo modo, dicha topología suele
desarrollarse a partir de formas geométricas claramente identificables. Tal es el caso de las Viviendas ISM,[5] en Barcelona, en las que el
impacto que la línea oblicua ejerce sobre el volumen exterior traspasa

[5] Obra de Coderch (1951).

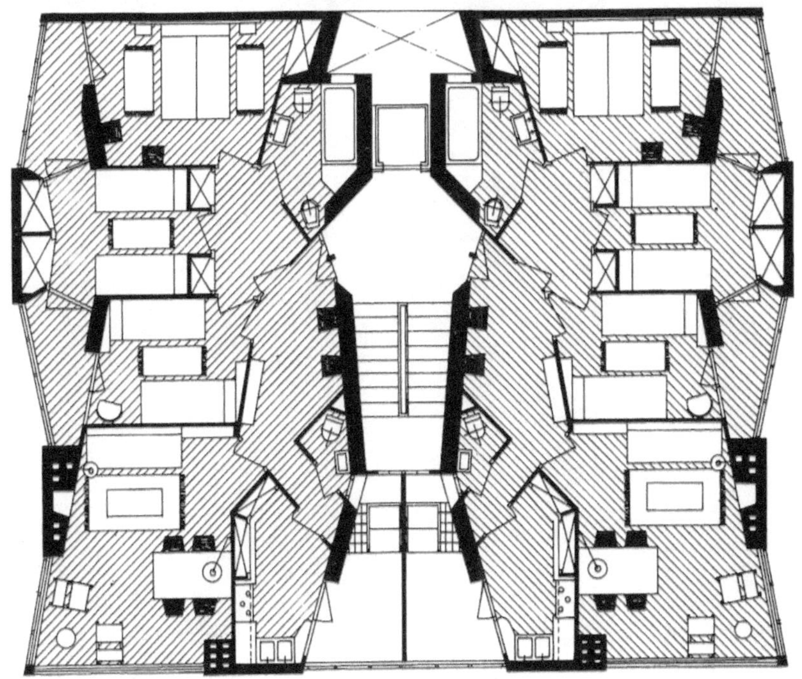

Viviendas ISM. Planta tipo.

físicamente la envolvente y trata de definir la naturaleza topológica de los espacios interiores. La geometría de ángulos agudos y obtusos de los alzados queda reflejada directamente en la planta de la vivienda. No obstante, en este ejemplo, como consecuencia de esta topología total, la distribución geométrica resulta disfuncional. Véase el amueblamiento tipo que ha de darse en los dormitorios secundarios, en los que la cabecera de la cama ha de situarse separada de la pared por no ser aquella ortogonal.

Una situación semejante se da en el Ayuntamiento de Lalín,[6] en Pontevedra. En este caso, la figura circular –en planta– y su extrusión

[6] Obra de Moreno y Tuñón (2004-08).

Ayuntamiento de Lalín. Croquis.

cilíndrica –en alzado y sección– configuran topológicamente el proyecto de manera unitaria, total y global. La estructura única se utiliza para proyectar tanto los espacios interiores como los exteriores. Esta topología –que, quizás, favorece el funcionamiento de ciertos espacios–, produce una fricción en la interacción poética entre la topología y el programa al crearse, en cierta proporción, otros menos funcionales. Al utilizar la figura circular –o sectores de la misma– para conformar cada uno de los espacios que el programa enuncia, se crean, al mismo tiempo, intersticios entre estas figuras. Algunos de ellos van a ser ocupados por las circulaciones; pero no la totalidad de los mismos. En un edificio de disposición pública e institucional, una parte del espacio aparece como espacio sin aprovechamiento. Factor que afecta directamente a la economía del proyecto; puesto que la estrategia topológica utilizada da lugar a que no sea posible la optimización de cada uno de los usos.

Por último, con la crítica poética, se pondrá especial cuidado al analizar la interacción entre la topología y el programa en aquellos proyectos que desarrollan vías de investigación sobre geometrías no euclidianas, que generan espacios de gran complejidad. Eisenman

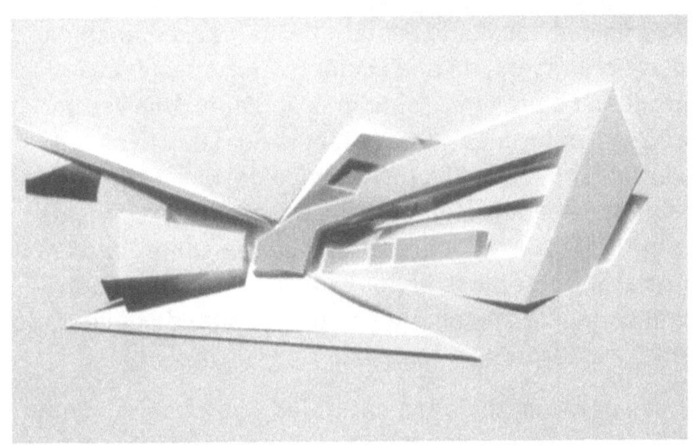

Estación de bomberos Vitra. Documento de proyecto.

denomina "estructuras profundas" a "la frontalidad, la oblicuidad, el retranqueo, el alargamiento, la compresión, el deslizamiento". También, la "interpenetración, la distorsión isométrica y perspectiva, el pliegue dinámico..." de la arquitectura paramétrica de Hadid es un claro ejemplo. La complejidad topológica de sus edificios, que precisan de herramientas digitales tanto durante el proceso de diseño como a lo largo del proceso de construcción, tiene, a veces, como consecuencia la complicación del programa. Un ejemplo extremo es la Estación de bomberos Vitra,[7] en Weil am Rhein, que, finalmente, no se ha podido usar para el fin para el que fue diseñada por resultar su distribución disfuncional.

TOPOLOGÍA/MATERIA

Desde otro polo, se entiende por interacción poética entre la topología y la materia el elemento topológico de la materia en cuanto a su economía. Es decir, la correspondencia entre la naturaleza del material

[7] Obra de Hadid (1993).

–las características físicas, los límites estáticos,...– y su dimensionamiento. No se trata, por lo tanto, de una acción crítica que se realice al principio del proceso de proyecto, sino más adelante, una vez se hayan determinado los materiales y los sistemas constructivos del mismo. En este sentido, con la ayuda de la crítica del proceso, se pondrá especial énfasis en detectar elementos, estructuras y/o sistemas constructivos no optimizados o desproporcionados –sobre todo en aquellos proyectos arquitectónicos en los que el punto de fricción detectado sea consecuencia únicamente de una búsqueda deliberada de efectismo formal, de sorpresa o fantasía.

Cada material posee unas condiciones naturales que lo limitan para su utilización en la construcción de un edificio: sus límites de trabajo a compresión, tracción, flexión y torsión; su coeficiente de aislamiento térmico y acústico, su resistencia a la humedad, al fuego, a la luz,... A partir de estas condiciones naturales, la industria de la construcción crea, desarrolla y trata de optimizar nuevos y avanzados sistemas de construcción. De esta manera, hoy en día conviven, junto a la comúnmente denominada "construcción húmeda" realizada artesanalmente in situ, otras formas de construcción fundamentadas en la estandarización de sistemas prefabricados de tipo modular. La elección entre la utilización de un sistema de "construcción húmeda" y otro de "construcción seca" en el desarrollo del proyecto arquitectónico es determinante para el proceso proyectivo. Así, mientras que el uso de fábrica de ladrillo levantada en obra o forjados de viguetas y bovedilla conllevan unos límites espaciales y formales únicamente derivados de las condiciones del material; el uso de sistemas constructivos basados en la prefabricación tiene como consecuencia, además, la dependencia dimensional del proyecto de la compatibilidad con el límite modular de los procesos constructivos industrializados de prefabricación y estandarización, de manera que la definición de su topología puede quedar limitada por un catálogo industrial, por la capacidad de la industria para acometerla. Así, se dirá que el proyecto arquitectónico debe encontrar tanto la materia como el proceso constructivo adecuado para la consecución de su operativa interna.

Véase el ejemplo del Seattle Art Museum, que puede considerarse –por sus analogías formales y estructurales– precursor de la Sainsbury

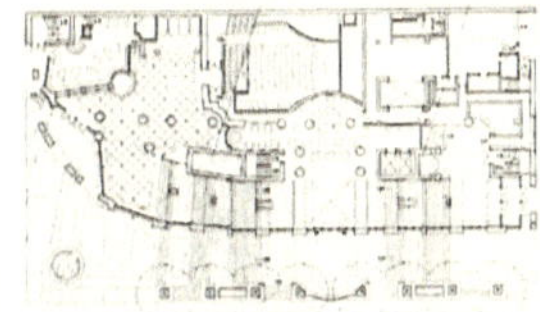
Seattle Art Museum. Planta de acceso.

Wing en la London National Gallery.[8] La materialización topológica
de este proyecto poco tiene que ver con el orden y la estructura en
la planta; ya que el énfasis va a situarse en la expresividad del material y no en su necesidad. Así, Moneo apunta que en los paramen-
tos exteriores se incluyen "todos aquellos elementos que se juzgan
necesarios, encastrándose en ella, haciendo gala de una libertad no
muy diversa a la que tendría un niño recortando y pegando papeles
de colores sobre un cartón": asimetrías y decoración, arquitecturas
históricas y elementos vulgares, materiales naturales y pintura,... el
trazado no se entiende si no es de forma gráfica. En este museo, conviven materialidades diversas y el resultado es "una compleja –este
trabajo prefiere referirse a ella como "complicada"– superposición de
estructuras autónomas que no permiten identificar una forma domi-
nante. Complejidad deliberada –que aquí se denominará "complicación innecesaria"–, ajena a toda supuesta solución de un conflicto.
[...] Es más el resultado de un método que la respuesta a la necesidad". Se piensa que es un ejemplo claro de ruptura de la interacción
poética entre la topología y la materia, por ser arbitraria e innecesaria
la des-economía de su geometría.

El aspecto topológico de la materia puede tomarse, también, como
estrategia de investigación del proyecto arquitectónico. Tal es el caso
de la Adler House,[9] en Philadelphia. En este proyecto, los elementos
portantes verticales del sistema constructivo aparecen duplicados,

[8] Ambas obras de Venturi y Scott Brown. La primera se desarrolla entre 1984-91 y la segunda
entre 1991-93. Son, por lo tanto, consecutivas.

[9] Proyecto de Kahn (1954-55). Véase también, del mismo arquitecto, la DeVore House, del
mismo periodo.

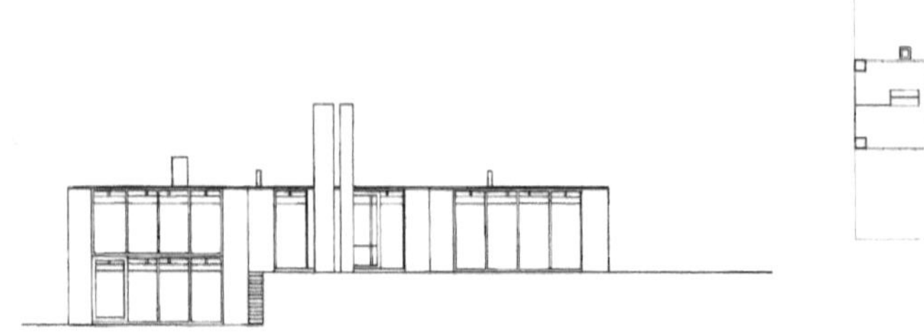

Adler House. Alzado, planta.

sin una necesidad estática aparente. Para Eisenman, los cambios, las dislocaciones y las superposiciones que reflejan la planta y los alzados de la Adler House pueden considerarse "un cuestionamiento de la relación clásica de la parte con el todo". La organización de este proyecto hace pensar su origen conceptual como una retícula de nueve cuadrados –cinco pabellones y cinco espacios exteriores. Esta retícula inicial ideal se ha adaptado para transformar una planta simétrica clásica en términos modernos de asimetría. La disposición de los pilares cuadrados –que se localizan de modo individual, doble o triple en función de la traslación de los pabellones– remite, también, a la disposición clásica de retícula de nueve cuadrados. La conclusión de Eisenman al respecto es que en la Adler House, "Kahn, presenta la arquitectura como un objeto complejo y como el potencial para que el sujeto experimente dicho objeto como un espacio real y un espacio imaginario" al mismo tiempo.

Para Cortés, este proyecto es fruto de las investigaciones que Kahn realizó en torno a la unidad espacial básica dentro de un edificio, que surgiría como un "conjunto discontinuo de espacios". Esta operación recuperaba el valor unitario de la habitación frente al espacio horizontalmente continuo que desarrolla el movimiento moderno. Los estudios de este arquitecto le llevan a intentar "transformar uno de los paradigmas más emblemáticos de la arquitectura del siglo veinte, la retícula geométrica como orden de disposición y de medida del espacio moderno y como soporte de la estructura de pilares. En esta retícula geométrica los elementos que la definen son las líneas ilimitadas y los puntos resultantes de la intersección de esas líneas, los puntos en que se sitúan los pilares". Así, sustituye el espacio continuo por el discontinuo, de manera que cada espacio se define como un área autónoma. "La retícula se convierte en una repetición de módulos, que pueden desplazarse unos respecto a otros o incluso separarse totalmente, y los pilares dejan de ser las puntuaciones de un continuum espacial para adquirir una consistencia propia, la de una esquina o un área menor dentro de cada cuadrado".

Desde la actitud crítica, si bien las lecturas de Eisenman y Cortés no dejan lugar a dudas sobre el valor que la investigación de Kahn supone para la arquitectura contemporánea –en cuanto a la recuperación de la unidad espacial básica frente al espacio continuo y homogéneo del movimiento moderno–; también cabe señalar que la radicalidad topológica de la propuesta del proyecto de la Adler House ejemplifica una fricción de la interacción poética entre los vértices topología y materia: la duplicación de la estructura. La evolución desde una retícula de esquema clásico formada por nueve espacios, hasta la ruptura de ésta en nueve unidades autónomas –presentes o ausentes, contiguas o desplazadas, incluso separadas–, da lugar a la duplicación –o triplicación, según la posición de la unidad respecto del resto de unidades– de los pilares, dado que se consideran esquinas autónomas. Este hecho queda, asimismo, enfatizado en el alzado, donde no se oculta esa duplicidad estructural.

Por último, se debe señalar que la optimización dimensional de la materia resulta esencial en aquellas acciones que buscan, al mismo tiempo, la economía de medios –materiales y humanos– y la posibilidad de sucesivas transformaciones a través de la autoconstrucción; en actuaciones promovidas en entornos desfavorecidos –social y económicamente–, muy habitualmente destinadas a primera vivienda. Se puede rescatar, como ejemplo, el conjunto desarrollado a partir del concurso PREVI, en Lima en el año 1966.[10] Este concurso pretendía

[10] O más recientemente, el concurso Elemental Chile, organizado en el año 2003.

pensar y aplicar nuevos modelos de vivienda que pudieran, por un lado, construirse fácilmente y, por otro lado, evolucionar. Para ello, se hizo especial hincapié, precisamente, en la topología de los proyectos: en la racionalización, la modulación, la tipificación, el crecimiento progresivo, la flexibilidad y la funcionalidad de las propuestas.

TOPOLOGÍA/MORFOLOGÍA

Se define la interacción poética entre topología y morfología como la condición topológica de la forma. Se trata de una interacción de interpretación compleja que reside en el estudio de la sinergia interna entre la forma que adquiere el proyecto arquitectónico y su estructura topológica.

En primer lugar, se intenta detectar aquella topología interna de la morfología que es traicionada u olvidada en cualquiera de sus dimensiones –planta, sección o alzado. De esta manera, se va a centrar la atención en la existencia de cohesión en la topología de la envolvente; que, a su vez, ha de encontrarse directamente conectada con la operativa interna del proyecto.

Por ejemplo, sobre el Jüdisches Museum,[11] en Berlin, Curtis escribe que "era una incisión en zigzag en la que nada era completamente estable. Como un rayo atravesaba la autocomplacencia de la sociedad para llegar hasta los recuerdos reprimidos pero perturbadores que se hallaban bajo la superficie. [...] En efecto, Libeskind, desarrolló una compleja metáfora política a base de espacio, luz, materia y desmaterialización, para evocar la universalidad de la civilización hebrea y el vacío dejado en la cultura occidental por la destrucción de los judíos en la II Guerra Mundial. Lejos de ser un ejercicio de formalismo neomoderno, se trataba de una obra de una escalofriante autenticidad que juntaba en sus líneas de pensamiento tanto solemnes temas apocalípticos como reconsideraciones radicales del significado del destino humano". En este proyecto, la topología de la planta en zig-zag trata de huir de una ortogonalidad estricta, marcada por unos ejes bien definidos –tal y como señala Eisenman. Se quiebra un

[11] Obra de Libeskind (1988-2001).

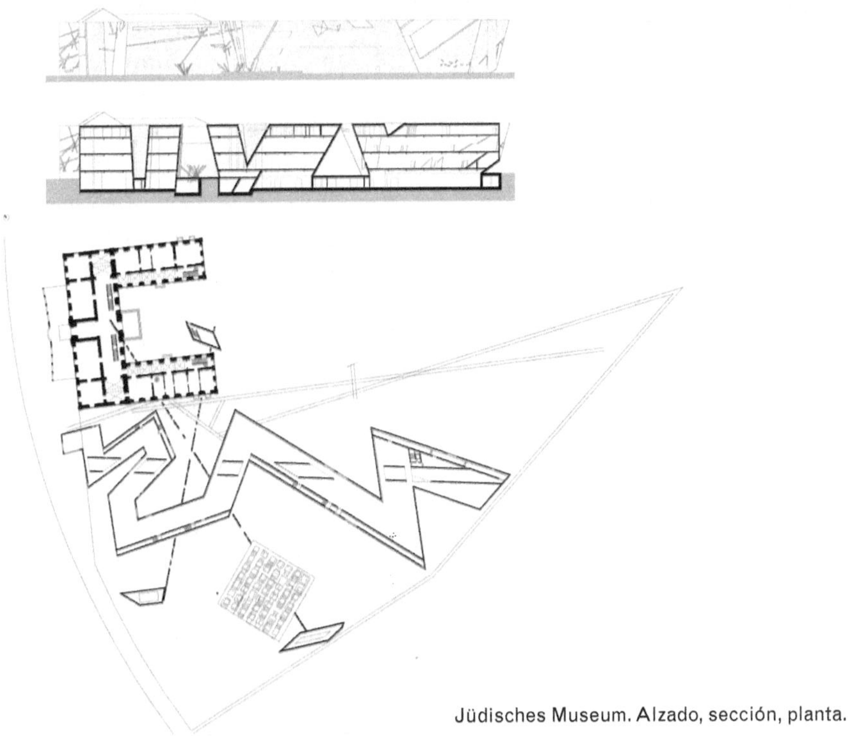

Jüdisches Museum. Alzado, sección, planta.

hipotético eje longitudinal y su ruptura queda marcada, también, en el plano vertical, materializando vacíos en el volumen. Lo mismo ocurre en sus alzados –incluso en la cubierta–, en los que los huecos trazan cortes oblicuos totalmente independientes de los espacios interiores a los que sirven. Se puede afirmar que existe una topología unitaria que impregna toda la obra –en este sentido, las primeras versiones del proyecto incluían un ligero ángulo de inclinación para la envolvente exterior. La disposición y dimensión de los huecos en los alzados no solo responden a las necesidades de luz natural de los espacios interiores, sino que también tratan de imbuir al espacio el mismo dinamismo que la figura quebrada de la planta, atravesando los muros en diagonal –en algunos casos, a lo largo de más de un piso.

Si se atiende a la sección, en cambio, no se encuentra ningún plano
horizontal inclinado, ningún quiebro forzado,... es absolutamente
plana. Es en este punto en el que la crítica poética detecta un punto de
fricción; ya que se puede leer que la topología interna de la morfología
ha sido olvidada en la sección. Es decir, existe una cohesión marcada
y clara, además de compleja, entre los elementos que forman la envolvente del edificio –reflejada en plantas y alzados–, y ésta se traduce
hacia el interior tanto en los cortes que sufren los muros verticales
–huecos oblicuos– como en los cambios de dirección que acompa-
ñan el recorrido por el museo; no obstante, resulta, cuando menos
sorprendente, la ausencia de todo plano inclinado –ya fuera suelo o
techo– que continuara con la topología del proyecto en la sección.

Por otro lado, se ha considerado la estructura del proyecto como su
orden, como la ordenación de las partes de un todo. A este respecto,
la acción crítica busca, también, señalar aquellos proyectos en los
que las relaciones entre los elementos que componen dichos proyectos y/o entre éstos y la totalidad no se avengan a las leyes de una
construcción lógica. Se ha de ser capaz de detectar ambos extremos:
el funcionalista y el formalista –también la combinación de ambos.
En el extremo funcionalista, se encontrarían aquellos proyectos en
los que las relaciones entre los elementos –íntimamente ligadas a su
programa– determinan de forma cerrada la envolvente. Recuérdense
ejemplos como el de la Centraal Beheer,[12] en Apeldoorn, en la que
el elemento básico de célula de trabajo se convierte en una entidad
tan importante que se traduce de forma directa a la morfología del
edificio en su totalidad. Aunque, tal y como afirma Cortés, "al quedar
diferenciada en trama y urdimbre y adquirir naturaleza textil, la retícula plana, abstracta y homogénea característica del arte y arquitectura
modernas adquiere textura y relieve, variedad y espacialidad tridimen-
sional, tal como muestra el edificio de Hertzberger, pudiendo poste-
riormente desdoblarse y girarse una respecto a la otra o deformarse
como puede hacerlo un tejido". El proyecto no resuelve la diversidad
de las condiciones ambientales –de luz, ventilación,...– que se crean.
Éstas no deberían ser topológicamente idénticas para aquellas célu-
las situadas en el entorno exterior y para el resto, que se extienden

---

[12] Obra de Hertzberger (1967-72).

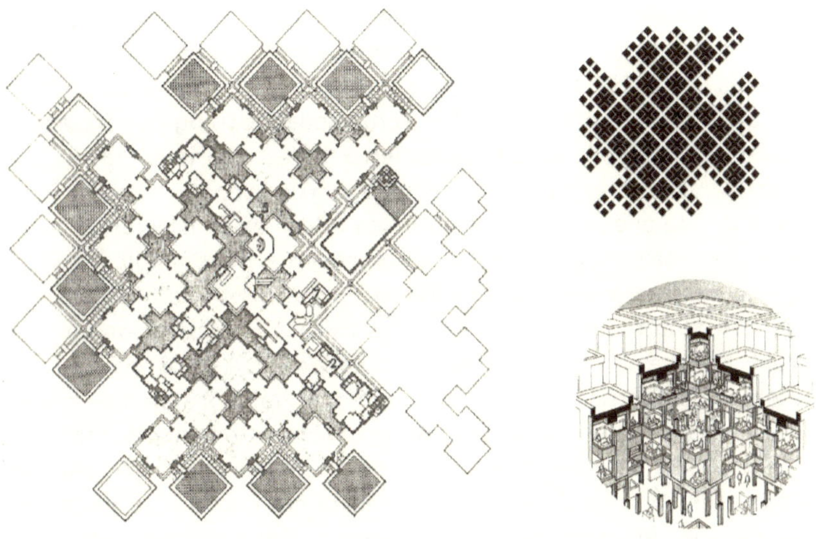

Centraal Beheer. Planta, esquema, axonometría.

hacia el interior formando un tejido compacto; no obstante, los son:
no varía el tamaño ni la composición del hueco para las diferentes
condiciones de contorno. En su artículo "Rules, Realism and History",
Colquhoun hace referencia directa a este hecho interpretando el
proyecto de Hertzberger como un intento de generar la planta como
un sistema, lo que conlleva, entre otras cosas, el haber desplazado
el problema de la fachada. Como en otros ejemplos del mismo arquitecto, el edificio solo es comprensible desde una perspectiva de creación interna, sin referencia a la disposición representativa del edificio
o a su interacción con el entorno exterior inmediato. Para el crítico
inglés, el edificio ha de interpretarse como un fragmento de espacio
"real", cuyas leyes de expansión vienen determinadas por la organización interna del edificio; mientras que el espacio entre edificios como
problema arquitectónico específico es ignorado.

En un punto opuesto se sitúa el caso formalista, en el que la interacción entre los elementos que componen el sistema pierde importancia en favor de un acto compositivo de expresividad artística –en estos casos, las partes de la obra suelen confluir en la adición de una infinidad de formas heterogéneas. La arbitrariedad topológica y formal es característica de la época posmoderna. En este periodo –favorecido, también, por un gran avance tecnológico en la construcción y la ingeniería–, se pueden recoger múltiples ejemplos de fricción en la interacción poética entre topología y morfología. Por ejemplo, en el proyecto del Centro de Gimnasia Rítmica y Deportiva de Alicante,[13] se advierte este enfoque artístico y expresivo en la formalización de las estructuras que configuran la dotación deportiva. Así, se observan las diferentes geometrías –que no variaciones del mismo sistema– que se utilizan para el desarrollo del proyecto.[14] Sobre este tema, Montaner encuentra en la obra de Miralles y Pinós referencias de la gestualidad del surrealismo y el expresionismo. Estas raíces quedan reflejadas en el "ir cosiendo en cada creación una serie de fragmentos preestablecidos: voladizos, pérgolas, muros curvos, pilares inclinados, rampas y cubiertas orgánicas, adoptando unas veces las formas del organicismo mineral o acercándose otras veces al caos del movimiento convulsivo".

Un caso atípico, pero muy ilustrativo, de fricción es el proyecto de la Tract House.[15] En una entrevista con Diamodstein, Gehry dice lo siguiente: "Lo que más me gusta es romper el proyecto en tantas partes como sea posible... en lugar de entender una casa como una sola cosa, yo la veo como si fueran diez cosas distintas...". Para este arquitecto, la ruptura de la unidad de la obra significa, al mismo tiempo, un presupuesto estético y la posibilidad de un análisis más libre del programa. Se aúnan, en una sola condición, la postura formalista y la funcionalista. Este proyecto de casa es un claro ejemplo de este pensamiento: "en la búsqueda del origen de lo que es una casa, se encuentra con la expresión más genuina de la misma, asociando cada una de aquellas figuras elementales a un uso y a una forma".[16] Así,

[13] Obra de Miralles y Pinós (1990-93).

[14] A este respecto, ver el alzado oeste de dicha obra de arquitectura.

[15] Obra de Gehry (1982).

[16] En Moneo (2004, 281).

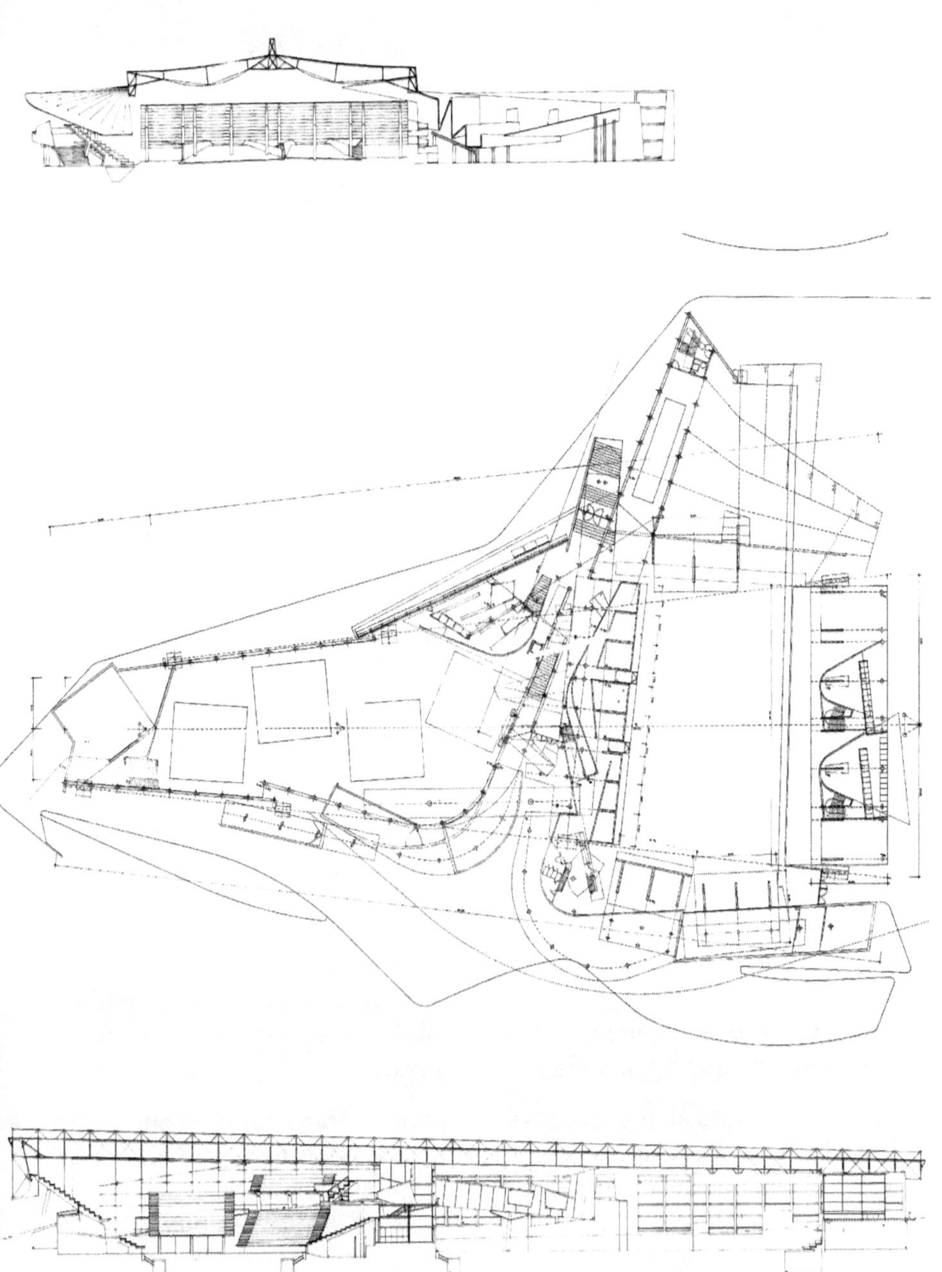

Centro de Gimnasia Artística de Alicante. Alzado, planta, sección.

Tract House. Croquis.

fruto también de un proceso de proyecto apoyado fundamentalmente en la construcción de maquetas, la Tract House adquiere su morfología a partir de la traducción directa de la funcionalidad topológica de cada espacio doméstico. No obstante, un afán más expresivo sitúa también otros elementos de carácter plástico, alguno de los cuales se dispone deliberadamente volcado –y ya sin programa alguno.

TOPOLOGÍA/CAMPO

En el análisis de la interacción poética entre topología y campo, se concentra el esfuerzo en los vínculos que el proyecto va tejiendo entre su propia topología y aquella del campo con el que interactúa; se estudia, de esta manera, la topología del medio territorial y social en busca de oportunidades para la reflexión.

El campo sobre el que un proyecto arquitectónico actúa se encuentra previamente caracterizado por condicionantes urbanos –o rurales–, históricos, políticos, socioeconómicos, antropológicos, psicológicos,... Ante ellos, como consecuencia de un profundo y detallado análisis previo, el proyecto arquitectónico adquiere un posicionamiento de disposición integradora o transformadora, en función de las conclusiones obtenidas. En este sentido, la acción de la crítica

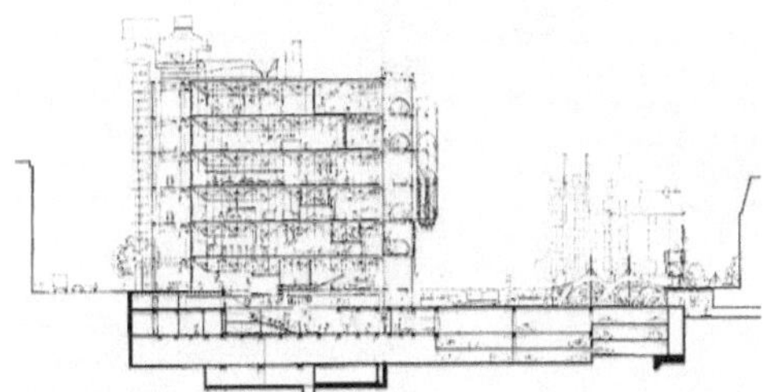

Centre Georges Pompidou. Sección.

poética busca dilucidar si la interacción que el proyecto establece
entre su topología, estructura, orden,... y el campo en el que se sitúa
–ya sea ésta de continuidad o de ruptura– responde de manera poética a las necesidades del contexto. Así, se entiende como poético el
proyecto que rompe con un tejido urbano erosionado socialmente o
aquel otro que se integra en un territorio equilibrado y cohesionado.
Siempre en pos de un desarrollo a escala humana óptimo.

Igualmente, el proyecto arquitectónico será poético cuando su topología sea una respuesta directa al campo. Tal es el caso del Centre
Georges Pompidou.[17] Este proyecto se localiza en el 4e arrondissement
de Paris, cerca del antiguo mercado de Les Halles, la rue Montorgueil
y el Marais. En la actualidad, se trata de un área de enorme actividad
social, económica y cultural; sin embargo, era considerada una zona
degradada y de conflicto social a finales de la década de los años 60
del siglo pasado. En aquel contexto, la administración planteó diversas actuaciones de choque en el distrito –Les Halles, Plateau Beau-
bourg– con un resultado contundente.[18] En este campo, el proyecto del
Centre Georges Pompidou realiza una lectura certera de la topología

[17] Obra de Piano y Rogers (Paris, 1971-77).

[18] En lo que se refiere a la "limpieza" social y la dinamización económica del distrito.

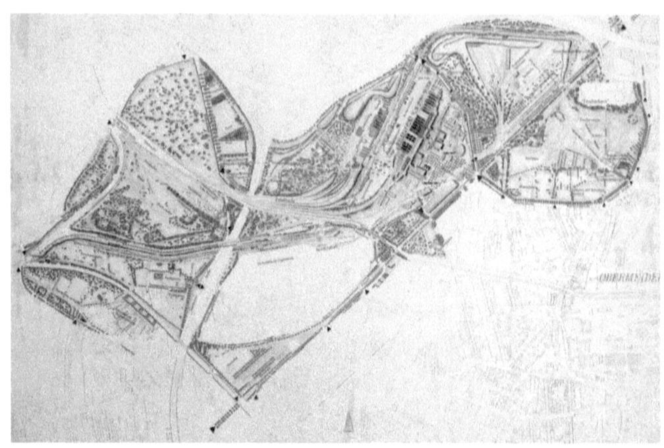

Duisburg Nord Park. Planta de situación.

del entorno y consigue asentarse con fuerza, sin por ello rechazar las condiciones territoriales y sociales existentes. De una manera socialmente integradora, totalmente opuesta al proyecto de centro comercial que se implanta sobre el antiguo mercado de Les Halles,[19] el Centre Georges Pompidou pone su mayor énfasis en la garantía de lo público y en la sostenibilidad del espacio colectivo. Programáticamente, en el Centre Georges Pompidou se reúnen la Bibliothèque Publique d'Information, el Musée National d'Art Moderne y el IRCAM (un centro para la música y la investigación acústica). Esta condición, que persigue revitalizar el contexto, se traslada a la topología del proyecto mediante dos estrategias: la exteriorización de las circulaciones verticales y la compactación volumétrica del programa que promueve la reconversión del espacio exterior –anteriormente destinado a gran aparcamiento en superficie– en una gran plaza pública abierta.

Otro modo de recuperar el campo es a partir de intervenciones que se basan en remodelar sistemas arquitectónicos existentes: actuar

[19] El Forum des Halles finalmente construido es obra de Vasconi (1979) –en primer lugar, comenzó a erigirse un proyecto de Bofill, pero éste fue rechazado por el entonces alcalde de Paris, Chirac.

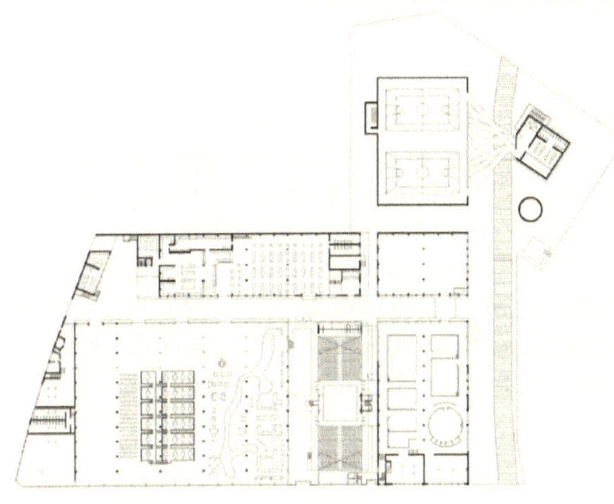

SESC Pompéia. Planta.

mediante "sistemas sobre objetos encontrados".[20] Es posible denominar a estas estrategias como las "arquitecturas de la realidad",
ya que en ellas se acepta "el carácter siempre en transformación de
la realidad", mientras que se rechaza "la arquitectura como objeto
acabado". El paso del tiempo y la voluntad de los usuarios introduci-
rán, sobre una estructura casi básica, operaciones de crecimiento y
transformación. Como ejemplo de esta arquitectura, se encuentra el
Duisburg Nord Park,[21] en el Emscher Park en Dusiburg en Alemania.
En él se actúa sobre un antiguo tejido industrial respetando sus restos
y apoyando el crecimiento espontáneo de la vegetación regeneradora
de un entorno contaminado: "los antiguos hornos sirven para explicar
el pasado industrial de la zona, los viejos depósitos alineados albergan
jardines, los muros se convierten en paredes para practicar escalada,
[...] y las antiguas naves industriales albergan archivos, sedes de asociaciones y restaurantes. Cada uno de los proyectos de todo el conjunto [...] está pensado para las necesidades reales de los ciudadanos".[22]

[20] En Montaner (2008, 105).

[21] Obra de los Latz (1991-2001).

[22] En Montaner (2008, 105).

Las intervenciones de Bo Bardi en Brasil en la segunda mitad del siglo XX ilustran, también, esta voluntad. A partir de las preexistencias que encuentra en el contexto, los proyectos de esta arquitecta consiguen sintetizar las condiciones ambientales reconstituyéndolas. Tal es el caso del Centro de Ocio, Cultura y Deporte SESC Pompéia, en Sao Paulo (1976-86). En un barrio socialmente popular, se respeta el espacio que libera la estructura horizontal del tejido industrial existente y tan solo se añade una torre como contrapunto vertical. Así, lejos de contravenir la topología territorial y social presente, se apuesta por un espacio de dominio colectivo, un espacio para el desarrollo de las necesidades de encuentro, esparcimiento, ocio y expresión.

TIPOS DE INTERACCIONES DESDE EL PROGRAMA

PROGRAMA/TOPOLOGÍA

En la interacción poética entre el programa y la topología, la correspondencia entre lo funcional y el espacio que el proyecto arquitectónico genera queda reflejada en cada aspecto del mismo; por lo que su análisis, al aplicar la crítica poética, será continuado desde los aspectos que se refieran a la implantación, en una escala de contexto, hasta aquellos que afecten a la definición constructiva, en la escala de detalle.

En primer lugar, todo proyecto ha de tener en cuenta la normativa y documentación diversa –prontuarios, catálogos, guías...– existente. Los condicionantes que estos textos imprimen pueden ser de carácter obligatorio o meramente recomendable y, frecuentemente, terminan por atenazar el proyecto arquitectónico.

En este marco, la labor es doble. Por un lado, tal y como recomienda Pina, la normativa constituye "una fuente de información fiable que, además resulta inexcusable conocer y cumplir";[23] no obstante, por

---

[23] En este sentido, aquellas métricas referentes al cumplimiento de la normativa de accesibilidad –tanto en espacios públicos como en entornos privados de carácter accesible–, de seguridad de cualquier índole, o las que afectan al correcto desarrollo de un uso –ya sea éste público o privado.

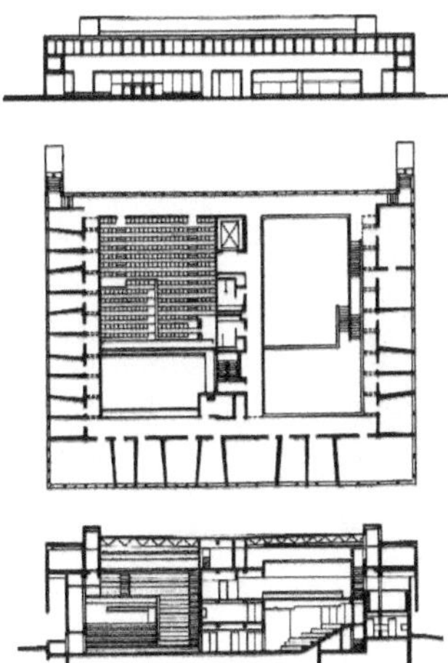

Lang Music Building. Alzado principal,
planta de aulas, sección.

otro lado, continúa, "el buen proyecto trasciende la norma después
de cumplirla".

Por otro lado, la acción crítica también ha de señalar toda aquella
arbitrariedad topológica que supone una fricción o dificultad concreta para el desarrollo del programa para el que el proyecto se va a
destinar en primer orden. Póngase por caso el Lang Music Building,[24]
en Swarthmore, Pennsylvania. Esta construcción acoge los Departa-
mentos de Música y Danza del Swarthmore College, la Daniel Under-
hill Music Library, aulas para práctica o investigación, un área para
exhibiciones y un auditorio con casi cuatrocientas localidades. En la
planta que acoge las aulas –significadas al exterior mediante un friso
acristalado continuo–, por lo demás totalmente ortogonal –también
en alzado y sección–, las particiones que separan los espacios de
ensayo individual han sufrido un desplazamiento en su encuentro
con la crujía interior que materializa espacios de ángulos agudos u
obtusos –según el caso–, sin obtener con ello ninguna condición de

24 Obra de Giurgiola (1973).

CaixaForum Madrid. Plantas.

mejora en lo que a la acústica pueda referirse. Parece ser, por tanto, una estrategia de topología arbitraria aparentemente innecesaria.

La acción crítica tampoco ha de olvidar estudiar los espacios secundarios o de servicio. En ellos, que habitualmente pasan desapercibidos, es posible encontrar topologías poco cuidadas. Como ejemplo, se pueden señalar los accesos a los diversos espacios expositivos desde el núcleo de comunicación vertical principal en el edificio CaixaForum Madrid.[25] La transición entre un espacio y otro se reduce al umbral de

[25] Obra de Herzog y de Meuron (2001-08).

una puerta. En las plantas segunda y tercera, esta condición suele redundar en la necesidad de diseñar improvisados vestíbulos temporales de dimensiones reducidas dentro del espacio proyectado como sala de exposición, en los que se mezclan los flujos de entrada y salida de visitantes. Por otro lado, en la planta cuarta, el usuario situado en el umbral de la puerta que encierra el recinto de comunicaciones se encuentra, al traspasar éste, con tres opciones a priori semejantes que, en realidad, conducen a usos tan dispares como el de oficina, cafetería-restaurante y aseos.

Otra vía posible de estudio de esta interacción entre el programa y la topología es la vivienda unifamiliar. Más aún si se añade la circunstancia de un campo carente de atributos. La menor carga normativa que este tipo de proyectos conlleva, junto con la ausencia de condicionantes más allá del programa y el límite económico, estimulan la topología que define el funcionamiento de los espacios en estas obras. Piénsese en acciones como la Villa Le Lac[26] en Corseaux, la Farnsworth House[27] en Plano, la Vanna Venturi House[28] en Chesnut Hill o la Casa António Carlos Siza[29] en Santo Tirso.

Detengámonos en los dos últimos ejemplos nombrados –las viviendas unifamiliares que Venturi y Siza proyectan y construyen para su madre y su hermano, respectivamente. Ambas comparten ciertos rasgos característicos que resultan determinantes para su posterior desarrollo. En primer lugar, ninguna de las dos se enfrenta a un entorno muy cualificado. De la segunda, dice Moneo que se encuentra en un "no-lugar", "ante un suelo cuyo único rasgo característico es su alterado perímetro". Si se estudia la concepción de ambos proyectos, puede apreciarse que los dos nacen de la planta. A este respecto, y a propósito de la Vanna Venturi House, Eisenman realiza el siguiente análisis: "El primer proyecto de Venturi (casa I), con su crujía central comprimida y sus pilares exentos en la franja central, apela a la retícula de nueve cuadrados. No obstante, por la compresión de la crujía

---

[26] Obra que Le Corbusier realiza para su madre (1923-24).

[27] Obra que Van der Rohe realiza para la Sra. Farnsworth (1951).

[28] Obra que Venturi realiza para su madre (1959-64).

[29] Obra que Siza realiza para su hermano (1976-78).

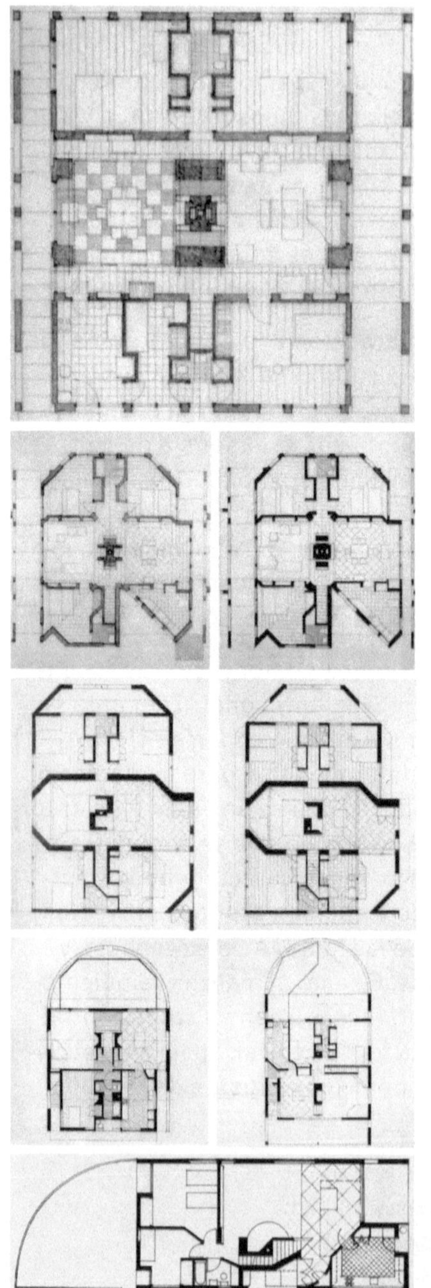

Vanna Venturi House. Planta versión 1.

Vanna Venturi House. Plantas versiones 2a y 2b.

Vanna Venturi House. Planta versiones 3a y 3b.

Vanna Venturi House. Planta versiones 4b y 5.

Vanna Venturi House. Planta versión 6 (definitiva).

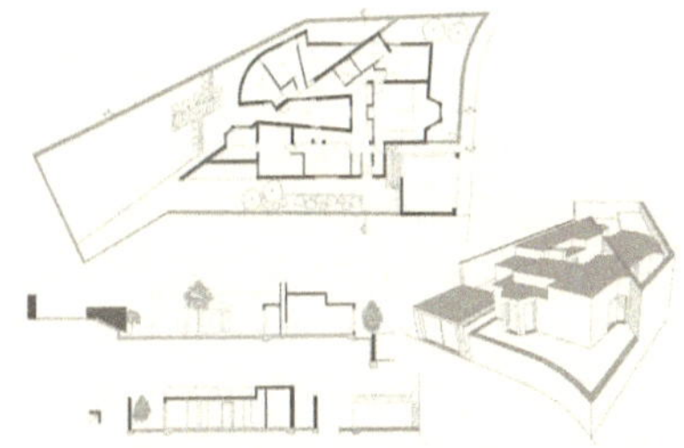

Casa Carlos Siza. Planta, secciones, axonometría.

central también puede leerse como una retícula de cuatro cuadrados. [...] Otra interpretación leería la estriación lateral de la planta en tres zonas creando una demarcación ABA de espacios sirvientes y servidos". Y continúa con una profunda lectura de los seis proyectos que Venturi realiza –análisis que hace siempre sobre las plantas del proyecto: "En la sexta y última versión de la casa Vanna Venturi (VI), lo que queda es solo una parte de un todo anteriormente existente, como si la casa V se hubiera partido en dos". Se encuentra, así, que la Vanna Venturi House parte –en su última versión– de una forma genérica rectangular. Algo que, según Cortés, otorga a la vivienda "una gran intensidad, ya que dentro de un pequeño contorno aparentemente inerte por su simplicidad geométrica se desarrolla un interior en el que tanto el núcleo como las direcciones convergentes de las paredes dan lugar a una organización activa".

La Casa António Carlos Siza mientras tanto, parece encontrar su leitmotiv en una línea diagonal con la que se divide el solar –que queda así activado. A partir de estas premisas, distintas entre sí, ambos proyectos exploran diversas estrategias y relaciones topológicas que dan lugar a un tejido de acciones arquitectónicas. Así, exploran el sentido de las diagonales, las inclusiones, los cortes o las proyecciones; y en esa investigación reside su valor. A este respecto, seguimos a Moneo cuando afirma que la casa de Siza "es una casa al borde de lo irracional y, sin embargo, hay que reconocer que explora con absoluta consciencia mecanismos geométricos...".

PROGRAMA/MATERIA

Con la interacción poética entre programa y materia se hace referencia a la sinergia entre los materiales y la construcción y el uso que en un proyecto dado se hace de los mismos. Se entiende así el punto funcional del material. Con la crítica del proceso se observa que cada material ocupe "el lugar que le es propio" dentro del proyecto y que resulte acorde al uso previsto. Ya que, como recuerda Pina, por un lado está la funcionalidad específica de cada material –para qué sirve, para qué es idóneo según sus características específicas– y, por otro, el modo en que éste puede disponerse en la obra arquitectónica –dónde y cómo. Esta segunda cualidad otorga a la materia una capacidad constructiva y expresiva de cuya aplicación no siempre resulta la sinergia. Esto sucede, por ejemplo, cuando la diversidad material es fruto de una intención meramente decorativa o formal.

Dice Moneo que la Dominus Winery,[30] en Nappa Valley, California, ejemplifica la afirmación que apunta que "el vehículo de expresión de la arquitectura son los materiales". En efecto, la cualidad poética de esta obra gira alrededor de su material principal –la piedra– que da forma y construye la envolvente paralelepipédica conformando un muro de gaviones relleno de mampuestos de diversas dimensiones y estereotomías. ¿Qué tiene de especial el uso de la piedra en este proyecto? No es su uso, sino precisamente el funcionamiento que se le da a dicha mampostería, la forma en que se dispone, lo que ha terminado por clasificar a esta obra como importante. "Los gaviones [...] solamente lo son a primera vista, ya que estamos acostumbrados a ver un gavión consolidado en talud, como un material opaco, nunca traslúcido"; mientras que, tal y como se propone, "los muros adquieren su verdadera dimensión plástica al filtrar la luz, produciendo un vivo y cambiante plano de sombras arrojadas". Es decir, en este edificio, se puede afirmar que la funcionalidad de la materia ha trascendido sin, por ello, corromper la auto-referencia del proyecto; ya que la solución planteada se muestra como lo que es, sin tratar de parecer un gavión al uso.

[30] Obra de Herzog y de Meuron (1995-98).

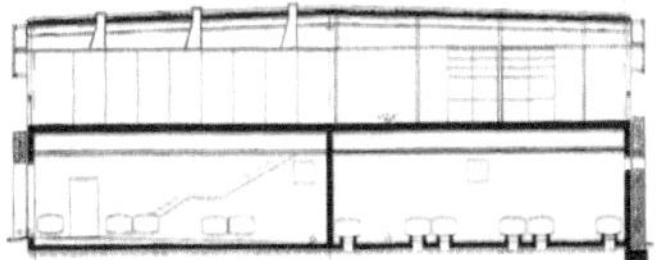
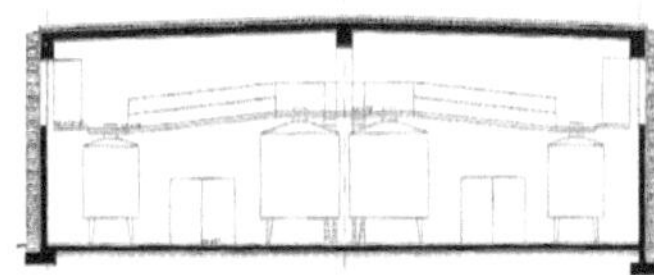

Dominus Winery. Secciones, secciones constructivas.

Obsérvese, ahora, otra acción en la que también se ha utilizado la piedra como material principal: la Sede que la Sociedad General de Autores y Editores[31] ha construido en Santiago de Compostela. A diferencia con el caso anterior, en esta ocasión, al mismo material se le otorgan, al menos, tres funciones diferentes: la primera y más llamativa, el alzado de piezas ciclópeas que forma la celosía y cierra la *stoa* hacia el parque; la segunda, el paño continuo y aparentemente sólido de pequeño formato que crea la imagen de zócalo hacia la calle; y la tercera, el alzado interior de los paños soterrados. Se advierten puntos de fricción en la interacción poética de referencia en cada una de estas tres posiciones que conviene explicar.

Comenzamos en orden inverso a su presencia en el proyecto. El desnivel existente entre la calle y el parque da lugar a que la planta a cota

31 Obra de Ensamble Studio (2004).

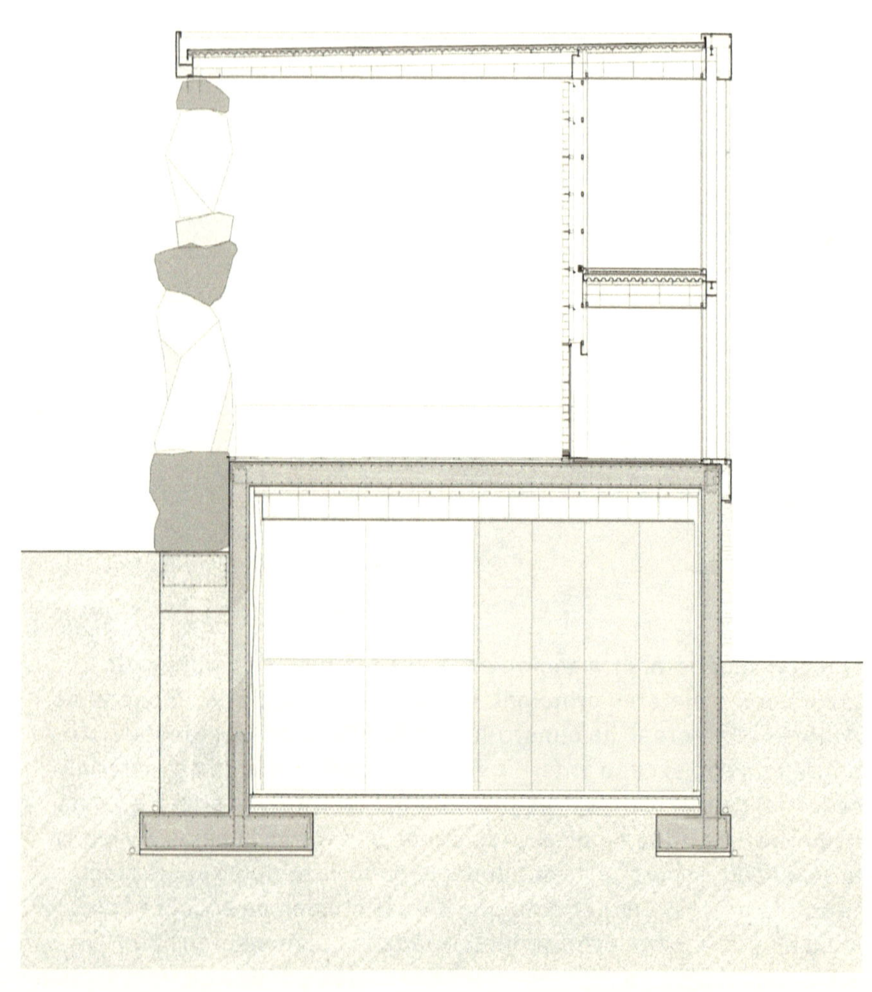

Sede **SGAE** Santiago de Compostela. Sección constructiva.

de la vía quede parcialmente enterrada hacia el parque. Quizás para acentuar esa cualidad subterránea, tanto en esta cota como en el piso inferior, los paños perimetrales se han vestido con una piedra continua sin pulir, de tal forma que aparentemente es la propia piedra excavada en el terreno lo que ha quedado a la vista. Esta utilización del material conlleva un doble punto de fricción, el de mero revestimiento –sin espesor ni solidez real– y el de mímesis.

Volcamos ahora la atención hacia el alzado a la vía pública. Para subrayar que el cuerpo principal del edificio se asienta en un nivel superior, se ha proyectado un gran zócalo hacia la calle. Éste se ha materializado con piedra de pequeña dimensión, al modo de los muretes que en el medio rural del entorno sirven para señalar el límite entre dos propiedades. No obstante, en este caso, la altura del elemento pétreo supera de forma considerable lo asumible por esta técnica constructiva y, por tanto, lo que a primera vista parece ser un muro sólido es, en realidad, una piel artificial que reviste la verdadera estructura que sustenta el edificio.

Por último, se cuestiona también el uso que el material ha adquirido en el alzado principal hacia el parque. Parece injustificada la proporción existente entre la dimensión descomunal de la materia que forma dicho alzado y la estructura ligera de la cubierta que se apoya sobre ella. Esto no ocurre en la Dominus Winery, en las que la sección es absolutamente clara y transparente respecto al nulo servicio que el gavión de mampostería presta a cualquier otra estructura que no sea su peso propio. ¿Por qué pretender un uso estructural a aquello que tan solo busca la expresividad? Y si se pretende un uso estructural del material, ¿por qué no continúa en las plantas inferiores, en vez de duplicar geométricamente el muro de contención?

En otras ocasiones, en cambio, la audacia técnica y constructiva conlleva la utilización de un material más allá de su funcionalidad teórica. Esto puede suponer un logro o un gesto de alarde. Tomando la crítica poética como instrumento, buscamos la posibilidad de desvelar todos estos casos de fricción entre el programa y la materia, ya sea por exceso o defecto de la funcionalidad dada a aquella, para poder reflexionar y avanzar sobre los mismos.

PROGRAMA/MORFOLOGÍA

Aquello que aquí se entiende como la faceta funcional de la forma, la interacción poética entre programa y morfología, es una de las relaciones más complejas dentro del proceso de un proyecto arquitectónico. En el recorrido que se ha realizado a través del papel que ha desempeñado y desempeña todo aquello relativo al uso durante el proceso de un proyecto, se puede comprobar que la diferencia entre los enfoques diversos se encuentra, si no en todos en la mayoría de los casos, en conexión directa con el carácter que, en un momento dado, se le ha atribuido a la interacción entre el programa y la morfología. Existe, al respecto, una diversidad argumental considerable que, junto a las corrientes filosóficas de la posmodernidad –Deleuze, Baudrillard, Lyotard, Lacan, Foucault, Vattimo, Derrida,... entre otros–, ha dado lugar a la admisión arbitraria de cualquier unidad compositiva, sea cual sea su interacción con el programa que la obra arquitectónica va a desempeñar.

Ante esta situación, la crítica poética –como razón crítica– ha de ayudar a mantener una postura alejada de la no-objetividad. Para poder llevar a cabo con éxito un fin de tal envergadura, basta con tener siempre presente que el programa, uso o misión va a ser considerado, en todo momento, como una condición necesaria del proyecto. Condición necesaria, pero no suficiente. Y que será en su interacción con el resto de sistemas que forman la totalidad de dicho proyecto donde podrá encontrar las operativas que le hagan trascender y multiplicar los sentidos de la obra.

Si se concreta esta situación, a través de la crítica del proceso, se atiende, en este nivel, a la existencia de una interacción poética –flexible y abierta, pero consistente– entre la forma y el programa del proyecto arquitectónico, entre la envolvente y el sistema de circulaciones, entre la imagen y su funcionamiento. Del mismo modo, se trata de desnudar los posibles puntos de fricción mediante un nuevo ejercicio de análisis y puesta en cuestión.

Así, por ejemplo, es posible señalar algunos edificios del movimiento posmoderno que en su momento causaron un gran impacto. Según Curtis, los clasicistas modernos "practicaban juegos de dislocación con el lenguaje clásico, pero raramente se planteaban el problema

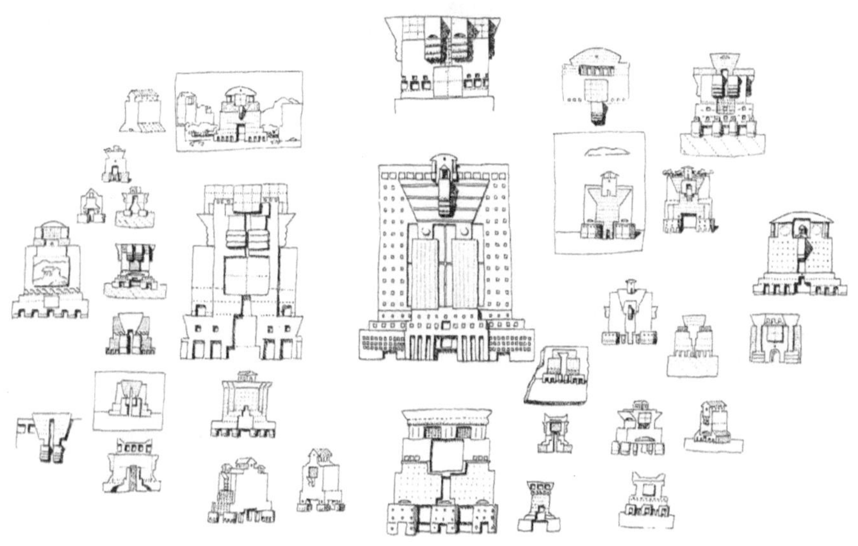

Portland Building. Croquis.

de un orden o una disciplina subyacentes. A comienzos de los años
1980 tuvieron ocasión de construir, a veces a gran escala, y pronto
empezó a apreciarse la superficialidad de su enfoque". Es el caso,
por ejemplo, del Portland Building,[32] en Portland, Oregon. Sobre él, el
mismo crítico escribe lo siguiente: "El edificio Portland, en Portland
(Oregon) (...) tenía dibujos de colores de una clave y un almohadillado
recortados sobre lo que, por lo demás, era una caja rechoncha con
un muro cortina poco profundo". Y aún continúa: "Aunque arquitectos como Graves y Bofill insistían en la manipulación del lenguaje
arquitectónico, realmente tenían poco significado que transmitir y
no lograban llegar a los valores más profundos de la arquitectura
clásica". El texto de Curtis señala la "superficialidad" con la que se
interpreta el orden clásico en este edificio. El crítico echa en falta
una utilización de los valores que subyacen la arquitectura clásica.
La crítica poética se apoya en estas palabras y clasifica esta obra
entre las formalistas. Sin entrar a valorar lo acertado o desacertado

[32] Obra de Graves (1979-82).

Chiat Day Building. Planta.

de la morfología en sí de esta obra –la paleta de colores, los saltos de escala de los elementos formales, la localización de una serie de edificios en miniatura a modo de templos sobre la cubierta, su inte-racción con el contexto,...–, cabe señalar la fricción que provoca en el aspecto funcional la imagen de este edificio; ya que su envolvente no siempre responde a la función de los espacios interiores.

Centremos la atención, a continuación, en aquellas arquitecturas que utilizan la metáfora como imagen. Se toma como ejemplo la obra de Gehry, en la que, con base en la experiencia del surrealismo, incluye *objetcs trouvés* en sus obras, simulando un espacio onírico, o utiliza objetos cambiados de escala y/o función. Para detectar puntos de fricción que puedan derivar de este tipo de mecanismos, se debe estar atento ante expresiones como la del Chiat/Day Building,[33] en Venice, California. Aunque de él se haya alabado la asimetría de la · fachada,[34] la acción crítica detecta un claro ejemplo "del peso que la

[33] Obra de Gehry (1985-91).

[34] En Moneo (2004, 293).

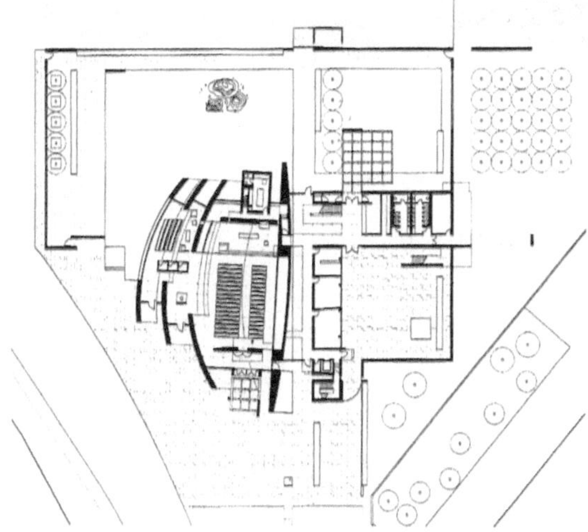

Chiesa di Dio Padre Misericordioso
(chiesa del Giubileo). Planta.

elección arbitraria de la forma puede llegar a tener en la arquitectura".
La interacción que, según Moneo, tal vez, el arquitecto haya podido
encontrar entre la imagen previa de unos binoculares y la manera
en que la Chiat/Day –agencia de artistas– se sirve para descubrir
estrellas emergentes del *showbusiness* hollywoodense no justifica
su utilización como morfología literal. Puede calificarse de metáfora
anecdótica que sirve para conformar el acceso al edificio. A lo que se
añade, además, que dicha acción no mantiene conexión alguna con la
topología espacial que organiza el uso del edificio. Cuestión que ya
señala Moneo: "La disociación entre fachada y planta no escapará a
quien la observe: la condición epitelial de la fachada se manifiesta al
contemplar una planta de oficinas a la que cabe calificar como convencional y en la que la densidad y la ortogonalidad prevalencen".

Por último, la falta de sinergia en la interacción poética entre el programa y la morfología también puede aparecer en proyectos que, en
una primera aproximación, no presentan puntos de fricción. Incohe-
rencias imprevistas con las que no se contaba a priori. Por esta razón,
se acompaña al proceso proyectivo con la acción crítica en cada uno

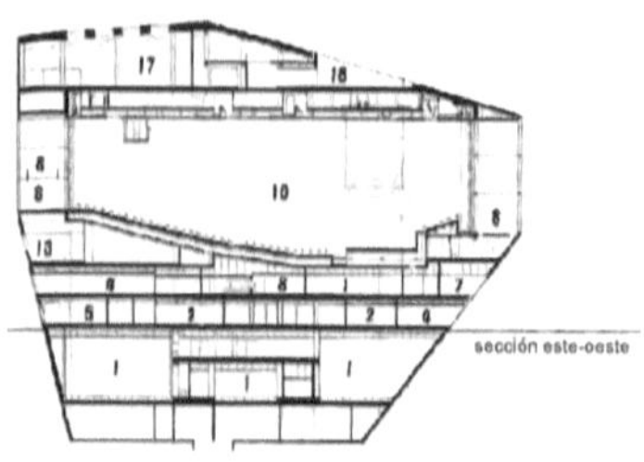

1-sala de ensayo 2-vestuario 3-comedor músicos 4-oficina 5-muelle de carga
6-acceso músicos 7-sala de solistas 8-foyer 9-taquilla/guardarropa 10-auditorio
11-acceso general 12-sala cyber música 13-bar 14-pequeño auditorio 15-sala educativa
16-sala VIP 17-restaurante 18-terraza

Casa da Musica. Sección, planta.

de los niveles de gestación. Un ejemplo de lo que se apunta es la
Chiesa di Dio Padre Misericordioso (chiesa del Giubileo),[35] en Roma,
en la que los documentos del proyecto muestran un punto de fricción
entre la orientación de la liturgia en la capilla secundaria y la estructura de cáscaras que construye el objeto, que resultan perpendiculares.

En la Casa da Musica,[36] en Porto, a pesar de todas las virtudes que
pueda representar,[37] se coincide con aquellas voces que han estimado
la morfología del volumen exterior como fruto empeñado de una referencia previa que ha podido tener sus orígenes tanto en un proyecto

[35] Obra de Meier (1998-2000).

[36] Obra de Koolhaas (1999-2005).

[37] Ver el artículo de Moneo (2007, 43-81) "Otra modernidad".

anterior de casa unifamiliar como en formas ilusorias. Esta circunstancia formalista tiene como consecuencia el haber dado un valor
secundario al desarrollo del programa. Así, se encuentra que, por
esta razón, se impiden resolver con la funcionalidad necesaria circulaciones esenciales en un edificio de este carácter como, por ejemplo,
la interacción entre los vestuarios y el auditorio, que se encuentra
situado dos plantas por encima de los primeros; o, como apunta
Capitel, que "resulta imposible evitar subir escaleras para salir de los
ascensores cuando se buscan, al menos, dos de los itinerarios principales, el del auditorio grande y el del restaurante". A lo que se pueden
añadir otros detalles dudosos, como "al diseñar las barandillas, en la
falta de ellas, el cambio de las dimensiones en los escalones de tramos
sucesivos, el discutible trazado de algunos de éstos, etc.".

PROGRAMA/CAMPO

En la interacción poética entre el programa y el campo, se fija la
atención en los vínculos que el proyecto va tejiendo entre el uso, o
sentido, y el campo en el que se desarrolla; así, se analiza la vertiente
funcional del contexto. Se intentan detectar puntos de fricción que
afecten o dificulten el desarrollo sinérgico del orden interno del proyecto arquitectónico.

Así, por ejemplo, la conveniencia del programa al lugar aparece como
una condición poética esencial. Esta correspondencia puede referirse a distintos aspectos del campo: clima, condiciones geográficas,
marco socioeconómico... En España, la crisis económica vigente ha
destapado proyectos tan desproporcionados como los aeropuertos
de Ciudad Real, Albacete o Castellón y auditorios como el de Pola
de Siero. Actuaciones como éstas derivan, en mayor medida, de una
interacción coyuntural, directa y estrecha con el poder económico
y político que las promueve. Cuando dichos poderes entran en un
período de recesión, su herencia arquitectónica queda, habitualmente, anulada y en uso vacuo mientras que el campo no siempre es
susceptible de recuperación.

Mediante la aplicación de la crítica poética se analiza, además, la
posible interferencia de usos incompatibles con el contexto, que son

proclives a condenar el carácter connatural de un espacio. A este respecto, por un lado, cabría tildar de equivocados aquellos proyectos que perpetúan y extienden ya usos industriales ya de transporte intermodal con dársenas y andenes en superficie dentro del centro urbano de una gran ciudad. Se piensa que el ejemplo vivo más cercano de esta ruptura de la interacción poética a que se refiere este apartado puede ser la Estación Puerta de Atocha de Madrid que, a pesar de contar con el éxito de situar las líneas ferroviarias de largo recorrido al borde del Paseo del Prado, presenta una grave fricción urbanística con los barrios limítrofes. Fricción que aumenta con cada ampliación de la estación.

En contraste, encontramos aquellas propuestas que recuperan para la ciudad y el colectivo social aquellos elementos abandonados y/o en desuso del antiguo tejido industrial que, debido a la expansión y crecimiento de las áreas metropolitanas, se han visto rodeados por la urbe. Estas son acciones doblemente poéticas porque no solo son capaces de reconstruir y conservar el tejido urbano –en áreas a veces degradadas– a través, por ejemplo, de la rehabilitación de edificios históricos, sino que, más allá, promueven la reconversión de estas arquitecturas con programas –de uso público– capaces de activar nuevos focos de actividad. De nuevo poniendo la ciudad de Madrid como ejemplo, recordemos los objetos de la Central Eléctrica del Mediodía (obra de Carrasco Muñoz, 1899-1900) –hoy reconvertida en el CaixaForum Madrid (obra de Herzog y de Meuron, 2001-08)–, el antiguo Matadero y Mercado de Ganados (obra de Bellido, 1908-29) –hoy sede del Centro de Creación Contemporánea de Matadero Madrid (obra de Franco, 2007)– o la Fábrica de Cervezas El Águila (obra de Sainz de los terreros, 1900-14) –en la actualidad sede del Archivo Regional de la Comunidad de Madrid (obra de Moreno y Tuñón, 1994-2002). Todos ellos han ganado y recuperado espacios colectivos para la ciudad y para los ciudadanos, reactivando áreas y puntos socioeconómica y culturalmente menos favorecidos.

Retomando el análisis de las posibles interferencias que traen consigo aquellos programas inconvenientes al campo o lugar en el que se localizan, en un contexto opuesto a la gran urbe, podemos señalar aquellos proyectos arquitectónicos que no dudan en conducir la

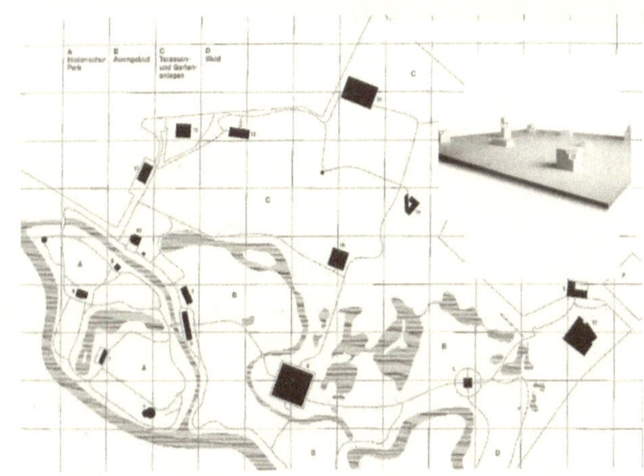

Insel Hombroich Museum. Planta de situación, maqueta.

presencia del hombre hasta los últimos enclaves de la naturaleza; sin tener en cuenta las consecuencias que esto pueda tener para el equilibrio medioambiental. Tal es el caso de aquellas viviendas unifamiliares de uso vacacional, con localizaciones recónditas, que tienen un gran impacto físico y visual sobre el paisaje. La crítica poética se refiere, en este caso, al punto de fricción en la preservación del medio físico y medioambiental que un proyecto de estas características provoca.

Como contrapunto a las acciones citadas, aparecen aquellas otras calificadas por Montaner como de "minimalismo urbano y paisajístico". Bajo esta denominación, se recogen las propuestas arquitectónicas que, mediante la utilización de formas simples y puras, consiguen integrarse en el campo –natural o urbano– siendo respetuosas con la memoria y el contexto. Esta interacción de óptimo equilibro homeostático entre el uso y el lugar queda patente en el Insel Hombroich Museum,[38] en Neuss, Alemania. El edificio, que se organiza en once

[38] Obra de Heerich (en su mayor parte) (1982); Siza construye un pabellón; otros arquitectos participan.

pabellones dispersos, se localiza en un entorno de vegetación frondosa y humedales. Ante este paisaje, el museo se desarrolla como un recorrido paisajístico por una serie de volúmenes autónomos. Gracias a esa acupuntura, se "naturaliza" el programa; la arquitectura pasa a formar parte del contexto: "En este conjunto, los cubos y prismas dispersos se convierten en salas de exposición sin vigilancia, utilizando exclusivamente luz natural y en relación directa con la naturaleza circundante. Se trata de un parque de esculturas dentro de un entorno paradisíaco que une las experiencias de disfrutar libremente el paisaje y el arte".

Por último, se quiere introducir, en este punto, la experiencia de Aalto como precursor de un "funcionalismo orgánico" que relaciona sistemas programáticos y contexto. Los grandes conjuntos arquitectónicos con estructura de campus que proyecta –como la Universidad Pedagógica de Jyväskylä (1950-56) o el centro administrativo y cultural de Seinäjoki (1951-69)– consiguen ser amalgama con el campo, de manera que no parece construir objetos, sino paisajes abiertos.

TIPOS DE INTERACCIONES DESDE LA MATERIA

MATERIA/TOPOLOGÍA

Se entiende por interacción poética entre la materia y la topología la condición material de la medida –en cuanto a su oportunidad. Esto puede traducirse de varias maneras que se analizan a continuación.

Por un lado, se refiere a la correspondencia entre el carácter del material –junto a las características físicas, los límites estáticos..., la textura, el color, la ligereza, la plasticidad, el brillo, la transparencia,...– y su geometría y tamaño. En este caso, la fricción poética afecta tanto a la imagen, como al sentido del proyecto arquitectónico; ya que, lo uno es, en cierto modo, consecuencia de lo otro. Desde este punto de vista, se realiza la puesta en cuestión en paralelo a la idea de la expresión del proyecto –también, durante el proceso que desarrolla la estructura del proyecto. Así, mediante la aplicación de la herramienta propuesta, se intentan detectar aquellos elementos,

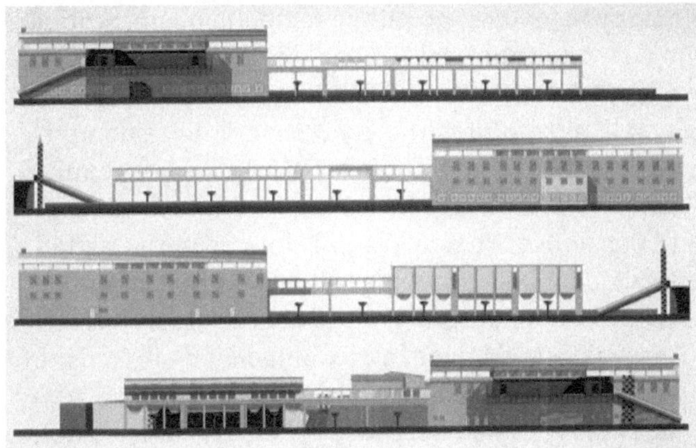

Forum Omegna. Alzados.

Neue Staatsgalerie. Acceso.

estructuras y/o sistemas topológicos que se han materializado de manera inconveniente.

Se trata de un ejercicio sumamente complejo en el que debe perseverar el distanciamiento para poder distinguir entre lo kitsch y arbitrario y los ensayos que procuran el avance de la arquitectura. El problema se acentúa al enfrentarnos con ejemplos de la arquitectura posmoderna. En este sentido, no es posible denostar de un modo generalizado la experiencia material de este periodo. Si bien es cierto que es característico de esta arquitectura el empleo inconsistente y

desmesurado del color y la textura, no puede recibir la misma crítica
la acción del Forum Omegna (obra del Atelier Mendini, 1996-81) que la
Neue Staatsgalerie, en Stuttgart (obra de Stirling, 1977-83). Mientras
que en el primer ejemplo el color desfigura y desmaterializa completamente cualquier referencia a la topología primigenia, en el segundo, el color se utiliza, precisamente, para reivindicar la presencia
de cada elemento constructivo, de manera que dota de materialidad
a la topología desarrollada. Más aún, Vidler interpreta que cuando
Stirling acomete el proyecto del nuevo museo, colindante con el
anterior –la Alte Staatsgalerie–, busca la combinación de la tradición
clásica con lo moderno, para lo que, por un lado, se apoya en el Altes
Museum berlinés de Schinkel –mediante la ruina central abierta del
"Pantheon"– y, por otro lado, se sirve ya del acero de colores vivos y
brillantes ya del vidrio como materiales que representan la condición
técnica de la modernidad.

Por otro lado, durante el desarrollo de esta interacción poética entre
la materia y la topología, se estudia la complementariedad o adecuación entre la técnica empleada y la métrica de la solución constructiva
desarrollada; su optimización, economía y el desarrollo proporciona-
do en base a un orden establecido.

Así, con ayuda de la crítica del proceso, se cree posible poner en
entredicho aquellos detalles constructivos reiteradamente dimen-
sionados: aquellas topologías en las que se emplea una cantidad de
materia superior a la que resolvería los condicionantes técnicos de
manera óptima y eficiente, aquellas métricas que se han desarrollado con un afán de decoración y ornato. La redundancia de la fórmula
utilizada. El planteamiento de un material concreto, de forma desnuda
por ejemplo, lleva al proyecto a dudar de su capacidad expresiva y de
representación y a buscar de manera deliberada una imagen llamativa,
presumiblemente más atractiva y cuidada, mediante la adición de elementos. Esto conlleva la complicación de la geometría de modo deliberado e innecesario; así, quizás debido a la atención puesta en otros
condicionantes, se encuentra en este aspecto un punto de fricción
sobre el que reflexionar y tomar conciencia.

Se distinguen, por consiguiente, dos aspectos a analizar dentro de este
tipo de interacción. Por un lado, la vinculación entre la materialidad

de la materia –valga la redundancia en este caso– y la topología que
desarrolla la operativa interna del proyecto arquitectónico. Por otro
lado, la optimización de la técnica y las soluciones constructivas apli-
cadas a un material concreto para llevar a cabo la construcción de
la topología. Durante la acción crítica, se han de cuestionar ambas
perspectivas de modo independiente.

MATERIA/PROGRAMA

Analizar la interacción poética entre la materia y el programa, es
decir, la adecuación entre el sistema constructivo y el funcionamiento
que el proyecto arquitectónico persigue, ocupa un lugar indispensable en la acción de la crítica poética. El objetivo de este ejercicio es
velar por la condición material de la función. Es decir, se estudia la
adecuación de los materiales y la construcción al programa específico
enunciado para el proyecto arquitectónico.

Tal y como apunta Pina al respecto, esta correspondencia puede
darse de un modo más o menos sutil; pero es, en todo caso, necesaria: "por ejemplo, el empleo de materiales y sistemas sólidos y resis-
tentes se impone allí donde se prevé un uso intensivo e inclemente;
por el contrario, la utilización de materiales delicados, amables y
cálidos, resulta aconsejable en usos residenciales, guarderías, etc.".
Piénsese, por ejemplo, en los materiales a emplear para la construcción de edificios de uso sanitario. Estos han de cumplir unas estrictas
condiciones de durabilidad e higiene. O, también, en el caso de un uso
educacional –variable, además, según el ciclo formativo a impartirse–,
la selección de colores, texturas, material del mobiliario,... resulta un
factor principal para la consecución de la poética del proyecto.

Algunas de estas relaciones entre la materia y el programa están parcialmente reguladas por una normativa técnica rigurosa.[39] Estas normas
derivan de fundamentos básicos que buscan asegurar niveles suficientes de seguridad, confort y salubridad en los edificios –según su
uso– y tienen una base científica. No obstante, el campo que se abarca
con esta interacción entre la materialidad de la obra arquitectónica y

[39] A este respecto, véase el CTE, las NTE, normas UNE,...

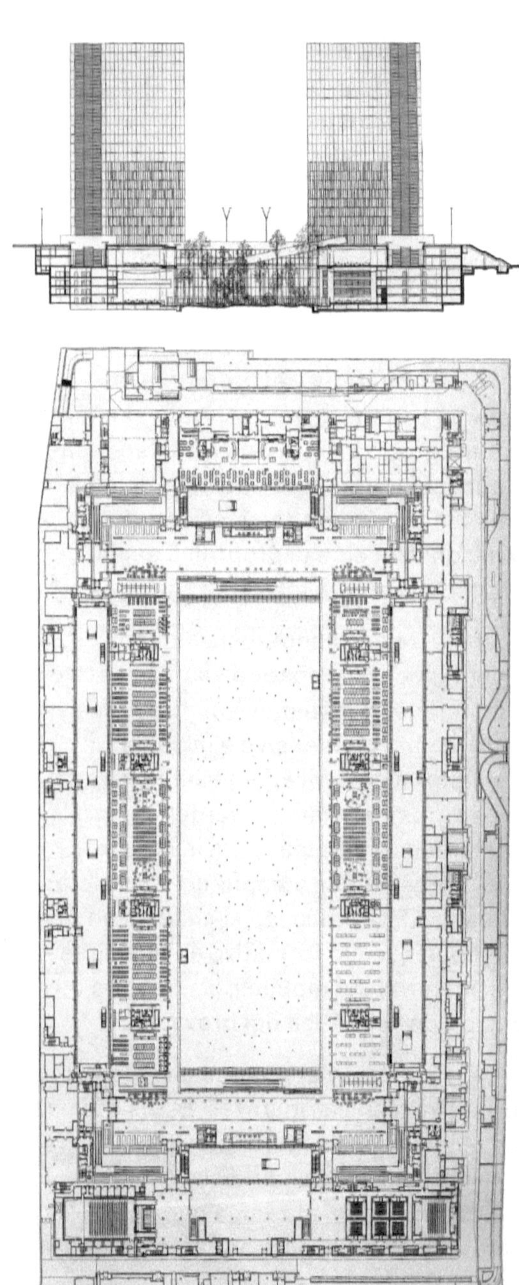

Bibliothèque nationale de France.
Sección transversal, planta de lectura.

el programa que va a desarrollar es harto más amplio y es en ese trascender norma y programa donde, apoyándose en la crítica del proceso,
se ha de estar más atento. No son escasas las ocasiones en que un afán
expresivo busca imponerse sobre el resto de sistemas y tiene como
consecuencia la reducción o, incluso, invalidación de un programa dado.

Este es el caso, por ejemplo, de algunos archivos y bibliotecas –como
la Bibliothèque nationale de France,[40] en Paris–, en los que los ejemplares de papel se disponen a lo largo del perímetro de la fachada,
siendo la envolvente de vidrio, independientemente de la orientación. La idea puede resultar atractiva, original, interesante: el saber
al alcance de todos, abierto al ciudadano. Sin embargo, su funcionalidad no refleja dicha disposición abierta. En estos edificios, es
corriente que los espacios documentales tengan un uso restringido
al personal encargado del archivo en cuestión, estado comprensible
para aquellos volúmenes de gran valor o antigüedad. Estas personas
son las responsables de recorrer los pasillos de estanterías, buscar
y encontrar el ejemplar solicitado por el ciudadano; mientras que la
lectura se realiza en la sala pública de lectura. Por otro lado, en cuanto al funcionamiento del espacio de archivo como tal, se puede pensar que, puesto que la luz natural directa y continua es nociva para la
conservación de las publicaciones, la solución técnica empleada ha
podido tener un sobrecoste económico.

En un punto opuesto se encuentran aquellas arquitecturas que buscan la solución técnica más sencilla y abordable para dar respuesta al
programa necesario, sin por ello olvidar el resto de sinergias que procuran a una obra arquitectónica su disposición poética. Si se llevan
estos casos al extremo, se encuentran aquellas actuaciones surgidas
de situaciones de emergencia –inundaciones, terremotos,...– que
precisan de una rápida respuesta –en ocasiones muy ligadas a la
estrategia de reciclaje– para propiciar unas condiciones mínimas de
refugio a los damnificados.

Este es el contexto de las cabañas de emergencia en Kobe, las Paper
Log Houses,[41] que se construyeron tras el terremoto de 1995. Para

[40] Obra de Perrault (1989-95).
[41] Obra de Ban (1995).

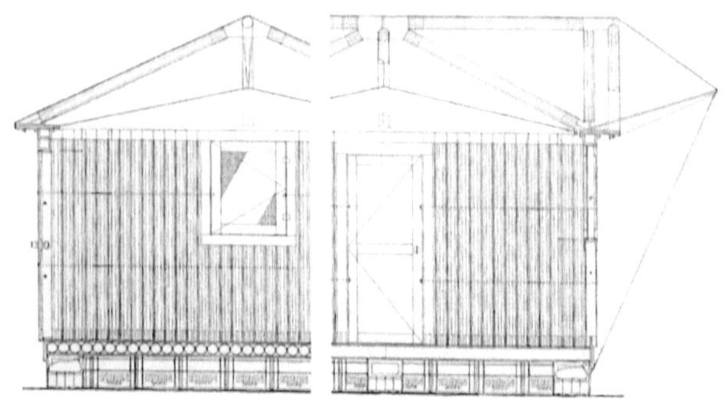

Paper Log House. Alzados.

su materialización, que debía responder tanto a unas condiciones de habitabilidad mínimas como a un tiempo mínimo de ejecución, se utilizan materiales ligeros, económicos, reciclables y locales: cajas de cerveza –que llenas de arena concretan la cimentación–, tubos de cartón reciclado –que conforman los paños verticales– y lona –para la cubierta. Esta arquitectura que podemos calificar como de "social" se caracteriza por la utilización de técnicas sencillas y materiales ligeros y reciclados y experimenta con la eliminación de todo lo superfluo para dejar lo esencial, lo suficiente para cubrir la necesidad de protección y morada.

Este tipo de sistema arquitectónico es característico de los proyectos de cooperación que las asociaciones internacionales acometen en los países menos desarrollados y describen un objeto muy concreto –y notable– de proyecto. Entre el primer ejemplo expuesto y el segundo, existe una gradación infinita de niveles de interacción entre la materia y el programa que se ha de testar a través de la acción crítica.

MATERIA/MORFOLOGÍA

Aquello que aquí se define como el carácter material de la forma, la interacción poética entre materia y morfología, es una de las relaciones

más difíciles de tratar con distancia dentro de un proceso de proyecto
–característica común a las relaciones que incluyen al vértice morfología. Se trata de una interacción de interpretación compleja que
reside en el estudio de la sinergia entre la forma que va adquiriendo
el proyecto arquitectónico y su materialidad.

Nos referimos a la implicación que conlleva la utilización de uno
u otro material para el desarrollo de la idea de la imagen de una
obra arquitectónica. Mientras que las características técnicas de la
materia –capacidad mecánica, coeficiente de aislamiento térmico,
coeficiente de aislamiento acústico, resistencia al fuego,...– juegan
un papel esencial en la consecución de los objetivos que persigue el
programa del proyecto, las características físicas que dicho material
expone en su envolvente –en su cara superficial– resultan un factor
decisivo de trasmisión sensorial hacia el usuario.

Que la superficie de un objeto se perciba rugosa como la Maison Tris-
tan-Tzara (obra de Loos, 1925-26) o, por el contrario, lisa como la Villa
Savoye (obra de Le Corbusier, 1929); que muestre su color natural, en
bruto, como el Couvent Sainte-Marie de La Tourette (obra de Le Corbusier, 1957-60) o que, de manera opuesta, se haya pintado de colores
vivos como el Le Corbusier Center en Zurich (obra de Le Corbusier,
1963-67); que aparezca completamente blanca, monocroma, como las
casas de la Weissenhof en Stuttgart (1927) o que, de modo inverso,
utilice una amplia paleta de colores como la Rietveld Schröderhuis
(obra de Rietveld, 1924); que sea brillante, como el Museo Guggenheim de Bilbao (obra de Gehry, 1997); que sea mate como el New York
Guggenheim Museum (obra Wright, 1943-59); que absorba toda la luz
como la Hoge Heren Tower en Rotterdam (obra de Wiel Arets Archi-
tecs, 1993-2001) o, por contrario, la refleje como la Smith House (obra
de Meier, 1965-67); que sea transparente como la Kunsthaus Bregenz
(obra de Zumthor, 1990-97) u opaca como la Dominus Winery (obra
de Herzog y de Meuron, 1995-98); que el material se muestre desnudo
como en el Boston City Hall (obra de Mckinnell & Knowles, 1968) o
que se encuentre protegido como en la Einsteinturm (obra de Mendel-
sohn, 1920); uniforme como la Torre del Banco Bilbao (obra de Sáenz
de Oíza, 1971-81) o desigual como el Pabellón de Barcelona (obra
de Van der Rohe, 1929); formada por un solo material como la Final

Wooden House (obra de Fujimoto, 2005-08) o, a la inversa, creada a
partir de la adición de elementos como la Villa Mairea (obra de Aalto,
1938-39); de la yuxtaposición, de la macla, de la superposición...; va a
tener una repercusión concreta y diferente en la manera de entender
y aprehender el objeto que va a tener el usuario. Por un lado, la materialidad de la forma va a suponer una reacción instintiva de atracción
o rechazo en el observador; por otro lado, el aspecto material de la
envolvente trasmitirá, también, una referencia al tiempo en el que la
obra se ha concebido –la materia como localizador histórico de una
obra de arquitectura.

De ahí la estrecha vinculación que ha de darse entre la morfología y el
sistema constructivo como seña de contemporaneidad y modernidad
de la obra. Las posibilidades son tan amplias, en cada época, como
el catálogo que ofrece la industria de la construcción en ese periodo.
En efecto, la definición de la envolvente de un proyecto arquitectónico siempre ha estado íntimamente vinculada al desarrollo técnico
de los sistemas constructivos del momento. Sobre esta cuestión,
creemos oportuno recuperar el debate abierto en torno al Museo de
Arte Romano,[42] en Mérida. Muchas son las voces críticas que se han
posicionado en contra o a favor de la materialización de este museo
con un lenguaje de, en palabras de Capitel, "ilusión" romana. La
construcción "a la romana" virtual –ya que la estructura oculta bajo
los paños de fábrica es de pórticos de hormigón– que representa un
espacio pseudobasilical animó, en su momento, un debate sobre la
oportunidad de que un espacio museístico pudiera recrear expresi-
vamente el tema expositivo que acoge. Es una cuestión compleja que
necesita de un análisis profundo, por lo que no pretendemos cerrar
la conveniente dialéctica. No obstante, Curtis realiza una crítica
que consideramos bastante certera y que, por ello, citamos a continuación: "Para los puristas de la estructura, los arcos de hormigón
camuflados del Museo de Mérida resultaban inconvenientes, pero la
intención de Moneo era evocar asociaciones de ideas con las construcciones antiguas más que expresar las realidades constructivas
de su propia época. El edificio se apoyaba en una serie de analogías y
traslaciones en torno a los temas básicos de la ingeniería romana y la

[42] Obra de Moneo (1980-85).

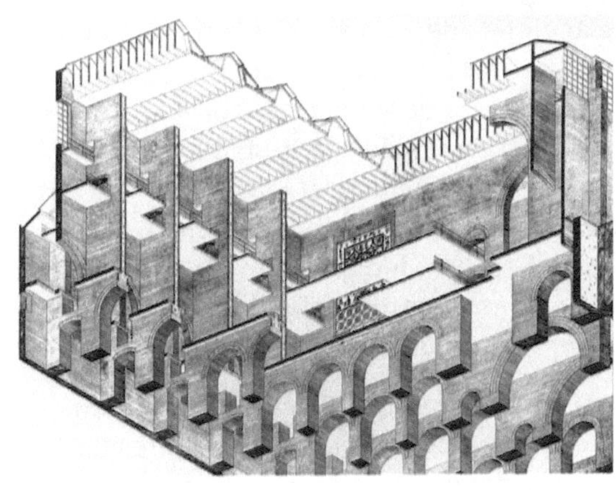

Museo de Arte Romano. Axonometría.

repetición de arcos; aludía a los acueductos, las termas, los puentes y los contrafuertes situados bajo los teatros antiguos. [...] Moneo tomó el tipo y lo reinterpretó con un lenguaje que se apoyaba en la anterior arquitectura moderna española y también enlazaba con las cuestiones planteadas por el neorracionalismo: limó y ajustó el tipo para adaptarlo a los propósitos, el contexto y las intenciones expresivas de un edificio de finales del siglo XX".

La búsqueda por alcanzar el objetivo del programa –desde una perspectiva funcionalista– o la intención meramente formal –desde una perspectiva formalista– determinan la elección de un sistema constructivo frente a otro, de una técnica dada. Esta opción, conlleva, a su vez, la utilización de un material concreto –aquel que puede desarrollar el sistema escogido. Siendo esto así, para terminar de definir la morfología del proyecto ya esbozado, solamente queda decidir entre la opción de mostrar una materia desnuda o, en cambio, aplicar una capa superficial de acabado.

En la arquitectura del movimiento moderno, se pueden encontrar ambas vías de desarrollo; tanto la que muestra la materialidad en bruto como la que no –incluso, ambas opciones pueden darse a lo largo de la carrera de un mismo arquitecto, como es el caso de Le

Corbusier. No obstante, las acciones de esta época siempre mantienen un grado de cordura en cuanto al uso de, pongamos por caso, el color. Con la llegada de la arquitectura posmoderna, por el contrario, en respuesta al alto grado de abstracción de la arquitectura precedente, se va a generalizar la utilización de la paleta de colores de un modo indiscriminado y llamativo semejante al disfraz –tómese como ejemplo, al respecto, la obra de Graves–, independientemente de las propiedades del material y relacionado con los significados añadidos o superpuestos que se van a perseguir de manera deliberada.

En 1995, Frampton publica su libro *Studies in Tectonic Culture*. Con referencias al escrito de Semper *Four Elements of Architecture* (1852), recupera el término "tectónico" y describe bajo esa calificación aquella arquitectura en la que la materia no solo es el medio constructivo, sino también el de expresión. Se refiere, así, a aquellas obras en las que los sistemas, estructuras y elementos constructivos se muestran en plena sinergia con su morfología. En este sentido, distingue entre lo tecnológico y lo tectónico; aduciendo, además, que lo tectónico se mueve entre dos opuestos: lo ontológico y lo representacional.

En la actualidad, la aparición de nuevos materiales –o de usos diferentes para materiales ya conocidos–, junto con el desarrollo de la técnica, ha propiciado una posibilidad de autonomía entre la materia y la morfología. Así, hoy en día, es posible generar cualquier morfología con cualquier materia. Ya no se puede dar por sentado una solución que aúne sistema constructivo-forma de modo unívoco. Desaparece el imperativo constructivo de la forma –no desaparece la vinculación temporal de la técnica a su tiempo.

Ante esta situación, la crítica poética señala, de nuevo, aquellos caminos que pretenden una imagen previa, una envolvente preconcebida, sin correspondencia alguna con el resto de los vértices –especialmente, con el vértice materia– que forman el proyecto arquitectónico poético. Se intenta distinguir, en este punto, entre aquellos procesos de proyecto en los que el aspecto material de la envolvente adquiere una importancia preponderante y, no obstante, continúa existiendo una vinculación poética con la operativa de la obra arquitectónica y aquellos otros que buscan ser representativos per sé, y en los que quedan descuidados el resto de vectores del proyecto.

MATERIA/CAMPO

En la interacción poética entre materia y campo, se fija la atención
en los vínculos que el proyecto va tejiendo entre su materialidad y
aquella del campo en el que se localiza; se analiza, de esta manera, la
condición material del contexto. Se intenta descubrir la existencia de
puntos de fricción que puedan entorpecer la conexión entre la obra
arquitectónica y la naturaleza del entorno en el que se va a implantar.

La problemática que esta interacción analiza, se da, dentro del proceso de proyecto, fundamentalmente durante la articulación del mismo;
en el punto crítico en que proyecto arquitectónico y campo entran en
contacto. Por lo tanto, es en ese momento en el que la acción crítica
juega un papel importante, puesto que solventar una fricción –de ser
esto conveniente– en este nivel será proporcionalmente más difícil
según se avance en el desarrollo del proyecto. No obstante, este
grado de interacción mantiene una revisión constante a lo largo de
todo el proceso proyectivo; puesto que se encuentra, también, en
estrecha vinculación con los condicionantes económicos del mismo,
que pueden dar lugar a modificaciones en las soluciones constructivas planteadas.

El campo sobre el que un proyecto arquitectónico actúa se encuentra previamente caracterizado por condicionantes de índole diversa:
urbanos, sociales, antropológicos, económicos, históricos, políticos,
psicológicos,... Tras un complejo análisis previo, el proyecto arquitectónico poético decide –de acuerdo a su operativa interna– la posición de distancia o cercanía que va a ocupar respecto a estos antecedentes. Esta elección ha de nacer de las necesidades que el campo
presenta, de las necesidades a cubrir para un desarrollo a escala
humana. De este modo, si del estudio contextual a todos los niveles
–el análisis poético– se ha concluido que el medio territorial y social
es equilibrado, consistente y positivo para sus habitantes, el proyecto
arquitectónico buscará que la obra se construya con materia acorde
al ambiente; es decir, intentará, mediante una disposición integradora, reafirmar las posibilidades y posiciones que el lugar representa a
priori. En cambio, si se adivina una necesidad de reconversión o re-
contextualización del campo –ya sea por razones sociales, urbanísti-
cas, medioambientales o económicas–, el proyecto buscará invertir la

situación existente. Para ello, contará con la posibilidad de promover
la ruptura con el entorno en cada uno de los vértices restantes que
conforma el proyecto arquitectónico –o solo en alguno de ellos. Se
atiende, en este punto, los casos en que este enfrentamiento al contexto se realiza a través de una nueva idea de la materia.

En esta ocasión, la acción consiste en verificar que el vínculo que
el proyecto arquitectónico está tejiendo con el campo circundante
a través de su materialidad, economía, técnica y construcción –sea
éste de escisión o de empoderamiento– responde poéticamente a las
necesidades subyacentes detectadas con anterioridad. Dicho esto,
cabe señalar que tan poco poética es la obra de arquitectura que se
acomoda sin aversión alguna a un tejido urbano con algún tipo de
carencia –muy especialmente si ésta es de tipo social–, como la que
no duda en reivindicarse de forma llamativa en un paisaje integrado
equilibradamente, sin sopesar las consecuencias de esta acción. No
es necesario apuntar que el proyecto será, en este sentido, poético,
si el sistema constructivo que plantea se formula como una reacción
proporcionada a la problemática del campo.

Esta interacción de equilibrio entre la materia y el campo es un rasgo
característico y ejemplar en la obra doméstica de Murccutt. Su arquitectura "ambiental" se sitúa en el lugar capturando un sentido de
pertenencia cierto. Para ello, cada proyecto tiene en cuenta tanto los
datos ambientales de orografía –desniveles del terreno, vegetación,...–
y clima –soleamiento, viento, lluvia,...–, como los rasgos antropológicos y culturales que caracterizan el territorio. Una vez interpretado el
contexto, se inicia un proceso de proyecto que utiliza, de la mano de
una tecnología actualizada –pero en equilibrio con el campo–, tanto
materiales industriales como otros naturales y locales. Por otro lado,
esta arquitectura pone en valor los aspectos cualitativos de la materia
a través de la significación de texturas y colores. Además, se aleja de
la utilización de técnicas tradicionales y artesanales de construcción
para adecuar y proponer aquellas que desarrolla, de manera continua, la industria contemporánea. El resultado es una combinación
moderna y medioambientalmente sostenible que logra una morfología
actualizada que se concreta mediante soluciones constructivas sencillas que se adaptan a la economía local y a lugares, algunas veces, de
difícil acceso. En este sentido, no solo la elección de los materiales,

sino también las soluciones constructivas, favorecen la sinergia entre materia y campo. Así, por ejemplo, un proyecto que origina techos que favorecen la captación de la brisa en climas tórridos o que, por el contrario, protegen de los vientos intensos en zonas más áridas; que filtran y tamizan la luz natural; o que, incluso, recolectan el agua de lluvia en territorios naturalmente secos.

No obstante, como carencia que la arquitectura descrita presenta, es posible señalar, con carácter general, la ausencia de interacción con lo colectivo –tanto en su campo como en su programa. Sobre este punto, cabe advertir que la dificultad de la acción crítica se acentúa con el programa público de contexto complejo –en cuanto a la puesta en cuestión del criterio adoptado por el proyecto ante la materialidad del lugar que lo acoge o rechaza. Al respecto, se quiere señalar que, en los proyectos que desarrollan un programa de finalidad colectiva, el equilibrio con el campo puede verse alterado por detalles que, muchas veces, pueden parecer banales. Vemos el ejemplo de los Robin Hood Gardens,[43] en London. Estas viviendas están ubicadas en Poplar, un área no muy alejada de los muelles del East End. Se trata de un distrito marcadamente residencial, en el que se generaliza el desarrollo de vivienda pública durante el siglo XX. En este marco, los Smithson llevan a la práctica sus teorías sobre la vivienda colectiva destinada a la clase trabajadora y, así, utilizan un sistema de calles peatonales superpuestas que ya habían propuesto con anterioridad en su proyecto de Golden Lane (1952). Cortés dice de esta obra que "desde la perspectiva actual, somos conscientes del componente de utopía social que la propuesta de los Smithson encerraba y de su imposibilidad definitiva de éxito en la realidad individualista y anticolectiva que sustituyó a los movimientos colectivistas y comunitarios de los años 50 y 60. Pero la fuerza de su proyecto estaba precisamente ahí, en el intento de transponer en forma edificada el modelo social asumido como válido". La actuación intenta trasladar aquellos elementos que propugnan el valor de lo colectivo y de lo público – como bien señala Cortés a propósito de "la famosa perspectiva de la calle elevada" ("street-decks"). No obstante, la iniciativa parece no ser suficiente "en su intención simbólica de expresar y encarnar

[43] Obra de los Smithson (East London, 1964-72).

la comunidad ideal" y, como conjunto, señala Curtis que "parecen impulsados por una visión austera de la vida de la clase obrera, más a tono con las realidades de principios de la década de 1950 que con el consumismo de años posteriores".

La materialidad de este proyecto apunta en la misma dirección cuando se encuentra que el muro perimetral, en continuidad con la materia del edificio, se construye, también, en hormigón armado –alcanzando gran altura y definiéndose físicamente como infranqueable. Esta decisión, en cuanto al material utilizado para cerrar el límite de la parcela, conlleva el aislamiento respecto de la trama urbana. Con ello, se crea un espacio susceptible de acentuar la disposición social de estas viviendas –ya de por sí austeras en su concepción. El aspecto cualitativo que la materia transmite a través de la significación de su textura bruta y desnuda termina por encerrar este espacio residencial sobre sí mismo, apartándolo de su entorno natural e impidiendo cualquier interacción con él. Rompe así, la materia, con el compromiso ético que previamente había adquirido con el orden interno del proyecto arquitectónico.

TIPOS DE INTERACCIONES DESDE LA MORFOLOGÍA

MORFOLOGÍA/TOPOLOGÍA

La interacción poética entre la morfología y la topología es una de las relaciones más difíciles de interpretar con distancia dentro del proceso de proyecto. Es una interacción compleja que estudia el lazo –existente o ausente, sinérgico o contradictorio– entre la forma en que deviene un proyecto arquitectónico y su topología –como dimensión, escala, proporción, orden,...

La razón por la que no puede ser directa la interpretación de oportunidad y poética entre la morfología de un edificio y su topología es que lo formal, en sí mismo, de manera descontextualizada, no ha de responder a una escala concreta –su métrica es abstracta. De hecho, tal y como detecta Capitel, Aalto utilizaba sus "invariantes formales apriorísticos" para la resolución de cuestiones de diversa índole:

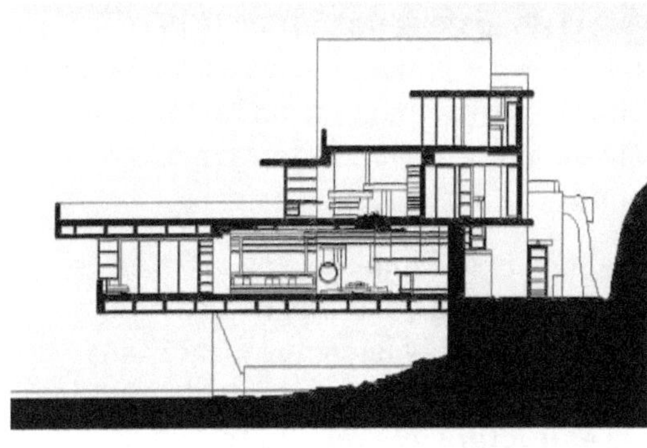

Fallingwater House. Sección.

"las trazas onduladas como líneas, como superficies y como volúmenes; en vertical, en horizontal y en inclinado; reales y virtuales; para objetos y muebles y para edificios; para la definición de espacios interiores y para la de volúmenes externos; como elementos secundarios, como elementos principales, e, incluso, como definición de una totalidad edificada".

La adecuación de la dimensión de la volumetría de un objeto de arquitectura es la resultante de la consistencia que tiene la proporción dimensional entre campo e imagen. Así, poética es la obra de arquitectura que adapta la dimensión de su forma al paisaje circundante; mientras que se encuentran otros objetos en los que, debido a la desconexión entre métrica y lugar, la formalización construida del proyecto resulta excesiva o, por el contrario, ridícula.

Piénsese, por ejemplo, en el caso de la Fallingwater House,[44] en Pennsylvania. Desde una visión abstracta del proyecto, se aprecia una gran potencia y fuerza en los planos voladizos que se proyectan desde el núcleo pétreo y masivo central. Sin embargo, si se contextualiza el objeto, dibujando una persona a escala sobre los documentos del proyecto, es posible apreciar que su dimensión real es

[44] Obra de Wright (1934-38).

bastante más reducida de lo previsto. Este "engaño" en la percepción de la escala del edificio se consigue mediante el uso de un detalle constructivo, para el desarrollo de los vuelos, que aumenta su medida en el frente –en tanto que la disminuye hacia la terraza que estos voladizos crean sobre sí mismos.

Diametralmente opuesto es el caso de la Chapelle Notre-Dame du Haut,[45] en Ronchamp. Esta capilla se eleva en lo alto de una colina, en las estribaciones de Los Vosgos, no muy lejos de las montañas del Jura. Sobre este proyecto, afirma Cortés que su complejidad formal, junto a una ausencia de la estructura que resulta "enigmática", dificultan su clasificación entre los proyectos de Le Corbusier: "... la cubierta, y en general toda la capilla de Ronchamp, se manifiesta en su complejidad formal y en su enigmática ausencia estructural [...] los elementos estructurales permanecen ocultos dentro de los muros y de la cubierta, pero son los que dejan aparecer a éstos en su limpieza y tersura superficial, una tersura tensa, activa, producida por una estructura que indudablemente existe y que sin embargo no vemos". La morfología de esta obra da lugar a una acción compleja de composición unitaria –planos cóncavos y convexos que se yuxtaponen o separan. Se está ante un proyecto orgánico, cuyas formas blandas buscan integrarse con el ritmo vital de la Naturaleza.[46] Las superficies curvas de sus muros establecen un diálogo con la silueta del paisaje que lo rodea. En este sentido, si se abstrae la formalización de su contexto, se llega a la conclusión de que, el edificio, no solo queda ligado al paisaje por su imagen, sino también por su tamaño –que parece ser el de una capilla pequeña. Sin embargo, la escala del proyecto es otra, mucho mayor de lo supuesto –tal y como se desprende de la planta de situación o del amueblamiento interior. De hecho, "it can be seen from miles around with its white thumb tower against the sky, and the dark hull of its roof riding over the evergreens".[47]

[45] Obra de Le Corbusier (1950-55).

[46] En Frampton (2001, 171): "All in all, inside and out, the chapel celebrates the ascent and descent of the sun together with the waxing of the seasons, integrated into the life cycle and the rhythmic order of nature".

[47] En Curtis (1986, 175).

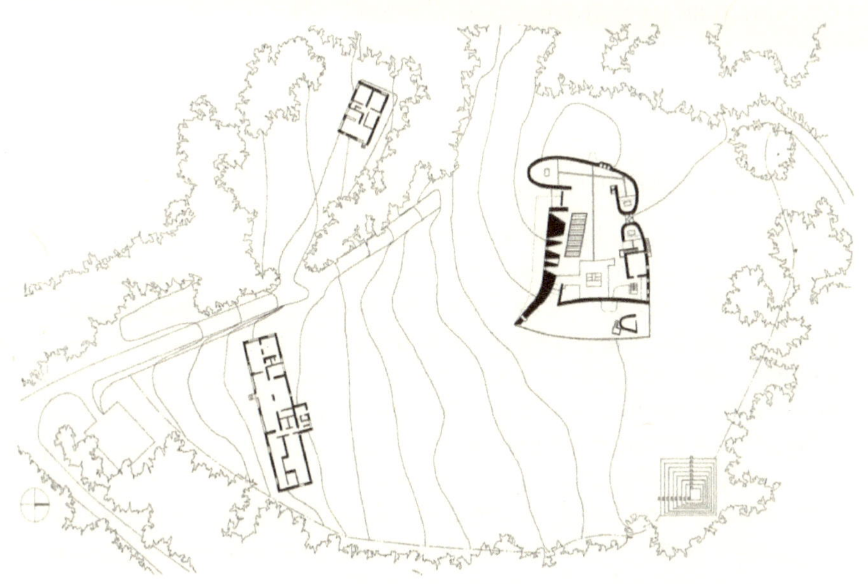

Chapelle Notre-Dame du Haut. Planta de situación.

Anotaciones en su cuaderno de dibujo[48] atestiguan que el maestro suizo fue consciente de este punto de fricción escalar en el aspecto formal de la topología de la capilla de Ronchamp; sin embargo, no modificó el proyecto. Al igual que ocurre al usar la crítica poética como instrumento del proceso de proyecto, la puesta en cuestión de las interacciones poéticas entre los vértices arquitectónicos que integran una arquitectura posibilita la detección de puntos de fricción, de

[48] En Curtis (1986, 179): "Le Corbusier immersed himself in books which Couturier gave him about the Catholic liturgy, and began to reflect on religious spaces throughout history that he had found moving, but it was the genius loci itself, the sacredness of the spot and its spatial relationship to the surrounding landscape which dominated his imagination: particularly the resonance which he sensed between the hilltop and the distant ridges on the horizon. Two weeks earlier, he had passed Ronchamp on a train and glimpsed the ruins of the old church, remarking in his sketchbook that the silhouette of the new building would need to be smaller to be in scale with the hill".

oportunidades en el proyecto –y ahí reside su valor–; pero no garantiza su resolución, puesto que la misma depende, únicamente, de las decisiones de proyecto que determina el arquitecto.

MORFOLOGÍA/PROGRAMA

El vínculo que se analiza en la interacción poética entre la morfología y el programa vela por que el carácter formal de la función sea sinérgico con el uso del proyecto. Para ello, se estudian la formalización de la envolvente, la expresión formal del proyecto representada por su imagen, la unidad del espacio-tiempo,... desde la propia operativa del programa enunciado. La fricción, en este caso, se va a localizar en los puntos en los que la pérdida de unidad compositiva repercuta en una solución disfuncional, en aquellos casos en los que la forma represente un significado distinto al del programa anunciado o si el programa olvida su vertiente morfológica. Veamos varios ejemplos.

Al estudiar los documentos del proyecto de la Villa Moller,[49] en Viena y comparar las plantas con el alzado principal, se encuentra un caso que sigue la estrategia proyectiva barroca de independencia entre fachada y programa. Así, en esta vivienda se sacrifica el funcionamiento de los espacios que limitan con la fachada a la calle en aras de lograr una imagen ordenada, limpia y simétrica, suficientemente representativa. Esto se traduce en la disposición y tamaño de los huecos en cada una de las plantas, que, en varias ocasiones, se sitúan en las esquinas de acceso de los espacios a los que sirven.

Por otro lado, en las Kubuswoningen o Casas Cubo,[50] en Rotterdam, el valor otorgado durante el desarrollo del proyecto a potenciar el campo mediante una propuesta morfológica innovadora deriva en un debilitamiento de la funcionalidad de las viviendas. Esta obra de carácter conceptual se basa en la idea de desarrollar el uso de vivienda como techo urbano. Es decir, como actuación que proporciona un mayor espacio exterior a nivel de la calle. Así, Blom formaliza su

[49] Obra de Loos (1927-28).

[50] Obra de Blom (1974-77).

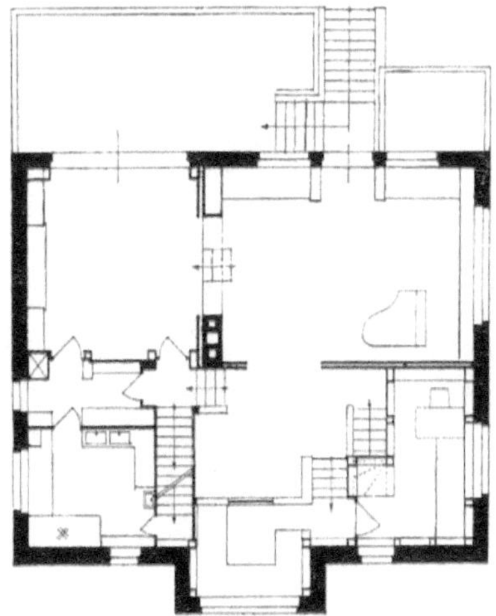

Villa Moller. Planta principal.

propuesta situando cubos –como contenedores de las viviendas–, girados 45°, sobre núcleos de acceso de volumetría reducida. Blom interpreta el edificio como un bosque en el que cada árbol es una vivienda. Independientemente de la oportunidad de esta lectura metafórica, se detecta que la inclinación de la totalidad de los alzados repercute de modo negativo en el desarrollo básico del proyecto: el uso de vivienda.

Por último, se vuelve a tomar como ejemplo la Bibliothèque nationale de France,[51] en Paris, por la falta de sinergia existente entre el programa de biblioteca –como depósito físico de libros– y la morfología de la arquitectura construida. Entre las lecturas posibles que se han hecho de la forma de esta obra, se advierte aquella de la metáfora del "libro abierto" que algunas voces ven en la imagen de las cuatro torres que encuadran geométricamente la solución. De ser esto así,

[51] Obra de Perrault (1989-95).

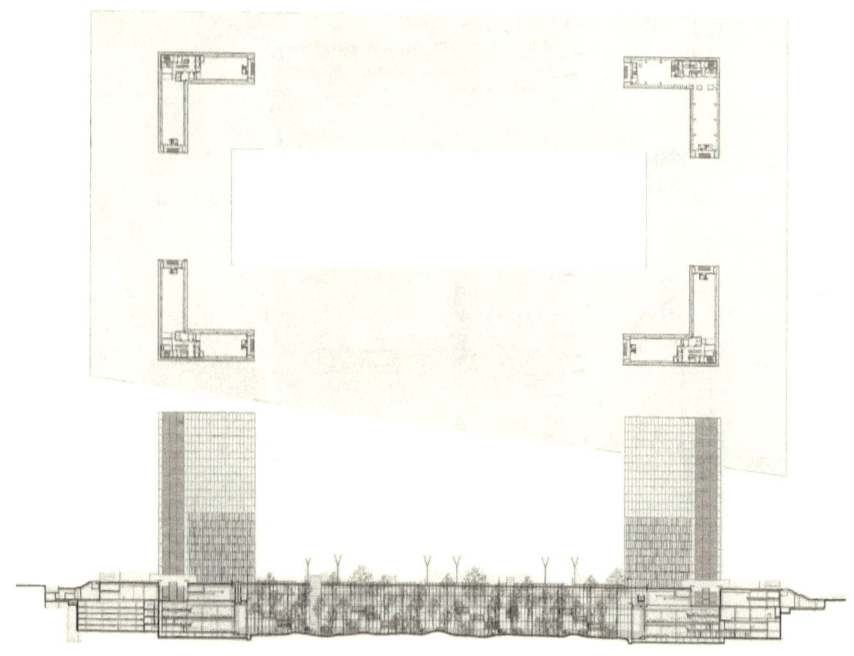

Bibliothèque nationale de France. Sección longitudinal, planta torres tipo.

se estaría ante un caso formalista que se podría haber señalado como
ejemplo de la ruptura de la interacción poética entre el programa y
la morfología. En todo caso, y desde el vínculo que se trata en este
momento, la decisión de proyectar cuatro torres de altura considerable no parece la solución más conveniente para el almacenamiento
de libros. Éste se produce extensivo en altura y disperso en planta,
lo que obliga a una multiplicación y complicación de las circulaciones en el edificio al nivel en el que el espacio se desarrolla en todo
el perímetro de la parcela –esto ocurre en las plantas inferiores que
conforman el gran zócalo. Montaner aprecia en este "gran manifiesto
minimalista" una estructura poco habitable. "La opción volumétrica, tan rígida e isotrópica, es contradictoria con la gran diversidad y

complejidad de espacios de circulación, lectura, estar, trabajo y almacén, que solo pueden amoldarse, dentro de este conjunto estrictamente simétrico, con graves problemas funcionales y con un esfuerzo de diseño sobreañadido para hacer habitable una estructura tan dura y fría". Y continúa: "Se trata de un bellísimo contenedor que no aporta nada a la tradición tipológica de las bibliotecas y cuyo inmenso basamento no se integra en su entorno urbano más inmediato. En definitiva, este desajuste entre la contundente belleza de la forma y la complejidad del programa contradice los objetivos minimalistas".

MORFOLOGÍA/MATERIA

Por otro lado, se entiende por interacción poética entre morfología y materia la condición formal de la materia, –en cuanto a la correspondencia entre imagen y sistema constructivo utilizado. Es decir, la sinergia entre las características físicas naturales de la materia y su formalización. Se trata, por tanto, de una práctica crítica que se realiza, dentro del proceso de proyecto, una vez se hayan concretado los materiales y los sistemas constructivos a desarrollar.

Cada material, en función de sus características físicas, químicas y estáticas posee una interacción intrínseca y natural con una lógica constructiva concreta. La piedra, la madera, la cerámica, el hormigón, el acero, el aluminio, el vidrio, los polímeros,... unos trabajan a compresión, otros son capaces de soportar grandes tracciones, algunos resisten mejor que otros el fuego, la trasmisión térmica también varía en cada material, la elasticidad, la maleabilidad,... un material supone un modo de construir y, por tanto, la generación de una forma determinada; sin embargo, esta adecuación entre material y solución constructiva no siempre está presente.

En el Kimbell Museum,[52] en Fort Worth, Texas, lo que aparenta ser un espacio creado por bóvedas de cañón contiguas está, en realidad, construido con vigas de hormigón en "H". Esta modificación en la manera de trabajar habitual de una bóveda se debe, en este caso, al objetivo perseguido durante todo el proceso de proyecto –según se

[52] Obra de Kahn (1967-72).

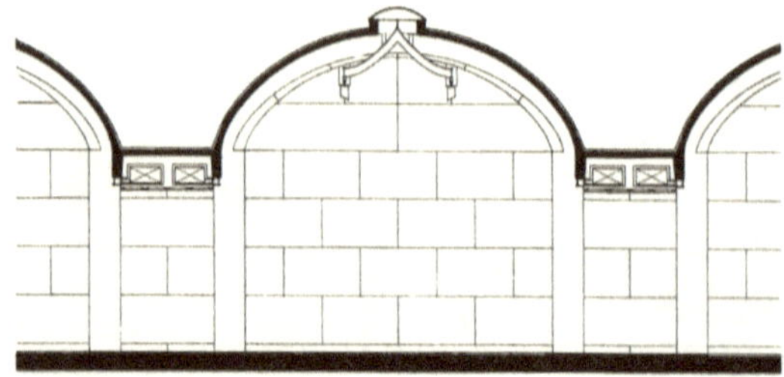

Kimbell Museum.
Detalle sección constructiva.

desprende del análisis de los documentos gráficos de las distintas versiones desarrolladas– de poder introducir luz natural cenital continua desde la posición de la "clave".[53]

No obstante, el avance de la técnica, junto con los nuevos materiales descubiertos, ha propiciado que, hoy en día, casi cualquier material pueda vestir cualquier forma. Y se apunta "vestir" porque las características naturales de la materia no han variado, sino que es el desarrollo de los sistemas constructivos los que han generado esta posibilidad y, con ella, las situaciones de fricción entre los vértices que se analizan en este punto –la alteración de aquella operativa interna del proyecto que relacionaba forma y materia, material y sistema constructivo.

Con el fin de tomar consciencia de este lazo entre dos sistemas arquitectónicos esenciales, se señalan aquellos elementos, estructuras y/o

[53] En Curtis (1982, 524-525): "Al igual que en el Salk, el efecto arquitectónico surgía del ritmo señorial de los temas geométricos primarios, del control de las proporciones y de la evocadora combinación de un número limitado de materiales: en este caso, travertino, hormigón, acero inoxidable, agua y vidrio. Pero la magia esencial del Museo Kimbell residía en la fusión de la estructura y la luz. Cada bóveda estaba bisecada en la cúspide por una estrecha hendidura que recorría toda su longitud. La luz natural se derramaba por la rendija cayendo sobre unos reflectores de acero inoxidable orientados hacia arriba, y luego se dispersa como un resplandor plateado sobre las caras inferiores de hormigón pulido de la estructura desnuda de la cubierta".

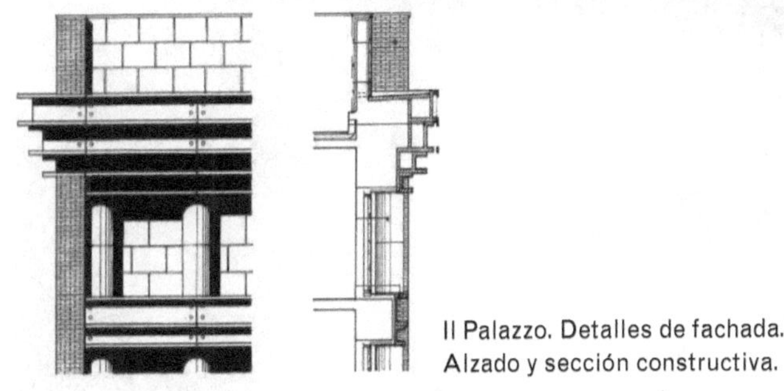

Il Palazzo. Detalles de fachada.
Alzado y sección constructiva.

sistemas constructivos en los que se plasma una tectónica sin interacción alguna con el material escogido, lo que se podría llamar "una simulación formal del material". Esta ruptura de la interacción poética será más profunda en aquellos proyectos en los que la fricción detectada sea el resultado, solamente, de la importancia otorgada a una forma previa preconcebida.

En el hotel Il Palazzo,[54] en Fukuoka, si se estudian con detenimiento los documentos de proyecto del alzado principal y se comparan con los de planta y sección, es posible observar que ninguno de los materiales utilizados para la formalización de la envolvente del edificio se ha utilizado por razones tectónicas. Así, ni la fábrica de ladrillo es muro de carga, ni los forjados son metálicos, ni las columnas pétreas sostienen pórtico alguno, ni tan siquiera el fondo, también pétreo, tiene espesor. Se trata de un ejemplo claro de "fachadismo", en el que el punto de fricción se lleva al más alto nivel; puesto que se pretende y disimula esa falta de consistencia entre el material escogido y el uso de sus características físicas. El aspecto formal de la materia aparenta ser sinérgico con un modo de construir tectónicamente natural y, sin embargo, la sección constructiva y las plantas del edificio nos

---

[54] Obra de Rossi (1987).

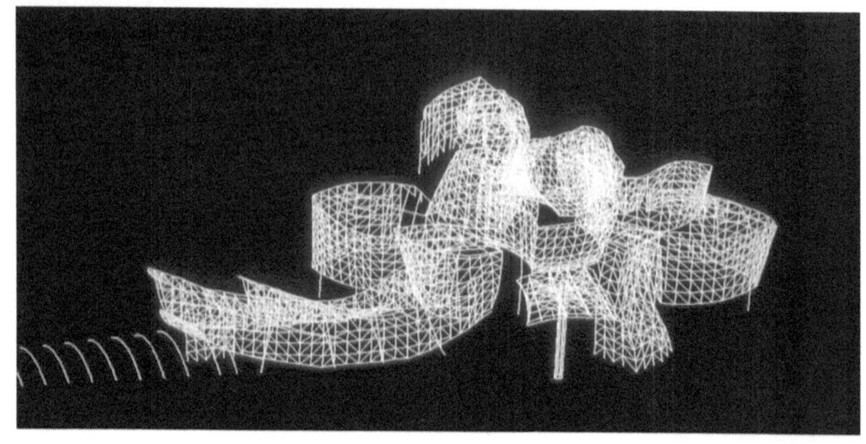

Museo Guggenheim Bilbao. Malla estructural.

hablan de un sistema porticado de hormigón, que nada tiene que ver con la representación de la imagen exterior.

La independencia que la técnica ha propiciado para el aspecto formal que un material puede adquirir, como envolvente de un edificio, es, posiblemente, el mayor impulso dado a las posturas que apoyan la plástica arquitectónica. La libertad formal supone la desaparición de la materia y tectónica convencionales. Y este hecho ha dado lugar a acciones que se apoyan en estas nuevas tecnologías para formalizar exteriormente una imagen mediática –escultórica y ligada a lo espectacular– cuyo impacto va a depender, además, de la expansión de dicha imagen a través de los media.

Como ejemplo paradigmático de esta arquitectura, es posible tomar el Museo Guggenheim de Bilbao.[55] Sobre esta actuación, señala Capitel que "Gehry recupera en Bilbao el sentido plástico de las arquitecturas orgánicas más exacerbadas, desprendiéndolo tanto de cualquier

[55] Obra de Gehry (1997-2000).

trascendencia como de la preocupación de coherencia material y estructural, que había devenido tan improbable como inoportuna". Y continúa así: "Asumiendo la posición libertaria de Scharoun, expulsaría de ella, sin embargo, la agresiva expresividad, el feísmo, y todo otro residuo de aquellas condiciones que situaban la obra de éste en un intenso empeño todavía "trascendente", de "ideas", al fin. Con la ayuda de Venturi y gran parte de lo que tras él ocurrió −sobre todo en la arquitectura norteamericana, y descontando, por supuesto, las aventuras pseudoclásicas− altera el espacio y el lenguaje para volverlos "ligeros", puramente plásticos, humorísticos, placenteros,...".

MORFOLOGÍA/CAMPO

Mediante el estudio de la interacción poética entre la morfología y el campo se fija la atención en los lazos que el proyecto crea entre su forma y el espacio-tiempo del campo en el que se localiza. Se estudia, de este modo, lo formal del paisaje. Se trata de señalar los posibles puntos de fricción que opongan cierta dificultad −desde una óptica poética− al desarrollo de la operativa interna del campo.

La problemática que se analiza tiene lugar, dentro del proceso de proyecto, desde el comienzo del mismo. Desde el instante en que acontece la primera toma de contacto entre el proyecto arquitectónico y el campo. En todo caso, crece a medida que se desarrolla la formalización física del objeto. Por lo tanto, la acción crítica sobre este punto será continua y permanente.

Ya se ha hablado del análisis poético que, ante el comienzo de un proceso de proyecto, se debe realizar. En lo que se refiere a su morfología, el medio territorial y social conlleva una operativa interna representada por el paisaje. Éste recoge las características propias del lugar sobre el que la obra de arquitectura influirá −ya sea en positivo o en negativo; de ahí la importancia de la acción crítica al respecto. Al igual que se ha definido la obra de arquitectura como forma construida, el contexto presenta, igualmente, una formalización física y material, resultante de los condicionantes urbanos −o rurales, en su caso−, históricos, políticos, socioeconómicos, antropológicos, psicológicos,... a que tantas veces se ha hecho referencia a lo largo de estos capítulos. Durante la gestación de los sistemas arquitectónicos, también el morfológico, estos elementos que conforman el paisaje circundante han de estar siempre presentes; de tal manera que la forma del proyecto, como estructura operativa, responda de modo consciente al paisaje en el que pasará a integrarse una vez construido.

El proyecto adquiere un posicionamiento ante el campo que lo rodea. El hecho de reflexionar y decidir dicha postura es, en sí mismo, un acto poético que le otorga consistencia. En primer lugar, el orden interno adquiere una postura frente al paisaje. Ésta podrá ser de disposición integradora o de enfrentamiento, en función de la conveniencia de dar continuidad al tejido existente o la necesidad de re-estructuración del contexto. En segundo lugar, este posicionamiento tendrá unas consecuencias concretas durante el desarrollo de los vértices arquitectónicos. Entre ellos, la morfología supondrá la representación física de ese espacio-tiempo interno. En este sentido, el objetivo de la acción crítica es el de dar aviso de la aparición de posiciones meramente artísticas con el fin de evitar el alejamiento del proyecto de lo poético.

En 1966, Alexander publica el libro *Notes on the Synthesis of Form*. Considera que la forma depende directamente del contexto. Que el campo posee todas las condiciones que determinan la forma. Es decir, que el contexto exhibe, en un momento dado, unas características y necesidades tales que exigen una acción de respuesta que permita el avance, el crecimiento –positivo– del lugar, del territorio. En principio, aparecen dos escenarios antagónicos: el urbano y el territorio natural. Independientemente de los rasgos socioculturales que presenten ambos casos, sus características físicas van a suponer una estrategia proyectiva concreta.

Así, si se atiende a aquella arquitectura que se localiza en un contexto urbano, se hace relevante la reflexión, durante el desarrollo del proyecto, de la disposición representativa que la forma construida ha de tener. Como ejemplo, precisamente, de lo contrario, se expone, de nuevo, el edificio Centraal Beheeer,[56] en Apeldoorn. Desde el punto de vista de la representación, el ejemplo presenta una serie

[56] Obra de Hertzberger (1967-72).

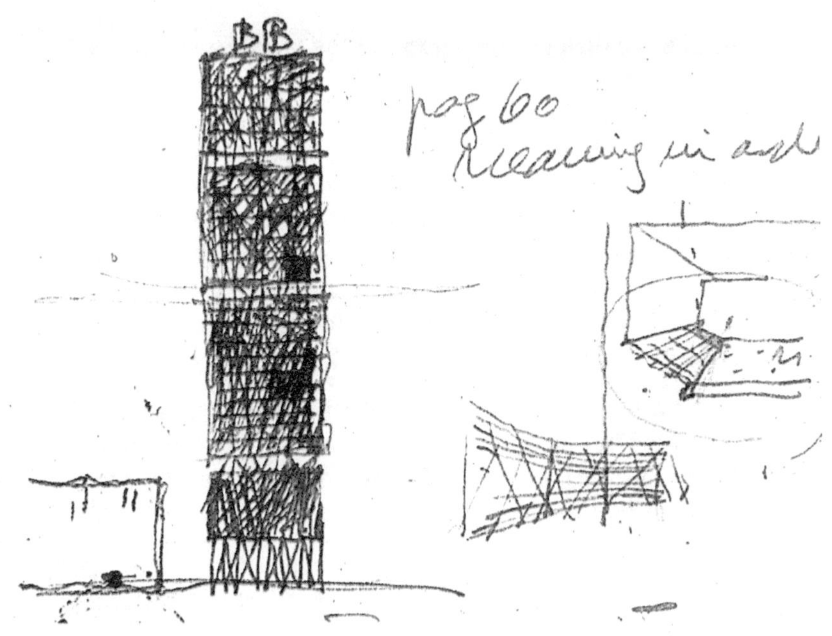

Banco Bilbao. Croquis.

de características que impiden su percepción como institución civil. En este sentido, se recoge una cita de Frampton que parece acertada: "From the point of view of the public representation the Centraal Beheer may be said to display the following negative characteristics. The first arises from its assertion as a 'city in miniature', evident in its resemblance to an Italian hill-town and, rather paradoxically, in the absence of a clearly perceivable perimeter. This conjunction of hermetic urban form with a weakly defined boundary not only challenges the urban value of the surrounding city fabric but also questions the status of an office building as a civic institution".

Otro ejemplo en el que se pueden detectar ciertas dudas a la hora de responder y asumir el aspecto formal del paisaje es el Banco de Bilbao,[57]

[57] Obra de Sáenz de Oíza (1971-81).

en Madrid. Si se realiza un recorrido por los croquis y documentos gráficos del proyecto, se entiende que el encuentro entre la torre y la calle se formalizó de diversas maneras a lo largo del proyecto. Mientras que en los dibujos previos a la construcción aparece una solución que eleva el edificio sobre unos elementos estructurales verticales vistos, que permiten la continuidad del espacio urbano y dinamiza las circulaciones del entorno, la solución construida opta por una toma de contacto con el terreno "plantada", que rompe con el espacio exterior existente al crear una topografía que desciende hacia el acceso al edificio.

Por último, en relación a aquellas arquitecturas del paisaje, se señala el Forum Omegna[58] como ejemplo de formalismo plástico que difumina, como resultado del uso injustificado del color y las formas, cualquier memoria histórica del lugar.

TIPOS DE INTERACCIONES DESDE EL CAMPO

CAMPO/TOPOLOGÍA

En la interacción poética entre el campo y la topología, la correspondencia entre el contexto y el espacio que el proyecto genera es, sobre todo, un problema de escala y de límite. La puesta en cuestión de lo ambiental de la métrica fija su atención, desde las cuestiones que se refieren a la escala metropolitana, de la ciudad, del medio rural, del transporte,..., en una escala general, hasta aquellas más cercanas que afectan al propio usuario, en la escala menor –la escala humana.

Se coincide con Pina en que los puntos de fricción a este nivel podrán encontrarse entre las medidas absolutas del proyecto arquitectónico y el lugar o entre la métrica de algunos elementos del proyecto y el contexto. Su análisis contiene un alto grado de dificultad debido al nivel de complejidad que en ocasiones presenta el campo –en el que intervienen aspectos no solo urbanos, sino también políticos, sociológicos, históricos, antropológicos, psicológicos,...

[58] Obra de Mendini (1996-98).

En un primer orden, todo proyecto se encuentra con la existencia de normativa y documentación diversa –sobre todo urbanística– que relaciona la localización y uso de un edificio con sus dimensiones. Estos condicionantes suelen establecer unos rangos –o límites dimensionales– de carácter obligatorio que persiguen tanto un cierto grado de control en el desarrollo urbanístico como el garantizar unas condiciones suficientes de salubridad en los edificios. Recuérdense, por ejemplo, aquellos artículos del planeamiento urbano que en un municipio limitan el número de plantas, las alturas máximas, las distancias mínimas,...

En un segundo orden, el proyecto arquitectónico se encuentra con otras pautas que, de forma sutil o directa, intentan imponer el resto de agentes implicados –mayoritariamente intereses políticos y socioeconómicos.[59]

Uno de los problemas que puede sufrir la escala metropolitana es el de la dispersión de los objetos edificados, su segregación y aislamiento. Nos referimos a aquellos planteamientos urbanísticos que tienen como consecuencia la aparición de piezas no relacionadas con su entorno urbano. Es el caso de la Potsdamer Platz, en Berlin. Esta plaza, que históricamente vive una época de gran actividad económica y cultural durante el siglo XIX y en la que se concentran los grandes hoteles de la ciudad durante ese periodo, queda gravemente dañada y en tierra de nadie tras la construcción del Berliner Mauer, lo que supone su abandono en los años de posguerra –pese a su próxima localización a la principal avenida comercial de la zona oeste. Tras la caída del muro, su remodelación constituye uno de los grandes proyectos de recuperación en la ciudad. Se desarrolla un primer máster plan a cargo de Hilmer y Sattler en 1991. La propuesta de planeamiento persigue la reconstrucción y recuperación del espacio compacto y complejo de la ciudad europea tradicional. No obstante, el desarrollo de dicho planeamiento se ve fuertemente influenciado por el modelo de gestión económico y las corporaciones participantes. Finalmente, la densidad urbana no se acomete y se desarrolla un área de servicios en la que participan arquitectos de renombre internacional –entre ellos

---

[59] En este sentido, la presión externa para agotar los parámetros urbanísticos nunca decae.

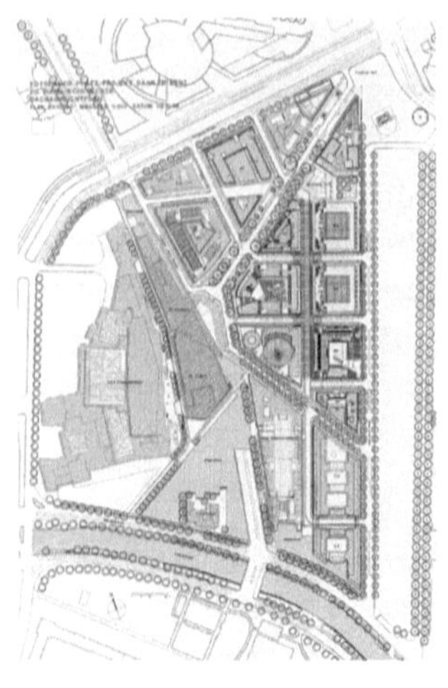

Potsdamer Platz Master Plan. Plano de situación.

Isozaki, Jahn, Kollhoff, Moneo, Piano, Rogers o Rossi. Todos ellos son seleccionados para proyectar nuevos hoteles, edificios de oficinas y centros comerciales, en los que la condición mediática de la arquitectura adquiere el papel principal. El resultado es el de un muestrario morfológico que carece de escala urbana; una "colección de objetos globales dentro de un espacio local"; un sistema autónomo "pensado precisamente para diferenciarse completamente de su entorno".[60]

El hecho de que el énfasis de la actuación se sitúe en los edificios da lugar a una fricción fuerte entre la escala humana y la del espacio público resultante. De hecho, cabe señalar que el propio espacio-plaza de Potsdamer Platz no se incluye en la planta de situación del plan urbanístico propuesto. El plano termina en los edificios que limitan con dicho espacio.

En este caso, el proyecto urbano se crea con la finalidad de servir como espacio de reparación del pasado para poder acometer el futuro.

[60] Y en el que, por ejemplo, como afirma Montaner (2008, 170), "con unas estrictas reglas de uso del llamado espacio público –que en realidad no lo es–, el conjunto tiene muy pocos puntos de acceso y se han diseñado sutiles barreras urbanas (setos, estanques de agua, bancos o vallas) que impiden el acceso al conjunto de la Potsdamer Platz desde el Kultur Forum".

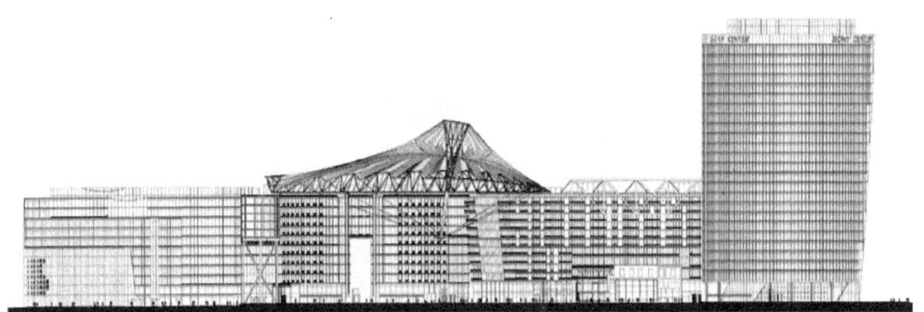

Sony Center. Alzado.

Para ello, se propone la restauración de la retícula urbana histórica junto con la creación de un espacio público que mantenga la escala humana. No obstante, a consecuencia de intereses principalmente económicos, la materialización del proyecto relega esa escala humana y crea grandes atrios comerciales que se desarrollan sobre sí mismos, dando la espalda a la ciudad –véase, como ejemplo, el Sony Center.

Por otro lado, en cuanto al tipo de interacción que puede establecerse entre el campo y la topología a nivel de la escala del hombre, se entiende ésta como la adecuación de la topología que define la implantación de una arquitectura de cara a un resultado urbanístico accesible. Esto es, suprimir las barreras arquitectónicas al usuario. En la Bibliothèque nationale de France,[61] en Paris, el proyecto, fuertemente marcado por la disposición monumental de la propuesta, se eleva, en tres de sus lados, sobre un gran zócalo, desde el que se produce el acceso hacia las plantas inferiores –subir para bajar. El gran basamento no se integra en su entorno urbano más inmediato. Esta arquitectura representa una reivindicación del poder y, posiblemente, responde a condicionantes impuestos desde un plano político. El edificio, cuya finalidad es ser una biblioteca nacional y, por tanto,

[61] Obra de Perrault (1989-95).

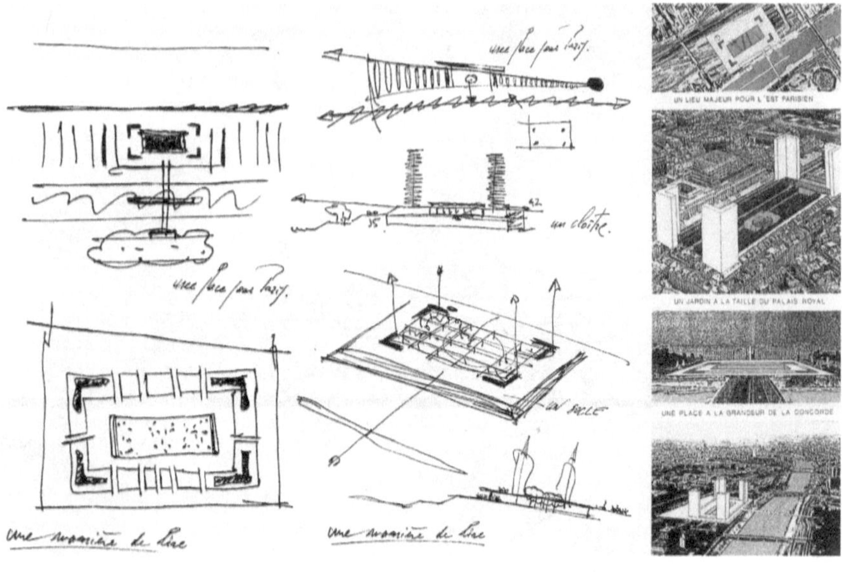

Bibliothèque nationale de France. Croquis, fotomontajes.

el espacio que debe ser más público, abierto y colectivo de todos, se proyecta con la geometría y la escala de un palacio, metáfora del poder absolutista alejado del ciudadano. A este respecto, encontramos afirmaciones directas de estas intenciones en las anotaciones de los croquis que el propio arquitecto desarrolla para este proyecto y que incluyen observaciones tales como "un jardin a la taille du Palais Royal" o "une place a la grandeur de la Concorde".

CAMPO/PROGRAMA

En la interacción poética entre campo y programa, se atiende a los vínculos que el proyecto va tejiendo entre el campo –la situación geográfica, social, histórica, económica, etc.– en el que se desarrolla y el programa –sentido o fin– enunciado para dicho proyecto. Se estudia la condición ambiental de la función. Se intenta, a través de esta estrategia, descubrir la existencia de puntos de fricción que estén

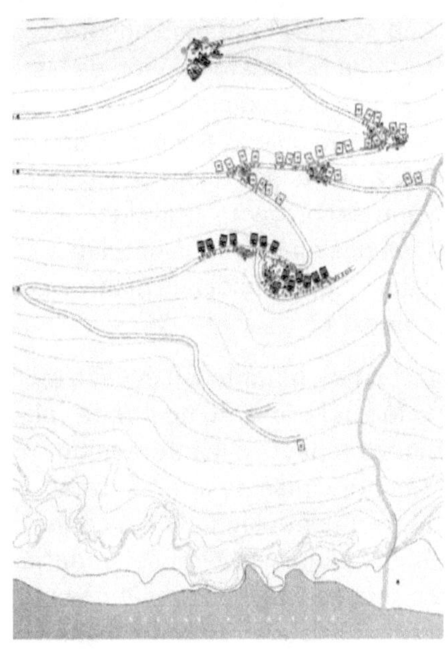

Cementerio de Fisterra. Planta de situación.

afectando en cierto sentido al desarrollo del orden interno del proyecto arquitectónico.

Así, la conveniencia del lugar al programa aparece como una condición poética esencial. De este modo, se dan proyectos que hacen recaer la duda sobre la oportunidad de aquellas obras cuyo programa no se desarrolla, una vez materializada la construcción, de manera intensiva. En el caso que nos ocupa, debido a una lectura incompleta del campo. Veamos el ejemplo del Cementerio de Fisterra,[62] en A Coruña. A propósito de esta obra Curtis señala que "algunos arquitectos de Galicia, como Manuel Gallego o César Portela, desarrollaron respuestas diferenciadas al severo paisaje de granito y la atmósfera lluviosa de esa remota esquina de España, (...) y el segundo –en alusión a Portela– transformando las ideas y las imágenes de Aldo Rossi y combinándolas con los severos arquetipos de la construcción vernácula en piedra local".

[62] Obra de Portela (1998-2000).

Según este crítico, la obra arquitectónica de Portela se fundamenta, de alguna manera, en un camino que combina la transformación de las ideas e imágenes de Rossi con una construcción tradicional de arquetipos severos. Por su parte, el arquitecto italiano guiaba sus pasos apoyándose en una metodología que intentaba ser lo más analítica y científica posible en cuanto a la interacción entre el proyecto arquitectónico y el territorio –campo, contexto, lugar–, en pos de crear una entidad unitaria y total. En este sentido, estudiaba en profundidad la manera de integrarse y de comportarse frente al contexto.

Es posible que esta afirmación sea cierta; no obstante, en el caso del Cementerio de Fisterra, la materialización del proyecto no puede calificarse de construcción poética en lo que respecta a la interacción poética entre campo y programa. Ya sea por causa de una "lectura analítica" del lugar inadecuada o parcial –que ha relegado los condicionantes sociales, culturales y climáticos a una posición secundaria durante la acción proyectiva–, ya sea por causa de la disposición subjetiva que haya podido adquirir la "lectura sintética" durante el análisis del paisaje previo al comienzo del proceso de proyecto; se advierten motivos suficientes para señalar que el medio territorial y social sobre el que se localiza la actuación no resulta, finalmente, conveniente al fin propuesto. Por ello, a pesar del gran interés paisajístico, simbólico y escultórico –plástico– de la propuesta, el dejar de lado la lectura analítica del contexto tiene como consecuencia, en este caso, la fricción de la arquitectura en su objetivo programático.

Veamos las razones. Por un lado, la propia localización y topografía del paisaje. El ejemplo se sitúa sobre un plano inclinado totalmente expuesto al norte, sin vegetación alguna que pueda protegerlo de los fuertes vientos que azotan esta parte del litoral gallego. Por otro lado, la topografía es abrupta, de gran pendiente, y se ha mantenido intacta. Esta integración natural en el terreno tiene como resultado que el camino a recorrer desde la capilla hasta los nichos –que salva un gran desnivel– se torne complicado y poco accesible para el perfil de la población a la que sirve.[63] Posiblemente por ambas razones –que clasifica Tedeschi en los condicionantes del paisaje natural y del

[63] Según datos del INE, en el municipio de Fisterra (A Coruña) el 30% de la población supera los 60 años de edad.

Piscinas das Marés. Planta de situación.

paisaje cultural–, cuyo punto de fricción no parece haberse tenido en cuenta, después de más de una década, el cementerio continúa vacío.

Se utiliza la crítica poética para analizar, también, la dialéctica que se genera entre opuestos, cuando así ocurre entre lugar y uso. Esta dificultad a priori puede llevar a la virtud, si la fricción es fructífera. Por ejemplo, en las Piscinas das Marés,[64] en Leça da Palmeira en Porto. En este proyecto, se da un encuentro provechoso entre el terreno –el medio natural marítimo– y el programa –el recinto artificial en el que se ha de producir el baño, de caracteres, en principio, opuestos. El primero de ellos, agitado por las olas del mar. El segundo, reposado y seguro. Esta aparente dificultad queda resuelta, en esta obra, mediante intervenciones mínimas que obtienen como resultado importantes y valiosas transformaciones en el campo. Se quiere incluir, en este punto, una cita de Moneo que, aunque algo extensa, expresa con claridad el ejemplo expuesto: "El océano queda representado en las rocas –que algo tienen de fósiles olas–, en tanto que las piscinas se apoyan en todo un sistema de muros verticales que da lugar a la creación de un mar artificial, de un Atlántico cautivo que permite el baño al haber conseguido aislar y apaciguar una porción

[64] Obra de Siza (1961-66).

del mismo. La transformación del paisaje no hace uso, en este caso, de elementos convencionales como pórticos o pérgolas. Se ha construido un sistema de plataformas que modifica la percepción que teníamos de las rocas al dotarlas de un relieve que antes no tenían. Las plataformas introducen un orden horizontal en el paisaje, antes inexistente, que dialoga con el plano horizontal de los recintos que definen las piscinas. Es en este nuevo territorio horizontal donde se produce el encuentro de opuestos del que hablábamos, y que en esta ocasión da lugar a la aparición de la vida social".

En otras ocasiones, en cambio, la naturaleza del lugar y el fin por el que la arquitectura se proyecta no son capaces de enriquecerse mutuamente. En estos casos, la arquitectura se torna ensimismada y volcada en sí misma; anteponiendo la aprehensión de su programa frente al intento de integración en el campo y mejora de éste. Se diría que considerando prescindible uno de los requisitos arquitectónicos que se consideran esenciales. En la Centraal Beheer,[65] en Apeldoorn, este proyecto vuelca toda la intensidad en investigar y avanzar sobre los espacios de trabajo colectivos –en un interior. En este caso, la identidad del "superbloque", como tipología de edificio sin referencias históricas precedentes, altera la escala de su contexto radicalmente; pero de manera autónoma, sin contar con él. El arquitecto ha centrado sus esfuerzos en colocar en el centro del proyecto a la persona, a la mejora de las condiciones del lugar de trabajo –algo innovador en ese tiempo–; y fruto de esta opción de partida, el propio edificio se convierte en una ciudad paralela en la que se yuxtaponen espacios celulares. El proyecto se extiende a partir de una única unidad tipológica que se va repitiendo según un sencillo principio de organización. Estos espacios unitarios son susceptibles de combinarse, de modificar su interrelación y de adaptarse a las necesidades laborales de la empresa –despachos, salas de reuniones, espacios abiertos,...–; lo que resulta adecuado al programa arquitectónico. No obstante, lo que es oportuno para el interior, resulta un punto de fricción hacia el exterior. La unidad espacial –abierta y transparente en el interior– se traduce hacia el contexto urbano circundante como una superficie de volumetría discontinua, fruto del apilamiento de dichas

[65] Obra de Hertzberger (1967-72).

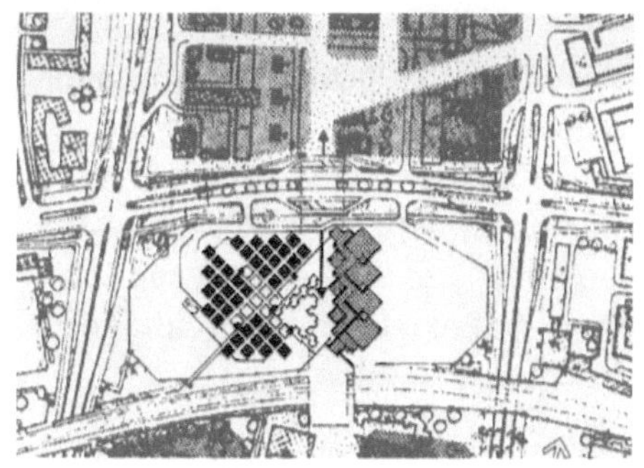

Centraal Beheer. Planta de situación.

L'ospedale di Venezia. Planta de situación.

unidades internas. Tal y como apunta Colquhoun en su artículo "Centraal Beheer", se puede interpretar que el modo de acceder al edificio, así como el encuentro entre el edificio y su entorno inmediato no parecen haberse considerado como condicionantes relevantes del proyecto: "The articulated surface, stepping back to form a truncated pyramid, seems to deny the possibility of entry and to make any frontalisation and space-making impossible". Como contraste, el crítico señala L'ospedale di Venezia de Le Corbusier (1963-65) como proyecto que logra, al mismo tiempo, la multiplicidad interna y la calma exterior; cuidando así de la interacción poética de referencia: "In the Hospital we find both an additive city-like schema in which identical units are repeated and a subtractive schema which allows the outside to be molded and articulated to respond to the space outside".

En otras ocasiones, los proyectos arquitectónicos persiguen una línea más abstracta –teórica y de investigación– que redunda, entre otras cosas, en la completa inconexión entre el contexto y el programa. A este respecto, ténganse en cuenta las primeras acciones de los arquitectos conocidos como *Five Architects o New York Five*.[66] La

---

[66] Grupo de arquitectos estadounidenses formado por Eisenman, Graves, Gwathmey, Hedjuk y Meier a raíz de una exposición organizada por Drexler en el New York Museum of Modern Art en 1967, así como en el subsiguiente libro editado en 1972 con el título *Five Architects*.

abstracción de sus proyectos respecto del lugar es tal que no solo
se refleja en las formas puras características de las arquitecturas de
este grupo, sino también en el resto de operativas que conforman la
arquitectura y, entre ellas, las relativas a su uso. Estas acciones, en lo
que a la interacción poética entre el campo y el programa se refiere,
tal vez no tienen cabida hoy en día, salvo a nivel proyectivo y teórico,
habida cuenta de la toma de conciencia que existe en la actualidad
frente al territorio –físico y social– y el medio ambiente.

Por último, con la llegada de la globalización socioeconómica y cultural, las últimas dos décadas, se analiza también la complejidad de
la interacción que se crea entre aquellos nuevos "macrousos"[67] que
el mercado económico desarrolla y la escala urbanística de la ciudad
histórica. Estas acciones vienen casi siempre acompañadas por un
gran despliegue formal –en ocasiones invasivo– que intenta captar la
aceptación del ciudadano medio. En el Centro comercial Selfridges
Birmingham,[68] en Birminghan, lo que en las fotografías de las publicaciones al uso aparece como un ejemplo innovador e interesante en
cuanto a lo material y morfológico, resulta urbanísticamente inconveniente cuando se estudia la planta de situación. La escala geométrica
de gran dimensión que un uso de estas características precisa para
su óptimo desarrollo funcional –en el que priman los condicionantes
económicos– es tal que, a pesar de que el proyecto reserva un espacio público abierto de plaza en el punto de encuentro entre el acceso
al edificio y la ciudad histórica, ésta última parece desaparecer, ante
la macro-actuación, y perder, así, su condición de arquitectura urbana. El gran volumen del centro de servicios, en gran parte hermético,
se ha convertido en el nuevo protagonista del lugar; mientras que la
ciudad histórica –principalmente representada en dicha localización
por una iglesia exenta– aparece como la escena de una obra de teatro.

La problemática que se analiza en la interacción poética campo/pro-
grama se da, dentro del proceso de proyecto, esencialmente durante
la primera fase de arranque y articulación del mismo. El documento de proyecto que se va a utilizar para su análisis será, por tanto y

[67] Con esta acepción se quieren describir aquellos programas que precisan de una gran
extensión en superficie.
[68] Obra de Future Systems (2003).

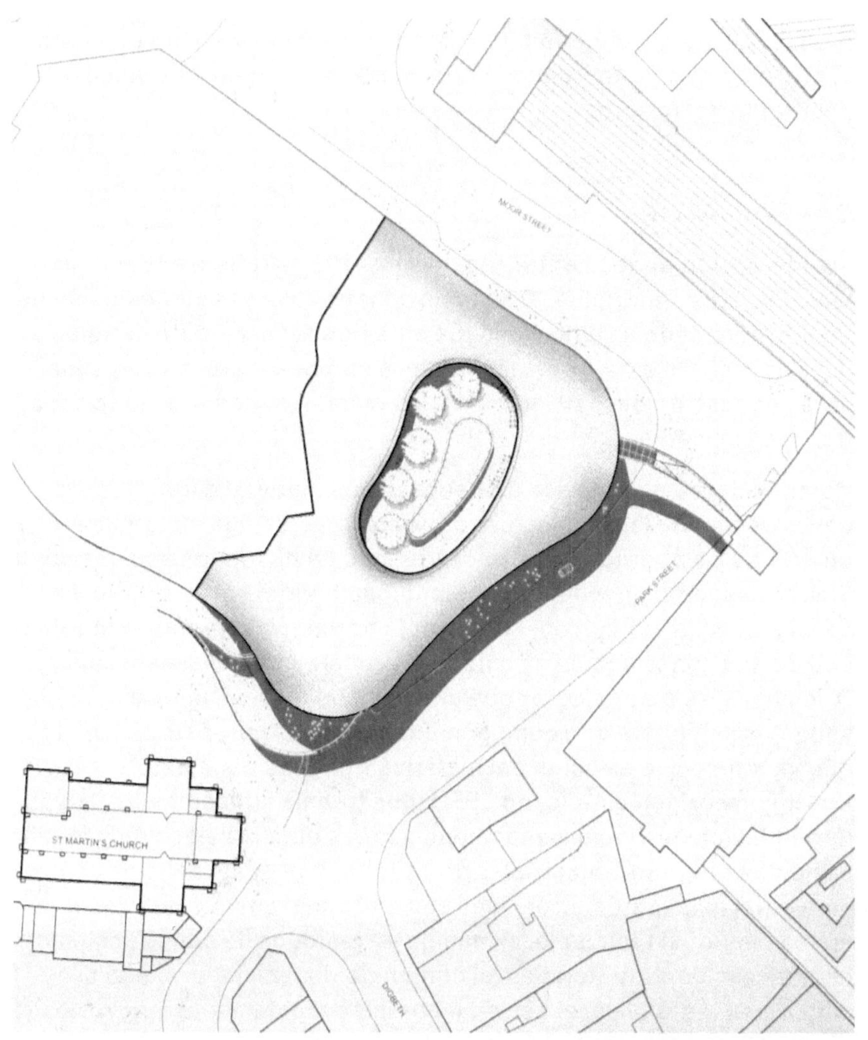

Centro comercial Selfridges Birmingham. Planta de situación.

principalmente, la planta de situación y el resto de documentos cuya escala permite acotar el territorio correspondiente. Por lo tanto, es en ese primer momento en el que la crítica ha de jugar un papel esencial, puesto que aprovechar un punto de fricción como oportunidad para el proyecto será proporcionalmente más difícil según se avance en el desarrollo del mismo.

CAMPO/MATERIA

La interacción poética entre campo y materia se refiere a la adecuación entre los materiales, el sistema constructivo y el contexto en que un proyecto dado se desarrolla. Se entiende así el carácter ambiental del material. De este modo, mediante la crítica del proceso se observa la adecuación de los materiales, los sistemas y los procesos constructivos al medio.

Por un lado, se atiende a la procedencia del material a utilizar en la construcción de la arquitectura proyectada. El uso de materiales obtenidos y elaborados dentro de un radio de proximidad es una condición de economía –financiera y medioambiental– que ya Vitruvio señalaba. En la actualidad, en la propia normativa referente a la calidad de una construcción se cuida, en primera instancia, este aspecto. Además, si se quiere lograr que una edificación sea calificada con un sello "verde", habrá que cumplir condicionantes muy estrictos en lo que se refiere a la elección del material. Póngase por ejemplo la certificación de origen americano LEED, que trabaja siguiendo un sistema de validación que incluye recomendaciones para la selección y reutilización de diferentes materiales de construcción. Este sello de calidad ambiental mide parámetros tales como el almacenamiento y recolección de material reciclable, el manejo de residuos de construcción, la reutilización de materiales, el contenido de reciclado, el uso de materiales regionales, el uso de materiales rápidamente renovables y el uso de madera certificada.

Por otro lado, también afecta al desarrollo de la construcción la técnica constructiva planteada. Ésta debería ser proporcionada con las condiciones del proyecto, al tiempo que abordable por el contexto –por sus recursos humanos e industriales.

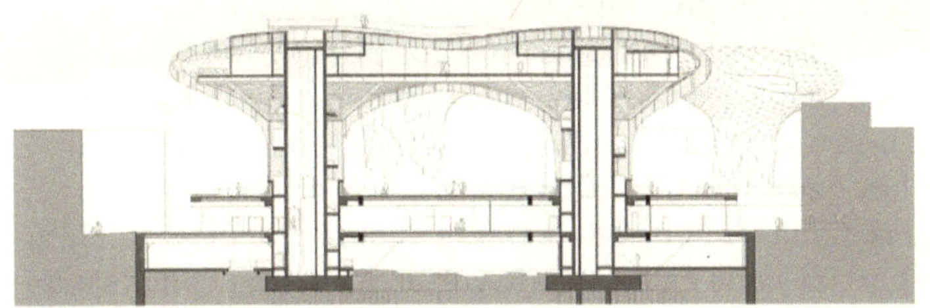

Metropol parasol. Sección.

No obstante, la sociedad del espectáculo y el mundo globalizado, junto a los continuos avances técnicos, han dado lugar a la proliferación de acciones que persiguen el alarde constructivo –ya sea éste debido al origen exótico de los materiales empleados o por la innovación que presenta la solución estructural. Se observa el proyecto de la Plaza de la Encarnación, Metropol parasol,[69] en Sevilla. En este enclave, que guarda restos arqueológicos considerados de gran valor por la Comisión Arqueológica competente, pueden señalarse ya la procedencia del material de construcción ya la "innovadora" solución constructiva como elementos de fricción en la interacción poética entre el campo ambiental y la materia. En esta ocasión, el coste previsto en proyecto se ha visto incrementado en un ciento por ciento durante la construcción debido tanto a las modificaciones sobre el proyecto inicial –técnicamente calificado por la ingeniería Ove Arup como inviable–, que ralentizó los tiempos, como al material finalmente utilizado –un tipo de madera pretensada procedente de Alemania que precisa de un transporte especial. A estas cuestiones se añade el condicionante de no poder incrementar el peso de la estructura sobre el terreno debido al cambio de material propuesto. Para lograrlo, se ha desarrollado una nueva solución técnica de encolado para el ensamblaje, con el sobrecoste añadido que esto conlleva. Todas estas complicaciones constructivas, medioambientales, técnicas y económicas no han sido óbice, sin embargo, para que dicha obra

[69] Obra de Mayer (2004-11).

de arquitectura haya figurado entre las cinco finalistas al Premio
Mies Van der Rohe 2013 y haya sido destacada por el jurado de dicho
galardón como, posiblemente, "the largest timber construction in the
world and the first one to use bonding technology on this scale". En
este sentido, hay que señalar que los puntos de fricción que en un
proyecto arquitectónico puedan detectarse analizan dicha arquitectura de manera parcial y que es necesario volver a la visión compleja de
la totalidad para poder valorar el significado de una ruptura de la interacción poética entre dos vértices concretos. El señalar los puntos de
fricción es acción de la crítica poética; reflexionar sobre las oportunidades detectadas también; emitir un juicio de valor sobre la obra, no.

En un punto opuesto, se encuentran aquellos proyectos que, precisamente, reutilizan o reciclan la materialidad del lugar –materia y
técnica– en actuaciones que, además, buscan ser una crítica social.
Es el caso de los "Reciclajes"[70] del Auburn University Rural Studio
of Alabama. En 1993, de la mano del arquitecto Mockbee, surge, en
la Auburn University of Alabama una iniciativa por la que se crea
un programa vinculado a la escuela de arquitectura, planeamiento
y paisajismo de esa universidad que desarrolla arquitectura pública
en Hale County. Este es un lugar poco favorecido económicamente.
Desde entonces, los estudiantes de dicha universidad integrados en
este programa desarrollan cada curso nuevas arquitecturas para la
comunidad y para la universidad con un coste asumible por el contexto. Esta contención presupuestaria es posible, en gran medida,
gracias a que los elementos estructurales se obtienen mediante sistemas de reciclaje. Antes de materializar los proyectos, los alumnos
trabajan con la comunidad de Hale County para definir las soluciones
y la manera de gestionarlas con éxito. En la actualidad, esta acción
cuenta con más de 150 actuaciones.

Por otro lado, dentro de tejidos urbanos muy densos y consolidados,
es posible encontrar acciones como las "prótesis urbanas", tal y
como las denomina Montaner, que han sido ensayadas por Woods o
Cirugeda en ciudades históricas como Viena o Sevilla, que tratan de
"reconstruir tejidos urbanos", sacar partido de la "infrautilización de

[70] Obras de Mockbee, Rural Studio (a partir de 1993).

Auburn University Rural Studio. Reciclajes.

los espacios" o aprovechar "los resquicios y fricciones en la legisla-
ción urbana". Estas arquitecturas son clasificadas por el crítico catalán como las arquitecturas de "espacios oníricos" que surgen "del
impulso irracional del inconsciente, que se basan en la energía incon-
trolable y convulsa que fluye de lo irracional". No obstante, se trata
de actuaciones que muestran gran sinergia entre las necesidades del
contexto y el desarrollo constructivo de las propuestas. Se piensa,
por ello, que es más apropiado calificarlas como las "arquitecturas
desobedientes", por su atrevimiento al enfrentarse a lo convencional,
a lo establecido –ya sea urbanísticamente, económicamente, socialmente,... hablando.

En la interacción poética entre el campo y la materia se atiende, también, a la adecuación de la solución constructiva que el proyecto arquitectónico propone al lugar de implantación. La estrategia técnica debe
ser capaz de resolver los condicionantes atmosféricos naturalmente
impuestos; de modo que en el espacio interior que se crea en la obra
arquitectónica se consigan niveles óptimos de iluminación, temperatura, humedad y ventilación de la manera más natural y sostenible

Palacio do Congresso Nacional del Brasil. Croquis.

posible. Para ello, además del papel esencial que jugará la topología del proyecto, el sistema constructivo a emplear será decisivo para evitar puntos de fricción tales como, por ejemplo, grandes paños de vidrio sin protección en un alzado hacia el sur y oeste o viviendas con una sola orientación que no permiten la ventilación cruzada. En el Palacio do Congresso Nacional del Brasil,[71] en Brasilia, de gran peso representativo, los alzados norte y sur se materializan con una morfología idéntica y paños absolutamente vidriados. Este hecho, tal cual, hubiera procurado una gran carga de soleamiento sobre el alzado norte del edificio —recuérdese que el edificio se encuentra en el hemisferio sur del planeta. No obstante, el punto de fricción se ha detectado en proyecto y se ha reorientado la solución para corregir el posible problema. Así, para tener en cuenta dicho soleamiento, se ha distribuido, a lo largo de toda la superficie de dicha fachada norte, un sistema de celosías de lamas verticales móviles que atenúan la carga solar.

[71] Obra de Niemeyer (1958).

CAMPO/MORFOLOGÍA

La interacción poética entre campo y morfología abarca muchos aspectos: la relación entre la posición geográfica y las condiciones climáticas y de soleamiento y la forma; la sinergia entre la topología de la parcela o solar y la morfología de un edificio; o entre éste y el contexto tipológico; la adecuación entre la envolvente y las cuestiones medioambientales y termodinámicas; la interacción entre la arquitectura y la topografía,... existe una diversidad argumental considerable en torno a todo aquello relativo al espacio-tiempo durante el proceso de un proyecto arquitectónico –a la que se añade, en su momento, la influencia de las corrientes filosóficas relativistas de la posmodernidad. Todo esto ha dado lugar a la validación, de oficio, de cualquier resultado formal, sea cual sea su interacción con el lugar en el que la arquitectura se va a localizar. Ante esta situación, se debe dudar y posicionarse con razones no-subjetivas.

Si se concreta esta situación, en la crítica poética se atiende, en este nivel, a la existencia de una interacción poética entre la forma y el contexto físico y social del proyecto arquitectónico, entre la envolvente y las características medioambientales del lugar, entre la imagen y su campo, entre la morfología determinante y la posición determinada. En este sentido, se trata de desnudar los posibles puntos de fricción en la operativa del proyecto mediante un ejercicio de análisis.

El no alcanzar un mínimo grado de correspondencia formal entre el proyecto y el medio urbano en el que va a integrarse dicho objeto ha sido una de las características predominantes de ciertas obras de arquitectura durante el movimiento moderno. Esto es consecuencia directa del menosprecio que existe en este periodo por la ciudad histórica. La arquitectura de formas puras y texturas lisas del primer tercio del siglo XX centra su atención y esfuerzo en cuestiones de carácter interno –geometría, material, uso– con el objetivo de romper con el academicismo imperante de siglos anteriores; y en esa lucha provoca también, de forma consciente, la diferenciación con el contexto que la rodea. Sobre esta cuestión, señala Pina que "otro caso de ruptura con las condiciones del entorno lo constituye la revolucionaria casa-manifiesto Schröder-Schrader, Utrech, 1924, que Gerrit Rietveld no duda en insertar en una trama de convencionales viviendas holandesas de

Studio House. Campo.

ladrillo". Como caso contemporáneo similar al de la Rietveld Schröderhuis, aparece la Studio House,[72] en Rotterdam. Sin embargo, en
este ejemplo, se encuentra que se ha asumido la ruptura de la poética
morfológica con su entorno inmediato y, persiguiendo su atenuación,
en esta casa-estudio se utiliza como mecanismo la significación de
una separación física de transición –mínima, pero claramente identifi-
cada– con el lote contiguo de viviendas.

No obstante, también en otras ocasiones la diferencia entre la imagen del proyecto y su contexto se busca de modo deliberado. Detrás
de este contraste pueden hallarse motivos diversos, entre otros: el
programa singular que un edificio quiere representar, la acción comprometida sobre un lugar degradado, el puro monumentalismo o la
diferenciación de autor. Algunas de estas razones son menos poéticas que otras y exigirán mayor atención por parte de la acción crítica.
Objetos como el New York Guggenheim Museum (Wright, 1943-59),
el Centro de Gimnasia Rítmica y Deportiva de Alicante (Miralles y
Pinós, 1990-93), la Casa da Musica en Porto (Koolhaas, 1999-2005),
el Graz Art Museum (Coop Himmelb(l)au, 2003), la Seattle Public
Library (Koolhaas, 2004),... En estos ejemplos, los fundamentos sobre

[72] Obra de Mecanoo (1989-91).

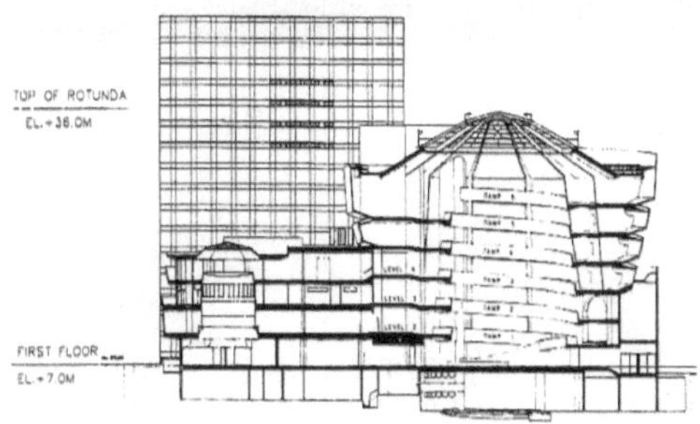

New York Guggenheim Museum. Sección.

los que se plantea la unidad compositiva contienen distintos grados de sinergia interna con el campo en el que se desarrollan. A este respecto, sobre el New York Guggenheim Museum, dice Pina que "el Museo Guggenheim, Nueva York, de Wright constituye un claro ejemplo de incoherencia entre forma y morfología urbana, solo justificado por el carácter singular del edificio al que deliberadamente se decide dar una forma ajena al lugar, produciendo un efecto de monumentalización por singularidad formal. Esta tendencia parece haberse consagrado en los últimos años haciendo del tema museo el pretexto perfecto para la exaltación de lo formal y figurativo".

La estrategia referida, en la que la obra de arquitectura acaba resultando más conocida que su contenido, se utiliza con frecuencia en ciudades que buscan convertirse en reclamo turístico –y, consecuentemente, también económico. Piénsese en la Ciudad de las Artes y las Ciencias[73] de Valencia. En este caso, la disposición escénica e icónica de los proyectos, que operan de modo autónomo en su interacción con el lugar, ha tenido como resultado el posicionamiento de estas urbes como destino turístico reconocido a nivel mundial. Sin embargo, se debe señalar la ruptura de la interacción poética entre el campo y la morfología que se da.

[73] Obra de Calatrava (1989-2005).

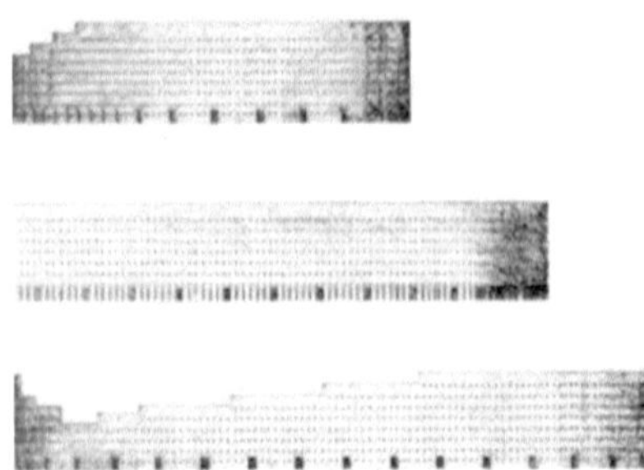

Viviendas M-30. Alzados.

Si se analiza esta interacción desde el punto de vista de la ciudad, se tendrá en cuenta el desarrollo del vínculo entre la morfología urbana que dictan los planes urbanísticos –la tipología edificatoria, la densidad, los usos,…– y la morfología del propio proyecto arquitectónico. La arquitectura poética, además de cumplir con las reglas que la normativa impone, intenta trascenderlas. Esta arquitectura contempla la necesidad y crea operativas que prevalecen a lo largo del tiempo, rehaciéndose, transformándose de manera natural con su campo. En ella, "la personalidad del arquitecto no se impone violentamente", muy al contrario –como ocurre con las viviendas sociales en la Quinta da Malagueira,[74] en Evora–, "se puede llegar a pensar que aquello se produjo sin arquitecto".[75]

La falta de sinergia entre el campo y la morfología puede darse, también, de modo mucho más sutil; en proyectos que, a primera vista, no comportan tales dudas. Esto es así porque las fricciones no siempre se dan entre las operativas de primer orden, o debido a que se dirige la atención –a través de la imagen– en otra dirección. En las viviendas de protección oficial de la M-30,[76] en Madrid, el edificio se sitúa en el límite con una vía rápida de circulación rodada. Respondiendo a este condicionante, se proyecta un volumen de disposición hermética,

74 Obra de Siza (1977).

75 En Moneo (2004, 204).

76 Obra de Sáenz de Oíza (1987-90).

continuo y cerrado al exterior, que sirve para proteger a las viviendas del tráfico, ruido y velocidad hacia la M-30. No obstante, la utilización del mismo mecanismo morfológico para el alzado menos conocido, que enlaza esta actuación con la ciudad habitada, tiene como resultado una ruptura del vínculo relacional entre el edificio y la trama urbana colindante. El bloque lineal inicial, cuya imagen hacia la vía rápida de circulación es de límite y frontera, se pliega sobre sí mismo curvadamente en espiral. Así, la envolvente que se ofrece hacia los edificios de vivienda es la misma que la que consigue evitar el gran impacto del flujo de vehículos. Este punto de fricción entre las necesidades socio-culturales del medio, sociocultural y urbano, y la unidad compositiva originan un espacio potencial de exclusión no buscado deliberadamente. Es por esto que, durante el proceso de proyecto, y a través de la crítica poética, no se ha de perder la visión global del proyecto.

LA *CRÍTICA DEL PROCESO* COMO OPORTUNIDAD

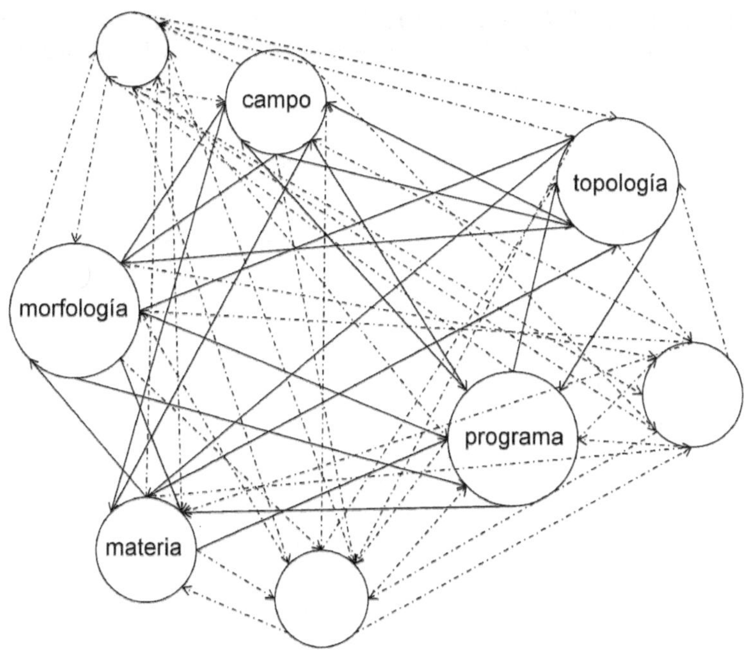

¿Cuáles son las reflexiones de este ensayo?, ¿cuáles sus propuestas principales? Antes de exponerlas, para poder entender su lógica, vamos a tratar de elaborar la idea de una crítica poética del proceso a partir de sus cualidades:

*La crítica del proceso es **ABIERTA**. No responde a convenciones; por lo que puede resultar polémica. Es desobediente e indisciplinada, incluso transgresora, por su implicación como reactivo.*

*Está comprometida con una finalidad externa; lo que se relaciona, directamente, con la búsqueda de un desarrollo, en lo arquitectónico, a escala humana. Y, en ese sentido, es **COLECTIVA** y puede promover la capacidad crítica como actitud.*

*Está abierta a la acción participativa. Puede promover espacios de reflexión y debate en los que no existan posiciones de jerarquía. De esta manera, en el diálogo entre sujetos, puede considerarse **DIALÓGICA**.*

Está siempre EN MARCHA, como proceso, como construcción y como acción continua. De este modo, la crítica del proceso es DINÁMICA y activa, operativa y propositiva; porque va más allá de la acción de señalamiento y detección. Y, así, puede actuar como instrumento de re-acción, de re-información de las condiciones del proyecto; abriendo nuevas posibilidades para él.

La crítica del proceso es FLEXIBLE, en cuanto a que su uso se adapta a las necesidades del proyecto arquitectónico. De este modo, puede incorporar otros sistemas, el análisis no contempla un orden concreto de aplicación, la acción puede realizarse a distintas escalas y en cualquier momento del proceso.

En este trabajo, desde las primeras reflexiones que leen en la realidad presente, se apunta que la crítica poética de la arquitectura debe ir, hoy, más allá del estudio e interpretación distante de datos objetivos del objeto en el que profundiza, que debe ser elemento de re-acción y que ha de ligarse a la práctica arquitectónica –como acción comprometida con lo arquitectónico y con lo colectivo a un tiempo.

En este sentido, aparece, desde el comienzo, la intención de hallar un orden para que la praxis de la crítica poética sea un instrumento de producción arquitectónica. Es así como se propone la *crítica del proceso* como actitud de implicación proactiva de construcción de valores arquitectónicos y poéticos. Este cambio de actitud promueve una acción crítica que re-informa, que re-interpreta.

La acción propuesta sucede durante el proceso proyectivo. La detección de puntos de fricción entre los sistemas que van conformando el proyecto –a partir de las categorías de análisis que hemos denominado como *interacciones poéticas*– se plantea como una oportunidad para el proyecto arquitectónico. Como oportunidad abierta y consciente ya sea de búsqueda de coherencia o de re-afirmación en lo contrario.

Esta presentación de la crítica poética como una acción que actúa sobre un estado en formación del proyecto da lugar a que en este epílogo propongamos la crítica del proceso, además, como instrumento pedagógico para la formación en la asignatura de proyectos arquitectónicos. Se piensa que el método contiene un valor de pedagogía para una formación racional lejos de modas, subjetividades, intuiciones o presentimientos; lejos de aquellas condiciones no transmisibles. Proponemos la acción crítica como pedagogía para paliar la necesidad de formar la capacidad crítica junto con la propositiva. Una pedagogía de procesos, de interacciones/fricciones, también con otras disciplinas. Una pedagogía que construya, anticipe y pondere sus propios referentes.

La crítica del proceso es un método aplicable por cualquiera. Un método ágil, sencillo y válido para proyectar. Propicia espacios de reflexión y debate de disposición abierta, no jerárquica, flexible, reactiva y proactiva, en marcha,... que se ofrecen al proyecto como espacios de oportunidad. Estos espacios parecen oportunos para una pedagogía avanzada del proyecto, en la que sucede una formación en capacidades -versus aquella por objetivos.

La crítica poética –como orden– ayuda al alumno a desarrollar las competencias metodológicas. La *crítica del hecho* –como aquella crítica poética que estudia una arquitectura ya construida, basándose en el conocimiento y en la profundización científica de una obra en etapas sucesivas– desarrolla la competencia cognitiva del alumno. La *crítica del proceso* –como aquella crítica poética que es instrumento del proyecto– fomenta una capacidad crítica en el alumno, su competencia actitudinal. De esta manera, mediante esta acción de crítica poética –que aúna *crítica del hecho* y *crítica del proceso*–, se hace posible conseguir una formación sostenible que actúe sobre las competencias metodológicas, actitudinales y cognitivas al mismo tiempo. Aquellas que cita como necesarias para una Educación para el Desarrollo Sostenible (EDS) la Ambientación Curricular de Estudios Superiores (ACES).[1]

Mientras que la *crítica del hecho* tenía un carácter negativo –de falsación–, la *crítica del proceso* es una oportunidad positiva de crecimiento. Este es el lugar que encontramos para la crítica poética del presente y del presente activo, del siglo XXI: situarse como un instrumento para la formación de arquitectos con capacidad crítica –y

---

[1] Ya existen directrices que introducen la sostenibilidad en los currículos universitarios: calidad ambiental (necesidad ambiental) + justicia social (necesidad social) + economía equitativa (necesidad económica).

conscientes tanto con los valores disciplinares como con el Desarrollo a Escala Humana; al fin y al cabo, con los valores arquitectónicos, con los valores poéticos.

No obstante, se intenta presentar esta investigación como un trabajo abierto. Este ensayo –que es extracto de una tesis doctoral que lleva el mismo título– supone la apertura de un nuevo camino para la crítica poética como *crítica del proceso*. El desplazamiento desde una crítica histórica/taxonómica –que cataloga resultados– hacia una crítica ponderativa/evaluadora –que interroga, subvierte, pondera, sanciona procesos– abre una nueva etapa de oportunidades: la fricción como oportunidad creativa, la controversia frente al juicio de valor. A partir de ahora, no solo comienza la verdadera acción de la *crítica del proceso* en las aulas, sino también la incorporación de otros factores que no dejan de sumarse a la investigación y que tiran de ella como re-acción, como superación a partir del diálogo que se construye sobre el conflicto: entre distintos actores –la dialógica–, a través de la participación del usuario –la democratización de la arquitectura–, con el ciudadano –los movimientos sociales–, en la alteridad con otras disciplinas –transgresión disciplinar–, en el reconocimiento del impacto de los objetos –social y físico–,...

A partir de ahora, la *crítica del proceso*. Una acción que surge como un estado de oportunidad.

Bibliografía

AALTO, A., *La humanización de la arquitectura. The Technological Review.* Helsinki: octubre 1940.

ALBERTI, L. B., *De re aedificatoria.* [s. n.], 1452. Ed. español: Madrid: Akal, 1991.

ALEXANDER, C., *Notes on the Synthesis of Form (Ensayo sobre la síntesis de la forma).* Boston: Harvard University Press, 1966. Ed. español: Buenos Aires: Ediciones Infinito, 1986.

ALGUACIL, J., *Calidad de vida y praxis urbana.* Madrid: CIS/Siglo XXI, 2000.

—, *Experiencia y metodología para un modelo de desarrollo comunitario.* Madrid: Editorial Popular, 2011.

ARISTOTELES. Περι Ποιητικης (*El arte poética*). Athenai: [s. n.], s. IV a. C. Ed. español: Madrid: Espasa-Calpe, 1979, 6ª ed.

ARQUÉS, F., *Miguel Fisac.* Madrid: Pronaos, 1996.

AXELSSON, H.; SONESSON, K.; WICKENBERG, P., "Why and How do Universities Work for Sustainability in Higher Education (HE)?" *International Journal of Sustainability in Higher Education.* 2008, no. 9 (4), pp. 469-478.

AZCÁRATE, P. *Obras completas de Platón: El banquete o del amor.* Tomo V. Madrid: Medina y Navarro, 1871-72, imp. Biblioteca de Instrucción y Recreo.

BACHELARD, G., *La poétique de l'espace. (La poética del espacio).* Paris: Presses Universitaires de France, 1957. Ed. español: México: Fondo de Cultura Económica, 1965.

BANDINI, M., "Postmodernity, Architecture and Critical Practice", en VV. AA., *Mapping the Future: Local Cultures, Global Change.* London: Routledge, 1993.

BANHAM, R., "The New Brutalism", *Architectural Review* 118, no. 708, diciembre 1955.

—, *Theory and Design in the First Machine Age* (*Teoría y diseño arquitectónico en la era de la máquina*). London: Architectural Press, 1960. Ed. español: Barcelona: Paidós, 1965.

BARTHES, R., *Essais critiques* (*Ensayos críticos*). Paris: Éditions du Seuil, 1964. Ed. Español: Barcelona: Seix Barral, 1967.

—, *Critique et verité* (*Crítica y verdad*). Paris: Éditions du Seuil, 1966. Ed. español: Buenos Aires: Siglo XXI, 1972.

BATTISTI, E., *Architettura, ideologia e scienza: Teoria e practica nelle discipline di progetto* (*Arquitectura, ideología y ciencia: Teoría y práctica en la disciplina del proyecto*). Milano: Feltrinelli, 1975. Ed. español: Madrid: Blume, 1980.

BENEVOLO, L., *Storia dell'architettura moderna* (*Historia de la arquitectura moderna*). Bari: Laterza, 1960. Ed. español: Madrid: Taurus, 1963.

BENJAMIN, A., *Style and Time: Essays on the Politics of Appearance.* Evanston, Illinois: Northwestern University Press, 2006.

BERNABEU, A., "Estrategias de diseño estructural en la arquitectura contemporánea". Dirección: R. Aroca. Tesis doctoral. Universidad Politécnica, Escuela Técnica Superior de Arquitectura, Departamento de Estructuras de Edificación, Madrid, 2007.

BLOOM, H., *Deconstruction and Criticism* (*Deconstrucción y crítica: La desintegración de la forma*). New York: Continuum Publishing Company, 1979. Ed. español: Madrid: Siglo XXI, 2003.

BOILEAU, N., *L' Art poétique* (*El Arte Poética*). Paris: [s. n.], 1764. Ed. español: Valencia: J. y T. de Orga, 1787.

BOURDIEU, P., *Problemas del estructuralismo: Campo intelectual y proyecto creador.* México: Siglo XXI, 1967.

BRENKMAN, J., "Mass Media: From Collective Experience to the Culture of Privatization". *Social Text.* Durham: Duke Univesity Press. 1979, no. 1, pp. 94-109.

BUCHANAN, P., *Ten Shades of Green*. New York: Architectural League of New York, 2000.

CAPITEL, A., *Lecciones de Arquitectura Moderna*. Buenos Aires: Nobuko, 2008.

—, *Nuevas Lecciones de Arquitectura Moderna*. Buenos Aires: Nobuko, 2011.

—, *La arquitectura como arte impuro*. Barcelona: Fundación Caja de Arquitectos, 2012.

CARRILLO CANÁN, A. J. L.; ZINDEL, M., "La poética de un arte depende de su medio: Hollywood digital y la poética cinematográfica". *Límite*: Revista de filosofía y Psicología de la Benemérita Universidad Autónoma de Puebla. Puebla-México: 2009, vol. IV, no. 20, pp. 69-94.

CASTELLS, M., *The Information Age: Economy, Society and Culture. Vol. I: The Rise of the Network Society (La Era de la Información: Economía, Sociedad y Cultura. Vol. 1: La Sociedad Red)*. Cambridge, Massachusetts: Blackwell Publishers, 1996. Ed. español: Madrid: Alianza Editorial, 1997.

—, *The Information Age: Economy, Society and Culture. Vol. II: The Power of Identity (La Era de la Información: Economía, Sociedad y Cultura. Vol. 2: El poder de la identidad)*. Cambridge, Massachusetts: Blackwell Publishers, 1997. Ed. español: Madrid: Alianza Editorial, 1998.

—, *The Information Age: Economy, Society and Culture. Vol. III: End of Millennium (La Era de la Información: Economía, Sociedad y Cultura. Vol. 3: Fin de milenio)*. Cambridge, Massachusetts: Blackwell Publishers, 1998. Ed. español: Madrid: Alianza Editorial, 1998.

CHATMAN, S., *Story and Discourse: Narrative Structure in Fiction and Film*. Ithaca, New York: Cornell University Press, 1978.

—, *Coming to Terms: The Rhetoric of Narrative in Fiction and Film*. Ithaca, New York: Cornell University Press, 1990.

COLLINS, A. S., *Authorship in the Days of Johnson*. London: R. Holden & co., 1927.

COLLINS, P., *Changing Ideals in Modern Architecture: 1750-1950* (*Los ideales de la arquitectura moderna: su evolución (1750-1950)*). London: Faber & Faber, 1965. Ed. español: Barcelona: Gustavo Gili, 1970.

COLOMINA, B., "Sobre la utilidad y los perjuicios de la Historia para el arquitecto mediático". *Arquitectos*. Madrid: 2007, no. 180, pp. 68a-70b.

COLQUHOUN, A., *Collected essays in architectural criticism*. London: Black Dog Publishing Limited, 2009.

CORTÉS, J. A., *La estabilidad formal en la arquitectura contemporánea*. Valladolid: Secretariado de Publicaciones Universidad de Valladolid, 1991.

—, *Escritos sobre arquitectura contemporánea: 1978-1988*. Madrid: Colegio Oficial de Arquitectos de Madrid, 1991.

—, *Nueva consistencia: Estrategias formales y materiales en la arquitectura de la última década del siglo veinte*. Valladolid: Secretariado de Publicaciones e Intercambio Universidad de Valladolid, 2003.

—, *Lecciones de equilibrio*. Barcelona: Fundación Caja de Arquitectos, 2006.

CURTIS, W. J. R., *Le Corbusier: Ideas and Forms*. London: Phaidon, 1986.

—, *Modern Architecture since 1900 (La arquitectura moderna desde 1900)*. London: Phaidon, 1982. Ed. español: Phaidon, 2006.

CURTIUS, E. R., *Europäische Literatur und lateinisches Mittelalter (Literatura europea y Edad Media latina)*. Berna: A. Francke, 1948. Ed. español: México: Fondo de Cultura Económica, 1955.

DAVIES, S.; EDMISTER, J.; SULLIVAN, K.; WEST, C., "Educating Sustainable Societies for the Twenty-first Century". *International Journal of Sustainability in Higher Education*. 2003, no. 4 (2), pp. 169-179.

DEBORD, G., *La société du spectacle (La sociedad del espectáculo)*. Paris: Champ Libre, 1967. Ed. español: Madrid: Castellote, 1976.

DE FUSCO, R., *Storia dell'architettura contenporanea (Historia de la arquitectura contemporánea vol. 1)*. Roma - Bari: Gius. Laterza & Figli, 1975. Ed. español: Madrid: Hermann Blume, 1981.

DESCARTES, R., *Discours de la Méthode* (*Discurso del método*). Paris: [s. n.], 1637. Ed. español: Madrid: Editorial Tecnos, 1999.

DIAMONSTEIN-SPIELVOGEL, B., *American Architecture Now: Frank Gehry*. Durham: Duke University, Diamonstein-Spielvogel Video Archive, 1980.

DURAND, J. N. L., *Precis des leçons d'architecture données à l'École royale polytechnique* (*Compendio de Lecciones de Arquitectura*). [s. n.], 1809. Ed. español: Madrid: Pronaos, 1981.

DUSSEL, E., *Filosofía de la producción*. Bogotá: Editorial Nueva América, 1984.

EAGLETON, T., *The Function of Criticism: From the Spectator to Post-structuralism* (*La función de la crítica*). London: Verso Editions and NLB, 1984. Ed. español: Barcelona: Paidós Ibérica, 1999.

EBERLE, D., *Von der Stadt zum Haus: Eine Entwurfslehre/From City to House: A design Theory*. Zurich: ETH, Simmendinger, 2007.

EISENMAN, P., *Ten Canonical Buildings 1950-2000* (*Diez edificios canónicos 1950-2000*). New York: Rizzoli International Publications, 2008. Ed. español: Barcelona: Gustavo Gili, 2011.

EISENMAN, P.; KOOLHAAS, R. *et al.*, *Supercritical*. Ed. B. Steele. London: AA Publications, 2010.

ESPEGEL, C., *Aires modernos: E.1027: maison en bord de mer: Eileen Gray y Jean Badovici 1926-1929*. Madrid: Mairea, 2010. Versión publicada de la tesis con el mismo título (1997).

FAWCETT, A. P., *Architecture: Design Notebook* (*Arquitectura: curso básico de proyectos*). London: Butterworth - Heinemann, 1998. Ed. español: Barcelona: Gustavo Gili, 1999.

FERRATER, J., *Diccionario de filosofía*. Buenos Aires: Editorial Sudamericana, 1969.

—, *Fundamentos de filosofía*. Madrid: Alianza Editorial, 1985.

FLUSSER, V., *Für Eine Philosophie Der Photographie*. Göttingen: European Photography, 2000.

—, *Writings, Electronic Meditations*. Minneapolis: University of Minnesota Press, 2002.

FOCILLON, H., *La vida de las formas y elogio de la mano*. Madrid: Xarait, 1983, 4ª ed.

FRAMPTON, K., *Studies in Tectonic Culture: The Poetics of Construction in Nineteenth and Twentieth Century Architecture* (*Estudios sobre cultura tectónica: poéticas de la construcción en la arquitectura de los siglos XIX y XX*). Cambridge, Massachusetts; London: MIT Press, 1995. Ed. español: London: Akal, 1999.

—, *Le Corbusier*. London: Thames & Hudson, 2001.

—, *Labour, Work and Architecture: Collected Essays on Architecture and Design*. London, New York: Phaidon Press, 2002.

FRYE, H. N., *Anatomy of criticism: four essays*. Princeton, New Jersey: Princeton University Press, 1957.

GAUSA, M., *Housing, nuevas alternativas, nuevos sistemas*. Barcelona: Actar, 1998.

—, *Optimismo operativo*. Barcelona: Actar, 2005.

—, *Open. Espacio tiempo información. Arquitectura, vivienda y ciudad contemporánea. Teoría e historia de un cambio*. Barcelona: Actar, 2009.

GIEDION, S., *Space, Time and Architecture: The Growth of a New Tradition* (*Espacio, tiempo y arquitectura: el futuro de una nueva tradición*). Cambridge, Massachusetts: Harvard University Press, 1967. Ed. español: Madrid: Dossat, 1978, 5ª ed., revisada y ampliada.

GOTTSCHED, J. C., *Versuch einer critischen Dichtkunst* (*Ensayo de un arte poética crítica* (1.730)) Ed. 5ª, unveränderte Aufl. Darmstadt: Wissenschatliche Buchgesellschaft, 1962. Reprod. facs. de la ed. de: Leipzig: B. C. Breitkopf, 1751. 4. Vermehrten Aufl.

GRASSI, G., *Architettura, lingua morta* (*Arquitectura lengua muerta y otros escritos*). Milano: Electa, 1988. Ed. español: Barcelona: Ediciones del Serbal, 2003.

GREENBERG, C., *Art and Culture* (*Arte y cultura*). Boston, Massachusetts: Beacon Press, 1961. Ed. español: Barcelona: Gustavo Gili, 1979.

GREIMAS, A. J., *Sémiotique: dictionnaire raisonné de la théorie du langage* (*Semiótica: Diccionario razonado de la teoría del lenguaje*). Paris: Hachette, 1979. Ed. español: Madrid: Gredos, 1982.

GUALLART, V., *GeoLogics: Geography, Information and Architecture.* Barcelona: Actar, 2009.

HABERMAS, J., *Strukturwandel der Öffentlichkeit* (*The structural transformation of the public sphere: an inquiry into a category of bourgeois society*). Neuwied: [s. n.], 1962. Ed. inglés: Cambridge, Massachusetts: Polity Press, 2011.

HEGEL, G. W. F., *Poética.* Ed. español: Buenos Aires: Espasa-Calpe, 1947.

HITCHCOCK, H. R., *Modern Architecture: Romanticism and Reintegration.* New York: Payson & Clarke, 1929.

—, *Architecture: nineteenth and Twentieth Centuries.* Harmonnsworth: Penguin Books, 1968, 3ª ed.

HOHENDAHL, P. U., *The Institution of Criticism.* Ithaca, New York: Cornell University Press, 1982.

HUSSERL, E., *Ideen zu einer reinen Phänomenologie und phänomenologischen Philosophie. Erstes Buch: Allgemeine Einführung in die reine Phänomenologie* (*Ideas relativas a una fenomenología pura y una filosofía fenomenológica. Libro 1º*). Halle: Max Niemeyer, 1922. Ed. español: México, Fondo de Cultura Económica, 1949.

INNERARITY, D., *El Nuevo espacio público.* Madrid: Espasa, 2006.

JENKS, Ch., *The Language of Post-modern Architecture* (*El lenguaje de la arquitectura postmoderna*). London: Academy, 1977. Ed. español: Barcelona: Gustavo Gili, 1980.

KAUFMANN, E., *Von Ledoux bis Le Corbusier: Ursprung und Entwicklung der autonomen Architektur* (*De Ledoux a Le Corbusier: origen y desarrollo de la arquitectura autónoma*). Vienna: Passer, 1933. Ed. español: Barcelona: Gustavo Gili, 1982.

KOOLHAAS, R., "Life in the Metropolis or the Culture of Congestion". *Architectural Design.* London: 5/77, p. 320.

KRON, J.; SLESIN, S., *High-Tech: The Industrial Style and Source Book for the Home*. New York: C. N. Potter, 1978.

KRUFT, H. W., *Geschichte der Architekturtheorie (Historia de la Teoría de la Arquitectura 2: desde el siglo XIX hasta nuestros días)*. München: [s. n.], 1985. Ed. español: Madrid: Alianza, 1990.

LANDAU, R., *New Directions in British Architecture (Nuevos Caminos de la Arquitectura Inglesa)*. New York: George Braziller, 1968. Ed. español: Barcelona: Blume, 1969.

LE CORBUSIER, *Entretien avec les étudiants des Écoles d'Architecture (Mensaje a los estudiantes de arquitectura)*. Paris: Les editions de minuit, 1957. Ed. español: Buenos Aires: Infinito, 1961.

LESSING, G. E., *Laokoon (Laocoonte o sobre los límites en la pintura y la poesía)*. 1766. Ed. español: Barcelona: Ediciones Folio, 2002.

LÉVI-STRAUSS, C., *Anthropologie structural (Antropología estructural)*. Paris: Plon, cop. 1958. Ed. español: Buenos Aires: Universitaria, 1968.

—, *La pensée sauvage (El pensamiento salvaje)*. Paris: Plon, 1962. Ed. español: México: Fondo de Cultura Económica, 1984.

LINAZASORO, J. I., *Apuntes para una Teoría del Proyecto*. Valladolid: Universidad de Valladolid, Secretariado de publicaciones, Facultad de Medicina, 1984.

LOOS, A., *Ornament and Crime: Selected Essays (Ornamento y delito, y otros escritos)*. Vienna: [s. n.], 1908. Ed. español: Barcelona: Gustavo Gili, 1972.

LOZANO, R., "Incorporation and Institutionalization of Sustainable Development into Universities: Breaking through Barriers to Change". *Journal of Cleaner Production*. 2006, no. 14 (9 y 11), pp. 787-796.

MALDONADO, T., "Design Education", en G. Kepes, ed., *Education of Vision*, Vision and Value Series. New York: George Braziller, 1965.

MALLARMÉ, S., *Obra completa en poesía*. Barcelona: Ediciones 29, 1979.

MANOVICH, L., *The Language of New Media*. Cambridge, Massachusetts: MIT Press, 2001.

MAX NEEF, M.; ELIZALDE, A.; HOPENHAYN, M., *Teoría del Desarrollo a Escala Humana*. Santiago de Chile: Upsala, CEPAUR, 1986.

MESTRE, N., "De la eficiencia energética a la redundancia ecológica. Itinerario conceptual y sintaxis razonada del híbrido arquitectónico". Dirección: E. Hurtado. Tesis doctoral. Universidad Europea, Escuela de Arquitectura, Departamento de Proyectos Arquitectónicos, Madrid, 2014.

MESTRE, N.; PEREA, A., *Beyond Education: the student as a center of pedagogy*. Madrid: UEM, 2011.

MIRANDA, A., *Antologuía de Arquitectura Moderna (1900-1990)*. Madrid: [s. n.], 1992.

—, *Ni Robot Ni Bufón. Manual para la Crítica de Arquitectura*. Madrid: Cátedra, 1999.

—, *Un Canon de Arquitectura Moderna (1900-2000)*. Madrid: Cátedra, 2005.

—, *Columnas para la Resistencia: Variaciones sobre ciudad, arquitectura y subcultura*. Madrid: Mairea Libros, 2008.

—, *A todos los becarios de la reina: Ocho ensayos de estética civil*. Madrid: Biblioteca Nueva, 2011.

—, *Arquitectura y verdad: Un curso de crítica*. Madrid: Cátedra, 2013.

MONEO, R., "On Tipology". *Oppositions*. New York: 1978, no. 13, pp. 22-45.

—, *Inquietud teórica y estrategia proyectual en la obra de ocho arquitectos contemporáneos*. Barcelona: Actar, 2004.

—, "Otra modernidad". En VV. AA., *Arquitectura y ciudad: La tradición moderna entre continuidad y ruptura*. Madrid: Círculo de Bellas Artes, 2007, pp. 43-81.

MONTANER, J. M., *Crítica*. Barcelona: Gustavo Gili, 1999.

—, *Las formas del siglo XX*. Barcelona: Gustavo Gili, 2002.

—, *Sistemas arquitectónicos contemporáneos*. Barcelona: Gustavo Gili, 2008.

MOORE, C.; GERALD, A., *Dimensions. Space, Shape & Scale in Architecture (Dimensiones de la arquitectura: espacio, forma y escala)*.

New York: Architectural Record Books, 1976. Ed. español: Barcelona: Gustavo Gili, 1978.

MORALES, J. R., *Arquitectónica: sobre la idea y el sentido de la arquitectura*. Madrid: Biblioteca Nueva, 1999.

MORIN, E., *Le Méthode II: La vie de la Vie (El Método II: La vida de la Vida)*. Paris: Editions du Seuil, 1980. Ed. español: Cátedra, 1983.

—, *Introduction à la pensé complexe (Introducción al pensamiento complejo)*. Paris: ESPF Éditeur, 1990. español: Barcelona: Editorial Gedisa, 2007, 9ª ed.

MUNTAÑOLA, J., *Topogénesis I: ensayo sobre el cuerpo y la arquitectura*. Barcelona: Oikos-Tau, 1979.

—, *Topogénesis II: ensayo sobre la naturaleza social del lugar*. Barcelona: Oikos-Tau, 1979.

—, *Topogénesis III: ensayo sobre la significación en arquitectura*. Barcelona: Oikos-Tau, 1980.

—, *Poética y arquitectura: Una lectura de la arquitectura posmoderna*. Barcelona: Anagrama, 1981.

NORBERG-SCHULZ, C., *Intentions in Architecture (Intenciones en arquitectura)*. Oslo London: Universiteks forlaget/Allen & Unwin, 1963/1966. Ed. Español: Barcelona: Gustavo Gili, 1979.

—, *Genius Loci: Towards a Phenomenology of Architecture*. New York: Rizzoli, 1980.

OLMOS, V., "Vivencias y Divisiones: El Gimnasio Maravillas de Alejandro de la Sota". Dirección: M. A. Baldellou y R. Pemjean. Tesis doctoral. Universidad Politécnica, Escuela Técnica Superior de Arquitectura, Departamento de Proyectos Arquitectónicos, Madrid, 2010.

PATTETA, L., *Storia dell'Archittetura: Antologia critica (Historia de la Arquitectura: Antología crítica)*. Milano: Etas Libri, 1975. Ed. español: Madrid: Celeste, 1997.

PEVSNER, N., *Pioneers of the Modern Movement from William Morris to Walter Gropius (Pioneros del diseño moderno: de William Morris a Walter*

Gropius). London: Faber & Faber, 1936. Ed. español: Buenos Aires: Ediciones Infinito, 1958.

PINA, R., "El Proyecto de Arquitectura: El rigor científico como instrumento poético". Dirección: A. Miranda. Tesis doctoral. Universidad Politécnica, Escuela Técnica Superior de Arquitectura, Departamento de Proyectos Arquitectónicos, Madrid, 2004.

PIÑÓN, H., *El sentido de la arquitectura moderna*. Barcelona: Edicions de la Universitat Politècnica de Catalunya, 1997.

—, *Curso básico de proyectos*. Barcelona: Edicions de la Universitat Politècnica de Catalunya, 1998.

—, *La forma y la mirada*. Buenos Aires: Nobuko, 2005.

—, *Teoría del proyecto*. Barcelona: Edicions de la Universitat Politècnica de Catalunya, 2006.

PROUST, M. *À la recherche du temps perdu. Vol. V, Sodome et Gomorrhe* (*En busca del tiempo perdido. Vol. 4, Sodoma y Gomorra*). Paris: Nouvelle revue française, 1922. Ed. español: Madrid: Alianza, 1967.

QUARONI, L., *Progettare un edificio: Otto lezioni di architettura* (*Proyectar un edificio: Ocho lecciones de arquitectura*). Milano: Gabriele Mazzotta editore, 1977. Ed. español: Madrid: Xarait, 1980.

QUATREMÈRE DE QUINCY, *Dictionnaire historique de l'Architecture*. Paris: 1832-33.

ROSSI, A., *L'architettura della città* (*La arquitectura de la ciudad*). Milano: Marsilio, 1970. Ed. español: Barcelona: Gustavo Gili, 1971.

ROWE, C., "James Stirling: A Highly Personal and Highly Disjointed Memoir". P. Arnell y T. Bickford, eds., *James Stirling: Buildings and Projects* (*James Stirling: obras y proyectos*). New York: Rizzoli, 1984. Ed. español: Barcelona: Gustavo Gili, 1985.

SÁENZ DE OÍZA, F. J., "La actividad creadora: El proyecto de arquitectura como realidad técnica y simbólica". Banco de Bilbao. Madrid: Universidad Politécnica, Escuela Técnica Superior de Arquitectura, Departamento de Proyectos Arquitectónicos, 2000.

SARTRE, J. P., *Qu'est-ce que la littérature?* Paris: Gallimard, 1970.

—, *Saint Genet: comédien et martyr.* Paris: Gallimard, 1970.

SEGUÍ, J., *Escritos para una introducción al proyecto arquitectónico.* Madrid: Universidad Politécnica, Escuela Técnica Superior de Arquitectura, Departamento de Ideación Gráfica Aplicada, 1996.

SHERREN, K., "Core Issues: Reflections on Sustainability through Higher Education". *International Journal of Sustainability in Higher Education.* 2006, no. 7 (4), pp. 400-441.

SIBBEL, A., "Pathways towards Sustainability through Higher Education". *International Journal of Sustainability in Higher Education.* 2009, no. 10 (1), pp. 68-82.

SIZA, A.; GREGOTTI, V., *Immaginare l'evidenza.* Bari: Laterza,1998.

SOKAL, A.; BRICMONT, J., *Fashionable Nonsense: Postmodern Intellectual's Abuse of Science (Imposturas intelectuales).* New York: Picador, 1998. Ed. español: Barcelona: Paidós Ibérica, 1999.

SONTAG, S., *Against Interpretation an other Essays (Contra la interpretación y otros ensayos).* 1961. Ed. español: Barcelona: Random House Mondadori, 2007.

STRAVINSKI, I., *Poétique musical (Poética musical).* Massachusetts: Harvard University, 1942. Ed. español: Barcelona: Acantilado, 2006.

SUMMERSON, J., *The Classical Language of Architecture (El lenguaje clásico de la arquitectura: de L. B. Alberti a Le Corbusier).* Cambridge, Massachusetts: MIT Press, 1963. Ed. español: Barcelona: Gustavo Gili, 1974.

TAFURI, M., *Teorie e storia dell'architettura (Teorías e historia de la arquitectura).* Bari: Laterza, 1968. Ed. español: Madrid: Celeste, 1997.

—, *Arquitectura contemporánea.* Madrid: Aguilar, 1978.

TEDESCHI, E., *Teoría de la arquitectura.* Buenos Aires: Nueva Visión, 1962.

TODOROV, T., *Théorie de la littérature: textes des formalistes russes (Teoría de la literatura de los formalistas rusos).* Paris: Seuil, cop. 1965. Ed. español: Buenos Aires: Signos, 1970.

—, *Qu'est-ce que le structuralisme? Poétique* (*Poética estructuralista*). Paris: Éditions du Seuil, 1968. Ed. español: Buenos Aires: Losada, 1975.

—, *Critique de la critique: Un roman d'apprentissage* (*Crítica de la crítica*). Paris: Éditions du Seuil, 1984. Ed. español: Barcelona: Paidós Ibérica, 1991.

TOURNIKIOTIS, P., *The Historiography of Modern Architecture*. Massachusetts: Massachusetts Institute of Technology, 1999.

TZONIS, A.; LEFAIVRE, L.; BILODEAU, D., *De taal van de Klassicistiese Architektuur* (*El clasicismo en arquitectura: La poética del orden*). Nijmegen: SUN, 1983. Ed. español: Madrid: Hermann Blume, 1984.

ULL, Mª A.; MARTÍNEZ AGUT, Mª P.; PIÑERO, A; AZNAR MINGUET, P., "Análisis de la introducción de la sostenibilidad en la enseñanza superior en Europa: compromisos institucionales y propuestas curriculares". *Revista Eureka sobre Enseñanza y Divulgación de las Ciencias*. 2010, no. 7 extraordinario, pp. 413-432.

VALÉRY, P., *Eupalinos ou l'architecte* (*Eupalinos o el arquitecto*). Paris: Gallimard, 1924. Ed. español: Madrid: A. Machado Libros, 2004.

—, *Variété: Théorie poétique et esthétique* (*Teoría poética y estética*). Paris: Gallimard, 1957. Ed. español: Madrid: Visor Dis., 1990.

VAN DE VEN, C., *Space in Architecture: The Evolution of a New Idea in the Theory and History of Modern movements* (*El espacio en arquitectura: la evolución de una idea nueva en la teoría e historia de los movimientos modernos*). Amsterdam: Van Gorcum Assen, 1978. Ed. español: Madrid: Cátedra, 1981.

VENTURI, R., *Complexity and Contradiction in Architecture* (*Complejidad y contradicción en la arquitectura*). New York: The Museum of Modern Art, 1966. Ed. español: Barcelona: Gustavo Gili, 1974.

VIDLER, A., *Histories of the Immediate Present: Inventing Architectural Modernism*. Cambridge. Massachussets: MIT Press, 2008.

VITRUVIO, M., *Los diez libros de arquitectura* (27-23 a.C.). Barcelona: Iberia, 1970.

VV.AA., *Diccionario metápolis de arquitectura avanzada: ciudad y tecnología en la sociedad de la información*. Barcelona: Actar, 2001.

WATKIN, D., *Morality and Architecture* (*Moral y arquitectura: Desarrollo de un tema en la historia y la teoría arquitectónicas desde el "revival" del gótico al Movimiento Moderno*). London: Oxford University Press, 1977. Ed. español: Barcelona: Tusquets Editores, 1981.

WEINMANN, R., *Structure and Society in Literary History: Studies in the History and Theory of Historical Criticism*. London: Hardback, 1977.

WHITNEY, D.; KIPNIS, J., *Philip Johnson: la casa di cristallo*. Milano: Electa, 1996.

WITTGENSTEIN, L., *Tractatus Logico-Philosophicus* (*Tractatus Logico-Philosophicus*). 1921. Ed. español: Madrid: Tecnos, 2007.

WÖLFFLIN, H., *Reinaissance und Barock* (*Renacimiento y Barroco*). München: Theodor Ackermann, 1888. Ed. español: Paidós ibérica, 2009.

WRIGHT F. LI. *The Future of Architecture* (*El futuro de la arquitectura*). New York: Horizon Press, 1953. Ed. español: Buenos Aires: Poseidón, 1957.

YOHE, J., *Hans Hofmann*. New York: Rizzoli International Publications Inc., 2002.

ZAMBRANO, M., *Claves de la razón poética: María Zambrano, un pensamiento en el orden del tiempo*. Madrid: Trotta, 1998.

ZAVALA, I. M., *La posmodernidad y Mijail Bajtin: Una poética dialógica*. Madrid: Espasa Calpe, 1991.

ZEVI, B., *Storia dell'architettura moderna* (*Historia de la arquitectura moderna*). Torino: Giulio Einaudi editore, 1950. Ed. español: Barcelona: Poseidón, 1980.

—, *Saper vedere l'architettura: saggio sull'interpretaziones spaziale dell'architettura* (*Saber ver la arquitectura: Ensayo sobre la interpretación espacial de la arquitectura*). Torino: Giulio Einaudi editore, 1951. Ed. español: Buenos Aires: Poseidón, 1963.

—, *Leggere, scrivere, parlare architectura* (*Leer, escribir, hablar arquitectura*). Venezia: Marsilio editore, 1997. Ed. español: Barcelona: Apóstrofe, 1999.

www.ingramcontent.com/pod-product-compliance
Lightning Source LLC
Chambersburg PA
CBHW020911160726
47993CB00005B/1924